초등

수준별 수학 수업을 위한 좋은 문제

Good Questions: Great Ways to Differentiate Mathematics Instruction, 2nd

마리안 스몰 지음

이광호 · 이주영 · 김용석 · 이미진 · 구미영 · 최성택 옮김

KM 경문사

옮긴이 머리말

"수준별 수업을 어떻게 해요?"

많은 예비교사들과 교사들이 이구동성으로 묻는 질문이다.

수준별 수업은 같은 학습 목표를 학습자의 수준에 따라 맞춤형으로 목표를 이루게 하는 수업이라 할 수 있을 것이다. 따라서 교실의 학생 수만큼 그 수준도 다양하다고 볼 수 있다.

그렇다면 많은 수의 학생들을 지도함에 있어 어떻게 그렇게 다양한 수준의 학생들을 지도할 수 있을 것인가에 대한 의문이 들 것이다.

이는 뷔페에서 이루어지는 식사를 생각하면 쉽게 이해될 수 있다. 소비자의 구미에 맞는 다양한 요리들을 차려놓고 소비자 개개인이 원하는 것을 각자 가져다 먹고 배를 부르게 하는 것처럼 학생들에게도 목표를 이룰 수 있는 다양한 방법들을 제시해 학생들이 자신의 수준에 맞게 선택하여 학습 목표를 이루도록 하는 것이다.

수준별 수업을 위해서는 '수학은 답이 하나이다.'라는 고정관념을 깨야 한다. 다양한 방법으로 다양한 답이 도출될 수 있는 문제를 제공한다면 좀 더 학생들의 수준에 다가갈 수 있는 수업을 이룰 수 있을 것이다. 또한 같은 목표 아래 난이도가 다른 문제를 제공하여 학생들이 선택할 수 있는 기회를 제공하는 것이 수준별 수업을 하는 데 있어 유용하다 할 수 있다.

이러한 수준별 수업을 위한 하나의 자료로써 좋은 문제를 제공해주는 책이 바로 《수준별 수학 수업을 위한 좋은 문제》이다. 좋은 문제들을 목적에 맞게 선택하여 다양한 방법으로 이용할 수 있는 기회를 제공한다면 위와 같은 질문을 하였던 선생님들이 수준별 수업을 할 수 있으리라 생각한다.

이 책을 통하여 수학교육 현장에서 수준별 이동 수업이 아닌 그리고 평가만을 수준별로 제공하는 수업이 아닌 진정한 수준별 수업이 이루어질 수 있기를 바라는 마음으로 번역하게 되었다.

부족한 부분이 많지만 사랑의 마음으로 지도편달을 바라며 우리가 가르치는 학생들이 세계에서 우뚝 서기를 소망한다.

추천의 글

교육사로서 나는 마리안 스몰(Marian Small)의 《수준별 수학 수업을 위한 좋은 문제》의 재판을 축하한다. 나는 대학에서 학생들을 지도하고 교사 전문성 개발에 종사하면서 수학을 어떻게 수준별로 지도할 것인가에 관한 특정한 의문에 직면해왔다. 《수준별 수학 수업을 위한 좋은 문제》의 초판 발행 전까지는 수학교육에서 연구와 모범적인 수업을 기반으로 하여 확고하게 세워진, 그리고 담임교사들이 쉽게 적용 가능한 실질적인 전략으로 제안할 만한 자료를 갖지 못했다. 나는 이 책을 미국과 캐나다의 수학 교사들과 함께 사용하였으며, 그들은 모두 이 책이 모범적인 수학 수업을 기반으로 하여 집필되었고, 교사들에게 훌륭한 자료라는 것에 동의했다.

이 책에서 제시하는 전략들을 통해 교사들은 발달 단계가 다른 학생들의 요구를 충족시키는 수학 교수를 할 수 있다. 이것이 모든 학생들에 대한 수준별 교수를 위한 결정적인 요소이며 학습에서 성공할 가능성을 증가시킨다.

이 책은 미국교사협회에서 제안하는 교육과정의 5가지 내용 영역과 학년군의 체계와 함께 '공통 중핵 성취기준(CCSS)'과도 연관이 있다. 각 장은 교사들에게 특별히 도움이 되도록 잘 조직되어 있다. 전략들은 내용과 학년 수준에 따라 조직되었으며, 그래서 교사들이 내용과 학년 수준에 맞는 전략들을 매우 쉽게 파악할 수 있다.

마리안 스몰은 사전평가의 중요성을 강조하고 교사들이 핵심 아이디어에 자신의 교수 체계를 만들도록 장려하면서 수준별 교수에 대한 근본적인 원리와 접근을 지지한다. 그녀의 핵심 전략은 수학에서 학습의 차이가 있음을 교사들이 명백하게 이해하도록 하며 학생들에게는 '정말로 옳은' 학습 경험을 할 수 있도록 한다. 또한 수준별 수학에서 학생의 선택을 적절한 방법으로 모델링함으로써 흥미를 높여 학생의 동기를 유발시킨다.

스몰은 수준별 수학 교수를 위한 전략으로 개방형 문제와 유사/선택 문제의 두 핵심 전략에 초점을 두었다. 개방형 문제는 수학적 발달 단계에 상관없이 모든 학생들이 반응할 수 있도록 고안하였다. 스몰은 그러한 문제의 설계에 대한 과정을 빈틈없이 설명하고 있으며, 내용 영역과 학년 수준에 따라 풍부한 예를 제공하고 있다. 교사들은 책의 견본 문제들에서 바로 문제를 선택하여 토론에 즉시 활용할 수 있다. 스몰은 이러한 핵심 전략을 수학에서 사용하고 있지만, 나는 모든 교육과정 영역에서 개방형 문제를 만들기 위한 그녀의 6가지 설계 전략을 사용해 왔다. 그 과정을 활용함으로써 교사는 21세기에 필요한 비평적이고 창의적인 사고에 학생을 진정으로 참여하게 하는 문제를 만들 수 있다.

유사/선택 문제는 병렬 과제다. 비록 병렬 과제가 다양한 목적을 위해 다양한 방법으로 설계될 수 있지만, 스몰은 발달 수준에 맞춰 수학 유사/선택 문제를 구성하였다. 학생들은 NCTM 규준의 같은 핵심 아이디어 내에서 학습하지만, 복잡하게 다른 수준을 반영하는 문제에 열중한다. 내 경험으로 비추어 볼 때, 수학에서 효과적으로 설계된 병렬 과제는 깊은 수학적 이해를 요구한다. 거듭하건데, 스몰은 내용 영역과 학년 수준에 따라 바로 적용할 수 있는 풍부한 유사/선택 문제를 제공하였다. 자신감이 덜하거나 초보 수학교육자라 하더라도 이러한 아이디어의 효과를 거둘 수 있다.

개방형 문제와 유사/선택 문제의 각각의 예는 공통 중핵 성취기준과도 잘 결부되어 있다. 이것은 이러한 규준을 적용하는 교사들에게 커다란 득이다. 게다가, 교사들이 자신의 개방형 문제와 유사/선택 문제를 만들 수 있도록 견본을 제공하였다.

이 책을 통해 사용된 기술적인 용어는 용어 해설에서 정의하여 이해를 돕는다. 그리고 참고문헌은 수준별 수학을 더 깊고 더 넓게 공부하고자 하는 교사들에게 훌륭한 자료를 제공한다.

이 책은 교사들이 수준별 수학 교수에 매진하는 데 자료와 기준이 될 것이다. 마리안 스몰의 《수준별 수학 수업을 위한 좋은 문제》는 수학 연구와 최고의 수업에 기초하였으며 교사들이 확신을 갖고 수준별 수학을 할 수 있는 실제적이고 수행 가능한 전략을 제공하였다.

다이앤 히콕

지은이 머리말

2001년에, 나는 초등학교 학생들의 수학적 이해를 발전시키는 방법을 조사하기 위해 긴 기간의 연구를 시작했다. 이 연구는 뉴브런즈윅 대학과 토론토 대학에서 이루어졌으며, 넬슨 교육주식회사의 지원을 받았다. 연구는 궁극적으로 수학에서 학생의 발달을 탐구하는 교사 전문성 프로그램인 PRIME으로 이어졌으며, 유치원부터 7학년 학생 12,000명 이상을 대상으로 검사를 실시하였다.

이 연구는 미국수학교사협의회(NCTM, Small, 2005a, 2005b, 2006, 2007)에서 분명하게 제시한 수학의 각 영역으로 학생들이 들어서는 단계를 보여주는 발전적 지도(map)를 만들었다.

이 지도는 교사가 서로 다른 발달 단계에 있는 학급 학생들의 요구에 부응하는 수업을 할 수 있도록 돕는 데 가치가 있다. 그 목적을 달성하기 위해, 나는 교사들이 상대적으로 쉽게 실행할 수 있고 교육과정에 적용할 수 있는 두 가지 전략을 개발하였다. 그 전략은 개방형 문제와 유사/선택 문제이다.

책의 구성

소개하는 장은 수준별 수학 수업에 대한 근본적 이유를 기술하고 이 책을 통해 제시된 두 가지 핵심 전략 즉 개방형 문제와 유사/선택 문제에 대해 설명한다. 다음 다섯 개의 장은 내용 영역별로 이러한 전략의 적용에 대해 설명하고, 마지막 장은 요약을 하였으며, 부록에는 교사들이 직접 자료를 개발할 때 사용할 수 있는 틀과 용어집, 참고 문헌, 그리고 색인을 제시하였다.

2장부터 6장은 미국수학교사협회에서 발표한 〈학교수학의 원리와 규준〉의 5개 내용 영역에 초점을 두었다.(NCTM, 2000)

- 수와 연산
- 대수
- 기하
- 측정
- 자료 분석과 확률

내용 영역은 순차적으로 개발하지 않았으며 2~6장은 순서 없이 접근할 수 있다.

이 책의 조직에 있어 공통 중핵 성취기준의 주제를 약간 고려하였으나 초판에서 NCTM의 규준에 따라 조직한 좀 더 익숙하고 일반적인 조직을 유지하였다. '공통 중핵 성취기준'과의 구체적인 관계는 본문에서 제시하였다.

핵심 아이디어의 형식으로 소개된 수학적 개념은 NCTM의 과정영역인 문제해결, 추론과 증명, 의사소통, 연결성, 표현(NCTM, 2000)과 위에 열거한 다섯 가지 NCTM의 내용 영역을 혼합하여 제시하였다. 핵심 아이디어는 기본적 원리들에 대한 내용이며 학년군과 이해 수준이 다른 학생들에게 두루 적용 가능하다.

각 장의 내용에 제시된 수준별 문제들은 NCTM(2000)에서 제시한 유치원, 초등, 그리고 중학 수준에 따라 나누었다.

- 유치원–2학년
- 3–5학년
- 6–8학년

특별한 문제를 위한 학년군의 선택은 공통 중핵 성취기준을 반영하였다.

수준별 목표는 다른 발달 단계를 가진 학생들에게 같으면서 확장된 개념을 가르치는 것이다. 2장에서 6장에 걸쳐 있는 자료들의 다층구조 조직은 이러한 것이 가능하도록 돕고 있다.

부록은 교사가 개방형 문제와 유사/선택 문제를 사용하여 수준별 수업을 진행할 때, 그들 자신의 자료를 개발할 수 있도록 연습문제의 틀을 제공하였다. 1장에 연습문제를 적용한 예가 있다.

용어집은 본문을 통해 사용된 기술적 용어를 정의하였다. 용어집에 있는 단어들이 이 책에서 처음 나올 때는 진하고 굵은 서체로 쓰고 있으며, 그 용어의 설명과 처음 사용된 장 그리고 쪽수를 제시하였다.

참고문헌은 세 가지 유형의 자료에 초점을 맞추었다. 책의 다른 부분에서 인용된 경우, 핵심 아이디어를 가르치는 것과 수준별 수업에 대해 이야기한 경우, 뿐만 아니라 개방형 문제와 유사/선택 문제를 만들 때 출발점으로 사용되거나 활용될 수 있는 활동들을 위한 많고 좋은 자료원일 경우였다.

색인은 수학적 개념보다는 규준, 학생의 발달, 교수 방법과 원리 등의 교육 개념에 초점을 맞추었다. 독자가 수학적 주제를 쉽게 알 수 있도록 내용이 담긴 장을 아우르는 모든 핵심 아이디어의 리스트와 색인을 제공하고 있다.

내용의 구성

2~6장은 유치원−2학년, 3−5학년, 6−8학년을 위해 핵심 아이디어를 중심으로 만든 개방형 문제와 유사/선택 문제의 예를 제시하며, 5개의 NCTM 내용 영역을 소개하였다.

각 장은 특정 내용영역에 대한 NCTM의 규준으로 시작하며, 내용에 대한 학생들의 이해가 유치원에서 8학년까지의 학년 수준을 따라 어떻게 발전해 가는지 간단히 설명하였다. 각 학년군에서 학생들이 배우고 적용하게 될 개념을 기술하였으며, 학생의 이해에서 기본 개념이 좀 더 복잡한 개념에 대한 바탕을 어떻게 형성하는지를 설명하였다. 내용 규준은 각 장의 처음에 열거한 핵심 아이디어를 탐구하며 다루었다.

각 장의 대부분을 이 책의 핵심인 개방형 문제와 유사/선택 문제의 두 가지 수준별 전략을 적용하는 설명으로 구성하였다. 이 전략은 각각 3개 학년군에서 논의하였다. 각 학년군에 해당되는 부분의 내용은 핵심 아이디어로 조직되며, 각 핵심 아이디어에 대해 몇 개의 설명을 제시하였다. 여러분은 가르치는 학년군에 초점을 맞추어 내용을 선택하거나 학생들이 내용에 대한 이해를 어떻게 발전시키는지에 대한 더 좋은 아이디어를 얻기 위해 모든 학년군을 공부할 수도 있다.

여기에 제시한 많은 문제와 과제들에 대하여 교실에서 사용할 수 있는 중요한 후속 발문들을 제시하였다. 많은 경우에 수준별 교수에서 더욱더 융통성 있게 사용할 수 있는 활동이나 후속 발문을 제공하였다. 게다가 교사들이 자기 자신만의 활동을 쉽게 만들 수 있도록 각 활동 배경에 대한 이론적 근거를 제시하였다.

각 장에는 다수의 교수 정보를 제공하였다. 이는 때때로 특정 활동과 관련되기도 하지만, 종종 수학에서 교사가 수준별 수업을 시도하는 상황에서도 적용할 수 있는 일반적 전략이기도 하다.

각 장의 마지막에서는 맺는말로 부록에 제시되는 틀을 사용하여 추가적인 개방형 문제와 유사/선택 문제를 개발하기 위한 몇 가지 제안을 포함하였다.

제2판에서 달라진 점

이 책의 초판과 다르게 제2판에 새로운 문제들로 많이 바꾸었다. 게다가 각 장의 틀로 사용했던 몇몇의 핵심 아이디어의 문구도 바꾸었다.

더 중요한 변화는 공통 중핵 성취기준에 따라 몇몇의 문제는 한 학년군에서 다른 학년군으로 이동하였으며 공통 중핵 성취기준의 영역 제목을 각각의 문제와 관련하여 표기하였다.

공통 중핵 성취기준내용명은 다음의 표에 제시된 것과 같다.

수학과 공통 중핵 성취기준		
수학적 내용 영역	학년군	장
세기와 기수	유치원–2학년	2
연산과 대수적 사고	유치원–2학년; 3–5학년	2, 5
수와 연산–자연수	유치원–2학년; 3–5학년	2
측정과 자료	유치원–2학년; 3–5학년	4, 6
기하	유치원–2학년; 3–5학년; 6학년–8학년	3
수와 연산–분수	3학년–5학년	2
비와 비율 관계	6학년–8학년	2
수 체계	6학년–8학년	2
표현과 방정식	6학년–8학년	5
통계와 확률	6학년–8학년	6
함수	6학년–8학년	5
수학적 관행: 모든 학년군, 2~6장		
1. 문제를 이해하고 인내심을 갖고 그 문제를 해결하기 2. 추상적 그리고 정량적으로 추론하기 3. 실행 가능한 논쟁을 구성하고 다른 사람의 추론을 비평하기 4. 수학 모델 만들기 5. 전략적으로 적절한 도구 만들기 6. 정확성 기르기 7. 구조의 이용을 찾고 만들기 8. 반복 추론에서 규칙 찾고 표현하기		

내용 규준과 더불어 개방형 문제와 유사/선택 문제에 기저를 두었으며, 수학적 관행에 초점을 둔 8개의 공통 중핵 성취기준을 제시하였다. 8개의 관행은 위의 표에 제시된 내용이다.

이러한 관행 규준은 공통 중핵 성취기준의 내용 규준과 밀접하게 작용한다. 그것들은 학생들이 다양한 내용을 배울 때 수학적 사고자가 되고 수학적 사고를 개발하는 것을 학생으로부터 유발하는 "과정"을 반영한다.

몇몇 관행들은 어떻게 교사가 제시된 문제들이나 과제들을 다루느냐에 따라 나타나기도 하고 나타나지 않을 수도 있다. 그러나 다른 관행들은 제시한 문제나 과제에 관해 어떠한 방향으로 토론을 하든지 은연중에 나타난다.

예를 들면, 이 책에 제시한 거의 대부분의 문제와 과제들은 학생들의 문제에 대한 이해와 문제해결에서 인내를 필요로 한다. 개방형 문제에서 의도적으로 문제를 애매하게 만들었으며, 학생들이 어떤 방향으로 해결해 갈지에 대한 선택을 하기 전에 문제를 이해하는 것이 필요하다. 또한 어떤 문제를 해결해야 할지 선택을 해야 하는 유사/선택 문제에서도 마찬가지이다.

교사는 학생들이 합리적인 근거를 가지고 설명하기 원한다. 비록 이 책에 제시한 문제 자체가 다른 사람의 추론을 비평할 것을 내포하고 있지 않을지라도, 교사가 학생들에게 그러한 것을 격려하는 것은 이상적이라 할 수 있다.

학생들은 여기에 제시된 훌륭한 문제들을 추상적으로, 수나 측정 문제에서는 양적으로 추론을 해야 한다.

어떤 문제들은 모델을 만드는 것, 적절한 도구를 전략적으로 사용하는 것, 정확하게 처리하는 것, 구조를 만들거나 찾는 것, 그리고/또는 반복적인 추론에서 규칙성을 찾거나 표현하는 것을 수반한다. 수준별은 다양한 수준의 정확성을 인정하기 때문에 이 책에서는 다른 책에서보다 더 적게 정확성을 요구한다.

이 책에 제시된 문제를 통하여 학생들이 규칙에 얽매이기보다는 초기의 토론을 자주 하기 원하기 때문에 반복적인 추론에서 규칙성을 표현하는 데에는 강조를 덜 하고 있다. 그러나 그러한 것에 초점을 두는 몇몇의 예도 이 책에 있다.

수학과 공통 중핵 성취의 수학적 관행은 각 문제와 과제에서 분명하게 환기를 시켜주고 있다. 이것은 교사가 환기시키지 않아도 된다는 것을 의미하지 않는다.

나의 바람은 교사가 이 책에서 설명하고 논증한, 두 가지 핵심 전략인 개방형 문제와 유사/선택 문제를 받아들이고 내가 그랬던 것처럼 이 전략들을 통해 수학 준비도, 기능, 자신감에서 매우 수준이 다른 많은 어린이들을 교실 수업에서 도와주는 것을 발견하는 것이다. 수학과 씨름하고 있던 학생들이 성공감을 느끼도록 하는 것이 내 수업에서 중요한 목표이다. 나는 이 책에 기술된 전략들을 사용하여 그러한 일이 지속적으로 일어나는 것들을 보았다.

감사의 말

이 책은 연구를 수행하고 그에 따른 전문가 개발과정과 프레젠테이션을 만드는 특별한 기회가 나에게 주어져서 출판하게 되었다. 이 경험은 내 경력에 의미 있는 영향을 주었으며, 수준별 수학 수업에 관심을 갖게 하였다.

특히, PRIME 프로젝트의 관리자인 잔 엘리어트(Jan Elliott), 랍 그리너웨이(Rob Greenaway), 데보라 밀라드(Deborah Millard), 오드리 위른(Audrey Wearn), 레노 브룩스(Lenore Brooks) 씨께 감사의 말씀을 전한다. 또한 이 책을 펴낼 수 있게 프로젝트에서 함께 일했던 편집자, 특히 재키 윌리엄스(Jackie Williams) 씨, 내가 만든 자료들을 수정할 때 도움을 준 동료 더그 디프(Doug Duff) 씨에게 감사드린다.

이 책은 또한 미국수학장학사협회와 미국수학교사협회의 학회 중에 이러한 아이디어를 소개할 수 있는 기회를 준 결과이기도 하다. 프레젠테이션 중 하나를 본 진 워드(Jean Ward) 씨가 이 책을 펴내도록 나를 추천해 주었다. 나에 대한 그녀의 확신과 책을 펴내기 전 그녀가 준 도움에 깊은 감사를 드린다.

차례

1 왜 그리고 어떻게 수준별 수업을 할 것인가?

어떤 교실에서나 학생들은 많은 면에 있어서 다르지만 단지 소수의 교사만이 학생들에게 적합한 교수학습 계획을 세울 수 있다. 학생들의 차이는 어떤 사전 지식과 기술들을 필요로 하는지와 같은 인지적인 것이 될 수도 있고, 인내심이나 탐구심 또는 그것들의 부족과 같은 행동을 포함하는 학습 방식과 선호도인 경우도 있다. 또, 학생이 청각, 시각, 또는 운동감각적 접근을 통하여 더 잘 배우는지 아닌지 그리고 개인적 흥미가 있는지에 따라 차이가 나기도 한다.

수학 교실에서의 어려움

많은 언어과목 교사들이 학생들의 읽기 수준에 따라 다른 읽기 자료가 필요하다는 것을 인정할지라도, 수학에서 학생들이 수행하기 바라는 자료만큼 다양하지는 않을 것이다. 많은 수학교사들은 수준별 수업을 할 때 교과서에 제시된 세분화된 교육과정 목표에 기초하여 학생들을 더 자주 가르칠 것이다. 어떤 학생들에게 추가적인 도움이 필요할 때 수학교사는 다른 학생들이 독립적으로 문제를 해결하는 동안 이런 학생들에게 가능한 한 많은 도움을 주려 할 것이다. 수학에서 **수준별 수업**(differentiating instruction)이 비교적 새로운 생각이기 때문에 이러한 일이 발생할 것이다. 언어과목에서처럼 난순히 읽기를 위해 대체 교재를 제공하는 것이 수학에서는 쉬운 일이 아니다. 또한 교사들은 학생들이 수학적으로 어떻게 다른지를 이해하는 교육을 받지 못했을 것이다. 그러나 같은 학년 학생들도 수학을 하는 데 있어 분명히 다르다. 교사들은 모두 학생들을 성공적으로 가르치기를 원하고, 현 사회적 상황에서 그렇게 해야 한다는 압력을 더욱 많이 느낀다. 학생들의 차이와 수준별 수업을 이해하는 것은 그 목표를 성취하기 위한 중요한 과정이다.

수학교육에 있어서 최선의 교수학습 방법을 개발하고 명료화하며 지원하는 전문가 단체인 미국수학교사협회는 수준별 교육에 대한 필요성을 강조하고 있다. 미국수학교사협회의 〈학교수학을 위한 규준과 원리〉의 첫 번째 원칙은 “수학교육의 수월성은 모든 학생들에 대한 높은 기대와 강한 뒷받침이라는 측면에서 기회균등을 필요로 한다."이다(NCTM, 2000, P. 12).

특히, 미국수학교사협회는 각각의 학생들이 중요한 수학을 배울 수 있도록 하기 위해서 선행 지식과 지적 능력을 고려하여 학생들 사이의 차이점을 수용할 필요가 있음을 인정한다. "평등이란 모든 학생들이 똑같은 수업을 받는 것을 의미하는 것이 아니다. 그보다는 모든 학생들이 적성, 능력 등에 따라 수학을 배울 수 있도록 합리적이고 적절한 지원을 하는 것이다(NCTM, 2000, P. 12)."

□ 학생들은 어떻게 다를까?

학생들의 차이점을 발견하는 방법은 수학적인 질문이나 문제를 주고 그들의 반응을 살피는 것이다. 예를 들어, 3학년 학생들에게 아래의 문제를 주었을 때를 생각해보자.

> 한 개의 찬장에는 3개의 선반이 있고, 각각의 선반에는 5개의 상자가 있다. 방 안에 이러한 찬장이 3개 있다. 방 안의 3개의 찬장 모두에 얼마나 많은 상자를 놓을 수 있는가?

학생들은 매우 다른 방법으로 이 문제에 접근할 것이다. 예를 들면,

- 경선이는 즉시 손을 들고 교사가 그를 도와주기만을 기다렸다.
- 찬영이는 찬장, 선반, 상자를 그림으로 그리고 각각의 상자의 수를 세었다.
- 동규는 덧셈을 사용해서 $5+5+5+5+5+5+5+5+5$라고 썼다.
- 영원이는 덧셈을 사용해서 $5+5+5$라고 쓰고, 여기에 다시 더해서 $15+15+15=45$라고 썼다.
- 민하는 곱셈과 덧셈을 모두 사용했고 $3\times5=15$, $15+15+15=45$라고 썼다.

□ 교사의 반응

이렇게 다른 학생들의 접근이 교사들에게 의미하는 것은 무엇일까? 그것은 교사가 개별 학생에 따라 매우 다른 형태의 피드백을 제시해야 한다는 것을 말해준다. 교사는 다음과 같은 피드백을 할 수 있다.

- 동규와 영원이 – 그들의 생각을 나타내는 데 곱셈을 사용하는 것이 편리함을 소개한다.

- 민하 – 곱셈에 대해서 이미 알고 있는 것을 더 많은 상황에서 활용하도록 돕는다.
- 경선 – 독립적인 자세를 갖도록 격려해주거나 그의 발달단계에 맞는 문제를 제시한다.
- 찬영 – 수 세기가 훨씬 더 번거로운 문제를 제시함으로써 더 세련된 전략을 사용하는 것의 가치를 알려준다.

학생들의 이러한 다양한 접근과 적절한 피드백을 위하여 교사는 학생들이 발달상으로 어디쯤에서 각자의 교육적 요구를 충족할 수 있는지에 대해 알 필요가 있다. 각각의 학생들이 학습에 대한 책임을 갖고 위험을 감수하는 도전을 하는 동안 학습에서 장애를 제거하는 것이 목표이다(Karp & Howell, 2004).

학생들의 요구와 만난다는 것은 무슨 의미인가?

각 학생의 요구를 들어줄 수 있는 방법 중 하나는 각 학생의 근접발달영역 내에서 과제를 제공하고, 교실에서 각 학생이 교실의 학습자 공동체에 의미 있는 기여를 할 수 있는 기회를 제공하는 것이다. 근접발달영역은 "독자적으로 문제를 해결하는 실제적 발달수준과 어른의 안내나 유능한 동료와의 협력 속에서 문제를 해결하는 잠재적 발달수준 사이의 간격"을 묘사하기 위해 사용된 용어이다(Vygotsky, 1978).

근접발달영역 내에서 지도는 학생들이 교사의 안내를 통해서든 다른 학생들과의 협력을 통해서든 그들이 이미 알고 있는 것에 충분히 가까운 새로운 아이디어에 접근하여 그 접근이 실현가능하도록 해준다. 교사가 학생의 근접발달영역을 넘어서 가르치거나 학생이 이미 독자적으로 해결할 수 있는 것을 가르치는 것은 치적의 교육적 시간을 활용하지 못한 것이다. 비록 교실에서 어떤 학생이 향상을 보일지라도, 자신의 근접발달영역의 바깥에서 조작을 하고 있다면 그 지도로부터 혜택을 받지 못할 것이다.

예를 들어 어떤 교사가 범자연수를 이용하여 소수의 곱에 대한 수업을 계획한다고 하자. 비록 그 수업에서 이루고자 하는 목표가 3×1.5와 같은 계산을 수행하는 기능이라 하더라도, 학생들이 이해하기를 바라는 세 가지 근본적인 수학적 개념이 있다. 이 문제를 해결하면서 학생이 알아야 하는 것은 다음과 같다.

- 곱셈이 의미하는 것은 무엇인가(덧셈의 반복, 같은 묶음을 세는 것, 직사각형의 넓이를 계산하는 것, 비율의 표현, 예를 들면 3배만큼)?
- 곱셈은 숫자 3이 어떤 수에 곱해지는지에 상관없이 같은 의미를 가진다.
- 곱셈은 부분적으로 수행될 수 있다(분배 법칙). 예를 들면, $3\times1.5=3\times1+3\times0.5$

비록 계획된 수업이 1.5는 10분의 15 또는 1과 10분의 5임을 이해하고 있어야 진행되는 것일지라도, 교사는 그러한 이해를 하지 못한 학생들이나 소수를 다룰 준비가 되어 있지 않은 학생들에게 같은 내용을 효과적으로 가르칠 수 있다. 교사는 잘 이해한 학생이 소수를 사용하는 동안, 다소 힘들어하는 학생에게는 범자연수를 사용하여 개념을 탐구하게 할 수 있다. 교사는 소수의 사용이 각 학생의 근접 발달 영역 안에 있다고 느꼈을 때에만 학생이 소수를 학습하도록 지도해야 한다. 이렇듯 학생의 근접 발달 영역 내에서 수준을 고려한 방법으로 과제를 다르게 제시할 수 있다.

학생들의 요구 평가하기

교사가 학생의 근접 발달 영역 내에서 가르치려면, 먼저 교사는 학생의 수학적 발달 단계를 측정할 수 있는 진단 자료들을 모아 그 영역을 평가해야 한다. 예를 들어 3학년이나 4학년 학생의 곱셈 발달 단계를 알기 위해 교사는 곱셈의 여러 가지 의미에 관한 질문을 할 수 있다. 곱셈이 적용되는 상황을 아는지, 곱셈과 관련된 간단한 문제를 풀 수 있는지, 일의 자리 숫자들의 곱셈을 할 수 있는지, 그리고 외우고 있거나 알고 있는 것을 모르는 것과 연결시킬 수 있는 전략(6×7은 5×7보다 7이 큼을 아는 것)을 사용할 수 있는지 등이다.

이러한 평가 도구들은 학생의 지속적인 수학적 성장을 설명하기 위해 만들어졌다(Small, 2005a, 2005b, 2006, 2007, 2010, 2011a, 2011b). 교사들은 지역적으로 또는 개별적으로 개발된 진단 도구를 사용할 수도 있다. 교사는 학생의 수학적 소양 수준을 측정한 후에야 비로소 학생의 요구를 다루는 시도를 시작할 수 있다.

수준별 학습을 위한 원리와 접근

수준별 학습은 새로운 생각이 아니라 최근 몇 년 동안 수학교사들의 꾸준한 노력으로 더욱 발전된 모습을 갖추어 나아가고 있는 주제이다. 교육체제와 학부모들은 교사들이 더욱더 학생 개개인의 요구를 알고 그 요구에 초점을 맞추어 지도해 주기를 바라고 있다. 이러한 기대는 수학에서도 마찬가지다.

효과적인 수준별 수업은 일반적으로 다음의 요소들을 갖추어야 한다.

- **핵심 아이디어(Big Ideas)** 수업의 핵심은 모든 단계의 학생이 다룰 수 있는 핵심 아이디어에 있어야 한다.
- **선택(Choice)** 내용, 과정, 또는 결과물에 있어서 학생들이 선택할 수 있는 여지가 있어야 한다.
- **진단평가(Preassessment)** 진단 평가는 학생들이 가진 요구가 어떻게 다른지를 알아볼 때 기본이 된다(Gregory &. Chapman, 2006; Murray & Jorgensen, 2007).

□ 핵심 아이디어로 가르치기

NCTM에서 출간한 《학교수학을 위한 원리와 규준》에서는 교육과정의 원리에 대해 "교육과정이란 여러 활동의 수집 그 이상이다. 일관적이어야 하고 중요한 수학에 초점을 맞추고 학년별로 잘 조직되어야 한다(NCTM, 2000, p.14)."라고 하였다.

교육과정의 일관성을 위해서 상호 연결이나 핵심 아이디어에 초점을 두어야 한다. 핵심 아이디어는 기초적인 원리를 대표한다. 그것은 더 자세한 개념을 연결해 주는 아이디어이다. 예를 들어 다른 수를 이해하게 하는 하나의 방법으로서 기준수(benchmark numbers)는 8을 10과 관련짓는 1학년, $\frac{3}{8}$을 $\frac{1}{2}$과 관련짓는 4학년, π를 3과 관련짓는 중학교 1학년 모두에게 똑같이 유용하다. 교실에 있는 학생들이 준비도가 다른 것은 것은 대개 핵심개념 때문이 아니라 좀 더 자세한 개념 차이 때문인 것이다. 적절한 기준에 따라 소수 셋째자리를 어림하는 것에 대해 공부하는 교실에서 어떤 학생이 그러한 구체적인 주제에 대해 준비가 덜 되어 있더라도, 그들은 언제 어림이 적절한지, 왜 유용한지와 같은 어림에 대한 개념을 다룰 수 있는 것이다.

핵심 아이디어는 "중요한 수학"에 관련된 사고와 규준에 따른 교수를 지원하는 틀을 형성할 수 있다. 핵심 아이디어는 모든 학년을 통틀어 적용할 수 있다. 그러한 적용은 구체적인 면에서 차이가 있겠지만, 핵심 아이디어 자체는 변하지 않는다. 많은 교사들은 교육과정이 협소한 학습목표로 그들의 수업을 제한한다고 생각하며, 특정 학생들의 결과물에 지도 초점을 맞추어야만 할 것 같이 느낀다. 그러나 수준별 수업은 다른 접근을 필요로 하며, 그것은 핵심 아이디어로 가르칠 때 용이하다.

□ 선택

최상의 상황을 제외하고는 교사들이 학생의 선택에 대하여 편하게 느끼는 경우는 드물다. 그들은 학생들이 적절한 선택을 하지 못할까봐 걱정한다.

하지만 수업의 주된 목표에 따른 수준별 지도를 불편하게 느끼는 교사들도 학생들에게 그들이 가르쳐 준 개념을 익히도록 하기 위해서 몇 개의 선택권을 제공한다. 수준별 수업을 위해 제안된 몇 가지 전략들은 학생들이 선택한 것을 사용하는 것, 교사가 전체 학생들을 가르치기 위해 그리고 수준이 다른 학생들을 위해 후속 활동을 다양하게 나눈 수업, 수준이 다른 학생들이 다른 과제를 시도하는 학습 장소, 학생들이 선택하도록 허용되는 또 다른 접근 등으로 대개 기초적이고 전반적인 수업목표를 추구한다(Tomlinson, 1999; Westphal, 2007).

예를 들어 어떤 교사는 모든 학생들에게 동치분수 만들기에 대한 수업을 한 후, 여러 후속 활동을 제시할 수 있다. 몇 학생들은 매우 구체적인 단계에서 기약분수로만 활동할 것이다. 이러한 과업은 동치분수를 만들기 위해서 분자와 분모 모두에 어떤 수를 곱하는(그러나 나누지 않는) 기약분수로 시작하는 것이 좋을 것이다. 몇몇 학생들은 그림으로 동치분수를 만들게 하거나 또는 분자와 분모가 곱해졌거나 나누어진 좀 더 넓은 범위의 기호적 수준으로 동치분수를 만들게 할 수 있다. 또한 좀 더 어려운 문제도 해결하도록 할 수 있다(예, 분모가 48이면서 $\frac{10}{15}$과 동치인 분수가 있는가?).

□ 진단평가

학생들에게 좋은 '선택'을 제공하려면 교사는 교실에서 학생들의 사실적 지식과 수학적 발달 단계가 어떻게 다양한지를 먼저 알아야 한다. 이에 학생들이 어떤 능력과 어떤 결핍을 가지고 있는지 결정하기 위해 공식적이거나 비공식적으로 자료 수집이 필요하다. 많은 교사들이 시간이나 기초적인 진단평가 도구가 부족하다고 느끼지만, 진단평가에서 끌어낸 자료는 수준별 지도를 하는 데 기본이 된다.

진단평가는 중요하지만, 평가를 위해 매우 구조화된 접근이나 규격화된 수단을 활용하지 않아도 된다. 주제에 따라 교사는 각 학생들의 적절한 시작점을 결정하기 위해 글과 말이 섞여 있는 문제와 과제를 사용할 수 있다.

수준별 수학 수업의 두 가지 핵심전략: 개방형 문제와 유사/선택 문제

교사가 30명의 학생을 위해 30가지 다른 교육 방법을 만들거나, 심지어 6개의 모둠을 위해 각기 다른 6가지 교육방법을 만드는 것조차도 비현실적이다. 왜냐하면 수학 수업은 주로 수준별 수업으로 이루어지지 않고 모든 수업에 알맞은 하나를 선택하여 지도한다고 생각하기 때문이다. 수준별 수업을 효과적으로 하려면 교사들에게 같은 시간에 대부분의 학생들 요구에 부응하기 쉬운 전략이 필요하다. 이 두 가지 핵심전략을 사용하여 교사들은 대부분의 학생들에게 적합하고 효과적인 수준별 수업을 할 수 있다. 이 두 가지 핵심전략이 이 책의 가장 중심이다.

- **개방형 문제**
- **유사/선택 문제**

□ 개방형 문제

수준별 수업의 근본적인 목표는 교실에서 수업을 하는 동안 다양한 학생들의 요구에 부응하는 것이다. 만약 서로 다른 학생들이 서로 다른 과정이나 전략을 사용하여 접근하는 것을 허락할 뿐만 아니라 수학적 발달 수준이 서로 다른 학생들에게 도움을 주고 성장할 수 있게 허락하는 문제나 과제를 교사가 만들 수 있다면 그것은 가능해질 것이다. 다시 말해, 그러한 과제는 전체 학급 지도를 위한 적절한 근접 발달 영역 내에 있는 것이다. 이렇게 하여 각 학생들은 더 큰 학습 의사소통의 일부분이 된다. 즉 중요하고 가치 있는 학습 공동체의 구성원이 된다. 어려움을 겪는 학생들이 평소처럼 수동적인 학습자가 되는 일은 이제 줄어들 것이다(Lovin, Kyger, & Allsopp, 2004).

다양한 반응이나 접근이 가능한 구조를 갖는 문제는 개방적이다. 예를 들어, 전체 학급에게 물어볼 수 있는 이 두 문제를 보고, 각 문제의 해결 방법이 어떻게 다른지 생각해보자.

문제 1. $3\times4=12$라는 인수는 어떤 인수집합에 속하는가?

문제 2. 다음 그림을 수학적 식을 사용하여 설명하시오.

× × × ×

× × × ×

× × × ×

만약 학생들이 인수집합이 무엇인지 알지 못한다면, 그들은 1번 질문에 정확하게 대답할 기회조차 없을 것이다. 2번 질문의 경우는 학생들이 비록 곱셈을 잘 알지 못한다 할지라도 덧셈표현(예. $4+4+4=12$ or $4+8=12$), 곱셈표현(예. $3\times4=12$ or $4\times3=12$), 나눗셈표현(예. $12\div3=4$ or $12\div4=3$) 또는 혼합연산(예. $3\times2+3\times2=12$)을 사용해 답할 수 있다.

다른 종류의 교실 의사소통. 앞의 2번 개방형 문제와 같은 경우는 수학적 의사소통을 풍요롭게 할 뿐만 아니라 어떤 학생이라도 수학적 의사소통을 풍요롭게 하는 데에 기여하는 적당한 무언가를 찾을 수 있다.

주목해야 할 점은 교사가 전체 학생들에게 같은 문제를 제시하지만 각 학생의 이해에 따라 다른 반응이 나올 수 있도록 설계되었다는 것이다. 모든 학생들은 교실학습공동체의 토론에 충분히 참여하고 많은 것을 얻을 수 있다.

이 접근은 문제를 이해하지 못한 학생들을 관찰하고서 그들이 반응할 수 있는 간단한 질문을 하는 것이라는 측면에서 다르다. 개방형 문제를 사용하면, 학생들은 자신감을 얻게 된다. 교사의 질문에 바로 대답할 수 있다. 심리학적으로, 이것은 아주 긍정적인 상황이다.

다양한 이점. 개방형 문제는 또 다른 이점이 있다. 많은 학생들과 어른들은 그들이 가진 흑백논리 때문에 수학은 어렵고 달갑지 않은 과목이라고 생각한다. 예를 들어, 사회나 영어는 다양한 견해로 표현할 수 있지만, 수학은 해결했거나 또는 해결하지 못하는 둘 중 하나인 과목이라는 견해를 가진다. 이러한 수학에 대한 견해는 많은 학생들이 수학을 시도조차 하지 못하게 한다. 그들은 한번 흔들리기 시작하면 계속 흔들릴 것이라 생각하여 간단히 포기할지도 모른다.

교사는 학생들이 수학의 다면성을 볼 수 있도록 도와야 한다. 모든 수학적 개념은 다양한 관점으로 생각될 수 있고, 그 다양한 관점은 분명히 수학에 대한 학습을 더욱 풍요롭게 한다. 개방형 문제는 이를 증명하는 기회를 제공한다.

개방형 문제를 만들기 위한 전략. 이 책은 개방형 문제의 다양한 형태를 예를 들어 설명한다. 전통적인 문제를 개방형 문제로 바꾸는 데 사용할 수 있는 일반적인 전략은 다음과 같다.

- 문제의 방향 바꾸기
- 유사점과 차이점 묻기
- 빈칸에 숫자 넣기
- 문장 만들기
- 분명하지 않은 용어 사용하기
- 문제 바꾸기

문제의 방향 바꾸기 문제의 방향을 바꾸기 위해 문제를 제시하는 대신에 답을 주고 문제가 무엇인지 묻는다. 예를 들면:

20의 반은 얼마인가?	→	10은 어떤 수의 분수입니다. 어떤 수와 분수는 무엇이 될 수 있을까?
직각삼각형의 두 변의 길이가 3, 4라면 빗변의 길이는 얼마인가?	→	직각삼각형의 한 빗변의 길이가 5입니다. 다른 두 변의 길이는 각각 얼마인가?

유사점과 차이 묻기 교사는 두 가지 아이템들(두 숫자, 두 모양, 두 그래프, 두 확률, 두 측정 등)을 선택하여 학생들에게 그것들의 어떤 점이 같고 다른지를 묻는다. 분명 좋은 대답들이 많이 나올 것이다. 예를 들어, 교사가 85와 100이 어떻게 비슷하고 다른지 질문할 수 있다. 학생들은 두 숫자가 모두 5씩 뛰어 셀 수 있고, 모두 200보다 작고, 모두 50보다 크다는 비슷한 점과 하나는 세 자리 수이고, 하나는 일의 자리 수가 5이고, 하나는 90보다 크다는 차이점을 말할 수 있을 것이다.

빈 칸에 숫자 넣기 학생들이 사용할 숫자를 선택하여 빈칸에 숫자를 넣도록 함으로써 개방형 문제를 만들 수 있다. 예를 들면, 한 교실에 25명의 학생이 있고 다른 교실에 31명의 학생이 있을 때 학생들이 모두 몇 명인가라고 묻는 대신, 두 개의 교실에 맞는 학생 수를 고르고 두 교실의 학생 수가 모두 몇 명인지 결정하는 것을 물을 수 있다.

문장 만들기 학생들에게 임의의 단어나 숫자를 넣어 문장을 만들게 할 수 있다. 예를 들어, 교사는 학생들이 숫자 3과 4, "그리고"와 "~보다"라는 용어를 사용하여 문장을 만들게 하거나, 8과 7, "곱"과 "같다"라는 용어를 사용하여 문장을 만들게 할 수 있다. 학생들이 만들어 내는 다양한 문장들은 교사를 깜짝 놀라게 할 때가 많다. 첫 번째 경우에, 아래와 같은 문장을 만들 수 있으며 또한 더 많은 문장을 만들 수 있다.

- 3과 4는 2보다 크다.
- 4는 3보다 크고 1보다 크다.
- 3과 4의 합은 6보다 크다.
- 34와 26의 합은 34와 20의 합보다 크다.

분명하지 않은 용어 사용하기 약간 모호한 용어의 사용은 정확성을 덜 요구한다. 이것은 부정적이기보다는, 오히려 더 풍부하고 흥미로운 의사소통으로 이끈다. 예를 들어, 합해서 100이 되는 두 수를 묻기보다는 합해서 100에 가까운 두 수를 묻는 것이다. 학생들에게 넓이가 $20m^2$인 삼각형을 그리라고 하기보다는 넓이가 비슷하지만 모양이 다른 두 삼각형을 그리라고 할 수 있다.

문제 바꾸기 간혹 교사는 교과서의 문제와 같은 이미 만들어진 문제를 가지고 개방형 문제를 만들 수 있다. 여기 몇 가지 예가 있다:

미라는 연필 4상자를 가지고 있다. 각 상자에는 연필이 6자루씩 들어 있다. 미라가 가진 연필은 모두 몇 자루인가?	→	미라는 몇 개의 연필상자를 가지고 있다. 각 상자 안에는 전체 상자 개수보다 2 큰 수만큼의 연필이 들어 있다. 미라가 가진 연필은 모두 몇 자루인가?
3개의 100, 2개의 10, 2개의 1000, 그리고 4개의 4를 가진 수는 무엇인가?	→	11개의 십진블럭으로 어떤 수를 만들 수 있다. 그 수는 무엇인가?
지름이 1.75cm인 과자가 있다. 이 과자의 지름을 기약분수 형태로 나타내시오.	→	과자의 지름이 1cm와 2cm 사이에 있다. 이 과자의 지름을 두 가지 다른 형태의 분수로 나타내시오.

개방형 문제에서 피해야 할 것. 개방형 문제는 수학적으로 의미가 있어야 한다. "숫자 6은 무엇을 생각나게 하는가?"와 같은 부수적인 질문들은 잘못된 것은 아니지만 핵심 아이디어와 교육과정 목표에 좀 더 직접적으로 초점을 맞추어 질문을 하는 것이 수학수업에서 학생들의 발전을 돕는 데 더욱 효과적이다.

개방형 문제는 어느 정도 모호함을 필요로 한다. 모호한 문제를 보고 학생들은 처음에 당황할 수도 있다. 그러나 그러한 모호함은 모든 학생들의 필요를 만족시키기에 충분히 넓은 범위를 보장하는 데 있어 중요하다.

반면 문제 개발에 있어서 너무 모호한 문제는 학생들의 사고를 오히려 막아버린다는 점에 주의해야 한다. 예를 들어, "거인의 보폭은 얼마인가?"라는 질문과 "거인의 한 보폭은 아기의 보폭 몇 개에 해당되는가?"라는 질문을 비교해 보자. 첫 번째 경우에는, 학생들은 문제에서 요구하는 것이 용어에 대한 정의인지, 거리인지, 혹은 또 다른 것인지를 알지 못한다. 대부분의 학생들은 더 많은 조건 없이는 문제를 해결하지 못할 것이다. 두 번째 경우에도 여전히 모호한 점이 있다. 몇몇 학생들은 '아기의 보폭'과 '거인의 보폭'의 의미에 대해 궁금해하겠지만, 대부분 계속 문제를 해결하는 데 익숙해질 것이다. 학생들은 그것이 측정 상황에 관한 문제임을 깨닫기 때문이다.

약간의 모호함은 개방형 문제의 사용 목적인 수준별 교육을 위해 허용할 필요가 있다. 너무 자세한 문제는 좁은 이해 수준의 학생들을 대상으로 삼고 있어, 그 수준에 있지 않는 학생들에게는 그 문제에 집중하거나 성공의 경험을 제공하지 못한다.

효과적인 후속 논의의 합성화. 후속 논의는 학생들이 학습한 내용을 견고하게 하고 자신감을 신장시키는 데 중요한 역할을 한다. 그러므로 교사들은 모든 발달 단계에 있는 학생들에게 도움이 되도록 후속 논의의 효과를 최대화할 수 있는 전략을 수립하는 것이 중요하다.

모든 학생들에게 효과적이기 위해서는 우선 단순한 답을 하는 학생을 먼저 지명하는 전략을 쓰는 것이 좋다. 그렇게 함으로써 교사가 학생들의 이름을 불렀을 때 그들의 대답이 이미 끝나버리지 않을 기회를 늘릴 수 있다.

교사는 다양한 답을 환영하고 수용한다는 메시지를 학생들에게 전달해야 한다. 학생들은 교사가 특별한 답을 "찾고" 있다는 것을 느낄 때 그것을 분명하게 이해한다. 개방형 문제는 많은 답들이 좋은 답이며 똑같이 가치가 있다는 확신으로 고안된 것이다.

교사는 학생들이 제공한 답들을 연결 짓도록 노력해야 한다. 예를 들면 10과 12의 유사성을 물었을 때 한 학생은 둘 다 짝수라고 말할 것이고, 또 다른 학생은 10과 20 사이에 있다고 말할 수 있다. 이때 교사는 아래와 같이 할 수 있다.

- 10과 20 사이에 다른 짝수는 무엇인가?
- 어떤 자릿수를 보고 그 숫자를 짝수라고 하는가?
- 어떤 자릿수를 보고 그 수가 10과 20 사이에 있는지 알게 되었는가?

이러한 질문은 모든 학생들의 의욕을 불러일으키고, 도움이 필요한 학생들에게 해결의 발판을 제공한다.

□ 유사/선택 문제

유사/선택 문제는 각기 다른 발달 단계에 있는 학생들의 필요를 충족하기 위해 고안된 2~3개의 문제로 이루어진 문항 세트이다. 그러나 이들은 같은 핵심 아이디어를 가지며, 동시에 토론이 가능한 매우 유사한 문제이다. 다시 말해, 교사가 이 문제를 수업에 활용한다면 학생들이 어떤 문제를 해결하든지에 관계없이 그 문제는 개개인의 학생들에게 적절하다. 유사/선택 문제의 사용은 과제의 조절이 어떤 상황 속에 숨어 있는 수학에 대해 가치 있는 토론을 이끌어낼 수 있다는 포먼(Forman, 2003)의 관점을 확장한 것이다. 또한 유사/선택 문제는 모든 학생들이 학습하는 주제에 대한 토론에 참여하는 학습 공동체를 형성해 나가는 데 공헌한다(Murray & Jorgensen, 2007).

예를 들어 NCTM의 '수와 연산' 영역에서는 언제 수학적 연산이 사용하기에 적절한지를 인식하는 것이 중요하다고 하였다. 여기서 어떤 교사가 핵심 아이디어를 도출해 내고자 한다면 그 교사는 다음과 같은 두 개의 유사/선택 문제를 제시할 수 있다.

> **선택 1.** 두 개의 한 자리수를 곱하여 해결할 수 있는 문장제를 만드시오.
> **선택 2.** 10과 100 사이에 있는 두 수를 곱하여 해결할 수 있는 문장제를 만드시오.

두 선택과제 모두 곱셈개념의 적용에 초점을 맞추고 있다. 그러나 선택 1은 좀 더 작은 수로 연산을 할 수 있는 학생들에게 적당하다. 또한 이 과제들은 아래에 제시된 질문으로 논의하기에 적절하고 교실의 모든 학생들에게 물을 수 있기 때문에 서로 잘 어울린다.

- 곱셈을 위해 어떤 수를 선택했는가?
- 곱셈 결과 몇 자리 수인지 어떻게 알았는가?
- 자신이 만든 곱셈 문제에 대해 어떻게 생각하는가?
- 어떤 문제를 만들었는가?
- 그 문제를 어떻게 해결할 수 있는가?

유사/선택 문제를 만들기 위한 전략. 특별한 핵심 아이디어를 포함한 유사/선택 문제를 만들기 위해서는 학생들이 그 아이디어에 접근할 때 발달적인 차이를 얼마나 보일지에 대해 먼저 생각해 보는 것이 중요하다. 이러한 차이점은 학생들이 사용할 수 있는 연산, 다룰 수 있는 수의 범위, 연산의 의미에 대한 이해와 관련이 있다.

발달 단계의 차이가 파악되면, 목표는 다양한 선택 문항을 위해 충분히 비슷한 맥락을 개발하는 것이 된다. 그래서 학생들의 해결책을 서로 살펴볼 때 학생들 모두에게 같은 질문을 할 수 있도록 해야 한다. 예를 들면, 핵심 아이디어가 의사소통을 간단하게 하는 측정규준인 경우, 발달적 차이점은 주로 학생들이 편안해하는 형태의 측정방법일 수 있다. 한 과제는 길이 측정에 초점을 맞추고 또 다른 과제는 넓이 측정에 초점을 맞출 수 있다. 하나의 유사/선택 문제를 다음과 같이 구성할 수도 있다:

> **선택 1.** 30cm의 길이를 가진 물체가 있다. 무엇인가?
> **선택 2.** $30cm^2$의 넓이를 가진 물체가 있다. 무엇인가?

이 경우의 후속 질문은 다음과 같다:

- 자신이 생각한 물체는 큰가? 그렇지 않은가? 어떻게 알았는가?
- 그 물체는 손으로 들 수 있는가?
- 생각한 물체를 측정한 결과가 약 30이라는 것을 어떻게 알 수 있는가?
- 그 물체가 30에 얼마나 근접한지 보기 위해 어떻게 측정할 것인가?
- 그러한 물체가 많다는 것을 어떻게 알 수 있는가?

유사/선택 문제 세트를 만들 때, 교사들은 때때로 가까운 곳에 있는 자료들(예: 학생들의 교과서)로부터 과제를 선택할 수 있다. 그런 다음 각기 다른 발달 단계에 맞게 적절히 바꾸는 방법을 알아낼 수 있다. 그 후, 학생들에게 선택으로서 두 과제를 모두 함께 제시한다:

원래의 문제(예. 교과서 참조)
아침에는 학교에 483명의 학생이 있었다. 99명의 학생이 현장 학습을 떠났다면 학교에 남아 있는 학생은 모두 몇 명인가?

유사/선택 문제
학교에 3학년 학생이 71명 있다. 그들 중 29명은 도서관에 있다. 교실에 남아 있는 학생은 몇 명인가?

일반적인 후속 질문은 다음과 같이 할 수 있다.

- 대부분의 학생들이 남아 있다는 것을 어떻게 알 수 있는가?
- 남아 있는 학생의 수를 어떻게 결정했는가?
- 어떤 학생들은 왜 뺄셈으로 문제를 해결했는가?
- 어떤 학생들은 왜 덧셈으로 문제를 해결했는가?
- 만약 한 명이 더 교실에 있지 않다면 결과는 어떻게 바뀌겠는가?
- 만약 한 명이 학교를 떠나기 시작했다면 결과는 어떻게 바뀌겠는가?

효과적인 후속 논의의 활성화. 유사/선택 문제의 후속논의의 역할과 후속논의를 장려하는 기술들은 개방형 문제와 같다. 다시 말하자면, 후속 논의에서 각 문제에 공통적인 질문을 할 수 있도록 선택 문제를 만들었기 때문에 교사가 문제들을 똑같이 중요하게 여긴다는 것을 학생들에게 보여주는 것이 중요하다. 각 선택 문제로 활동했던 학생들의 대답에 교사가 똑같이 흥미 있어 한다는 것을 인식시키는 것 역시 중요하다. 교사는 한 과제를 끝낸 학생을 먼저 부르고 그 다음 다른 과제를 끝낸 학생을 부르지 않도록 주의해야 한다. 각 문제는 전체 그룹이 함께 논의해야 한다. 만약 학생들이 자신이 고른(혹은 고를) 과제만을 이해하려고 한다면 교사는 학생이 말하기 시작할 때 수행한 과제가 무엇인지 질문하지 않는 것이 더 좋다.

학생들의 선택 상황을 다루는 방법. 몇몇 교사들은 문제가 두 단계로 제시되었을 경우 학생들이 "잘못된" 문제를 선택할 수도 있다고 걱정한다. 학생들이 할 수 있는 과제를 그때마다 제시하는 것은 정말 적절할 수 있다. 이는 학생 개개인에게 특정 과제를 단순히 배정해 주면 가능하다. 하지만 학생들에게 선택하도록 허락하는 것이 때로는(심지어 대부분) 중요하다. 선택은 큰 힘을 실어주게 된다.

만약 개념에 대해 어려워하는 학생들이 그들의 능력을 넘어서는 과제를 선택하였다면, 그들은 곧 그것을 깨닫고 다른 선택을 할 것이다. 또 다른 선택이 있음을 앎으로써 애초에 느꼈을지 모를 학생들의 좌절감은 완화될 것이다. 하지만 학생들은 간혹 처음 자신이 할 수 있다고 생각했던 것보다 더 도전적인 문제를 해결할 수도 있다. 이것은 매우 긍정적인 경험이 될 것이다.

만약 학생들이 그들의 능력보다 더 쉬운 문제를 계속 선택한다면, 일단 선택한 문제를 완수하도록 허용해야 한다. 그리고 그들이 문제를 완전히 해결한 후, 교사는 개별적으로 학생들에게 다른 선택 문제도 해보도록 격려할 수 있다.

□ 실행을 위한 원리 추가

다음 쪽의 〈나만의 문제와 유사/선택 문제〉와 같은 틀은 수준별 수학수업을 지원하기 위한 맞춤 자료를 만들 때 편리한 본으로 활용할 수 있다. 이 예시에서 교사는 측정을 주제로 수준별 수업을 위한 계획을 세웠다. 빈 틀은 부록에 있다.

아래에 나오는 기초적인 원리는 새로운 질문과 문제들을 개발할 때 반드시 기억하고 있어야 하는 것이다.

- 모든 개방형 문제는 다양한 단계에서 올바른 반응들을 위해 허용되어야 한다.
- 유사/선택 문제는 어려워하는 학생들이 성공할 수 있고 능숙한 학생들이 도전할 수 있는 형태로 만들어야 한다.
- 질문과 문제들은 모든 학생들이 후속논의에 참여할 수 있도록 만들어야 한다.

교사들은 처음에는 일상적인 교수 활동 속에 개방형 문제와 유사선택 문제의 핵심 아이디어를 결합하기가 어렵다고 느낄 수도 있다. 그러나 5장에 나오는 예제들을 시도해보고 그들만의 문제와 유사/선택 문제 만들다보면, 교사들은 이러한 전략들이 자신의 두 번째 천성이 되었음을 발견하게 될 것이다. 그리고 이러한 노력의 대가는 모든 학생들이 참여하고 모든 이의 학습이 크게 진전되는 수준별 학습으로 나타날 것이다.

나만의 개방형 문제와 유사/선택 문제

수업 목표 넓이 측정 **학년 :** 3

제시된 규준

기하적 측정 : 넓이의 개념을 이해하고 넓이를 곱셈과 덧셈에 연결한다.; 평면도형의 속성으로서 둘레를 알아보고 선의 측정과 넓이의 측정을 구별한다.

핵심 아이디어의 바탕

같은 물체라도 다른 측정을 사용하여 다르게 기술될 수 있다.

개방형 문제

어느 것이 더 큰가? 어떻게 알 수 있는가?

유사/선택 문제

선택 1 : 어느 것의 둘레가 더 긴가? 얼마나 더 긴가?

선택 2 : 어느 것의 넓이가 더 넓은가? 얼마나 더 넓은가?

기억해야 할 원리

- 모든 개방형 문제는 다양한 단계에서 올바른 반응들을 위해 허용되어야 한다.
- 유사/선택 문제는 어려워하는 학생들이 성공할 수 있고 능숙한 학생들이 도전할 수 있는 형태로 만들어야 한다.
- 질문과 문제들은 모든 학생들이 후속논의에 참여할 수 있도록 만들어야 한다.

수학에 대해 이야기하는 교실 만들기

본서에는 수준별 교수를 위한 다양한 제안들이 제공될 것이다. 이 제안들은 수학적 대화가 규범이 되며, 학생들의 다양한 접근법을 장려하고 그것을 가치 있게 여기며, 위험을 감수하는 자유로운 교실 분위기에서 모두 찾아볼 수 있다. 학생들이 수학적 대화에 참여하지 않을 때 교사가 학생 개개인이 이해한 것과 이해하지 못한 것을 알아채는 것은 불가능하다. 결론적으로, 교사가 학생들의 요구와 일치되는 단계를 보장한다는 것이 가능하지만은 않다.

일부 교사들은 학생들이 편성된 코스를 이탈할까봐, 기대하는 것에 대해 확신하지 못하여 불편해할까봐, 교사에게 생소한 아이디어를 제공할까봐, 그리고 어떤 방법으로 진행할지 불확실한 채로 교사를 떠날까봐 선택사항을 제공하거나 개방형 질문을 하는 것을 불안해할 수 있다. 이러한 것들은 자연스러운 불안이다.

매우 구조화된 학습 환경에 익숙해진 학생들은 개방형 문제나 선택해야 하는 것에 동요할 수 있을 것이다. 그러나 학생들이 새로운 방향으로 데리고 가고자 하는 교사의 의지를 확인한다면, 그들은 변화에 편안하게 안착할 것이고 대단한 정보를 획득할 수 있는 기회를 인식하게 될 것이다. 교사는 학생들이 대화에 참여하면서 어떤 방법으로 도전에 응하는지, 다른 학생들로부터 나온 불명확한 이야기를 가려내거나 다른 학생들의 제안을 택하는 방법을 제안할 때 어떻게 도움을 주는지 관찰하면서 놀라움과 가치를 발견하게 될 것이다.

2 수와 연산

수와 연산 영역에서 수준별 학습 활동은 NCTM의 과정 규준인 문제해결, 추론과 증명, 의사소통, 연결성을 적용하고, 아래에 제시된 NCTM 수와 연산 규준의 내용 목표를 나타내는 것으로부터 나온다.

- 수, 수의 표현 방법, 수 사이의 관계, 수 체계를 이해할 수 있다.
- 연산의 의미와 연산들 사이의 관련성을 이해할 수 있다.
- 능숙하게 계산하고 합리적으로 어림할 수 있다(NCTM, 2000).

주제

수와 연산 영역에서 수준별 수업을 하기 전에, 교사들은 학생들의 수 개념이 학년군에 걸쳐 어떻게 발달하는지 아는 것이 중요하다. 다른 주나 도의 교육과정과 연구 보고서와 함께 공통 중핵 성취기준(2010)은 이러한 정보를 위한 유용한 자료이다.

□ 유치원-2학년

이 학년군에서, 학생들은 10이나 10보다 작은 매우 간단한 수를 세고 비교하다가 자릿값 개념을 사용하여 1,000까지의 수를 세고, 비교하고, 모델링하고 해석한다. 그들은 간단한 합병 상황에서 합을 구하고 간단한 뺄셈 상황에서의 차를 세어서 구하다가 좀 더 형식적으로 더하기와 빼기에 대하여 생각한다. 학생들은 점차 학년 군을 통하여 다양한 원리, 전략 그리고 덧셈과 뺄셈에서 점점 더 효율적인 절차를 사용하고 덧셈과 뺄셈의 문제를 해결한다.

□ 3-5학년

이 학년군에서, 학생들은 곱과 몫을 계산하고 어림하기 위하여 다양한 전략을 사용함으로써 범자연수를 곱하고 나누는 데에 점점 중점을 두기 시작한다. 그들은 곱셈, 그리고 곱셈과 관련된 나눗셈 구구를 기억하는 데 전념하며, 여러 자리 범자연수의 곱셈과 나눗셈의 알고리듬에 좀 더 능숙해지고, 곱셈과 나눗셈의 다양한 의미를 나타내는 문제를 해결한다.

또한, 학생들은 분수에 대한 좀 더 깊은 이해를 시작한다. 먼저 분수를 모델링하고, 표현하고, 비교한 다음에 과제를 단순화하며 분수를 더하고 빼기 위하여 동치 분수를 사용한다. 그들은 분수 곱하기를 배우며 분수 부분을 가진 수를 표현하기 위하여 소수 표기법을 사용하기 시작하며 소수의 연산이 요구되는 문제를 해결하기 위하여 소수의 계산을 배운다.

□ 6-8학년

이 학년군에서, 학생들은 분수와 소수의 나눗셈을 포함한 상황으로 분수와 소수에 대한 이해를 확장한다. 그들은 특히 백분율 상황에서만 학습하는 것이 아니라 비와 비율에 대해서도 학습하게 된다. 그들은 또한 음수와 지수, 그리고 과학적 표기법을 포함한 좀 더 추상적인 값에 대해 학습을 한다.

수와 연산의 핵심 아이디어

NCTM 내용 규준과 과정 규준(NCTM, 2000)을 준수한 수와 연산 영역의 일관된 교육과정은 아래의 핵심 아이디어를 구조화할 수 있는 수준별 교수를 지원한다.

- 수를 표현하는 많은 방법이 있다. 각 방법은 수의 다른 측면을 부각시킨다.
- 수는 종종 개수나 양을 나타낸다.
- 기준 수(10, 25, 100, 1,000 등과 같은 친근하고 의미 있는 수)는 수 사이의 관련성을 파악하고 양을 어림해보는 데 유용하다.
- 수들을 분류함으로써(예, 얼마나 많은 자리수를 갖고 있는지, 홀수인지 짝수인지 등), 그것들에 관한 결론을 얻을 수 있다.
- 자릿값 체계의 규칙을 알면 수를 좀 더 쉽게 해석하고 계산할 수 있다.
- 각 연산(덧셈, 뺄셈, 곱셈, 나눗셈)을 언제 사용하는 것이 적절한지 아는 것은 중요하다.
- 수를 더하고, 빼고, 곱하고, 나누는 방법은 다양하다.

• 계산적 상황에서 연산 사이의 관계를 찾아 활용하는 것은 중요하다.

이러한 아이디어를 강화하기 위하여 수와 연산을 가르치는 동안 제시할 과제와 질문을 개발하여야 한다. 다음 절들은 3개 학년 군에 걸쳐 이러한 핵심 아이디어 내에서 수준별 수업을 개발하기 위한 수많은 개방형 문제와 유사/선택 문제의 적용 예를 제시한다.

이 장의 내용

유치원 – 2학년 개방형 문제

개방형 문제는 다양한 발달 수준의 학생들로부터 의미 있는 반응을 초대하는 폭넓은 문제이다.

BIG IDEA 수를 표현하는 많은 방법이 있다. 각 방법은 수의 다른 측면을 부각시킨다.

어떤 것이 5를 특별한 수로 만드는가?

* CCSS : 세기와 기수: K.CC
수학적 관행: 1, 2, 3, 4

이 문제는 어린학생들이 수학적 담화에 참여하는 기회를 제공한다. 몇 명의 학생들은 손가락 5개를 생각할지도 모르고, 어떤 학생들은 그들이 5살이라는 것을, 다른 학생들은 자신의 가족 구성원이 5명이라는 것을, 반면에 또 다른 학생들은 좀 더 특별한 것들을 예를 들어, 5센트짜리 동전을 떠올릴지 모른다. 이 문제는 학생들이 수가 매우 다양한 맥락 속에서 양을 기술하는 데 사용된다는 것을 이해하는 데 도움을 준다.

이렇게도 할 수 있어요! 이 질문은 학생들이 특별하게 생각하는 수, 예를 들어 0, 1 또는 10과 같은 다른 수를 사용함으로써 다양해질 수 있다.

> 여러분이 할 수 있는 만큼 다양한 방법으로 수 7을 나타내 보시오.

* CCSS : 세기와 기수: K.CC
수학적 관행: 1, 2, 4, 5

이 질문에 답변하기 위해서 유사한 7개의 항목을 그리는 학생들, 임의의 7개의 항목을 그리는 학생들, 양식화한 숫자 7을 사용하는 학생들, '칠'이라는 단어를 쓰는 학생들, 답이 7인 수학적 연산 즉 6+1이나 4+3을 나타내는 학생들이 나타날 수 있다.

이 질문은 학생들에게 그들이 나타낼 수 있는 만큼 많은 방법으로 표현하도록 요구하기 때문에, 오직 한 가지나 두 가지 방법으로밖에 표현하지 못한 학생들이라도 성공의 경험을 할 수 있다. 학생들의 발달 수준에 상관없이 모든 학생들은 어떤 숫자든 많은 방법으로 표현될 수 있다는 사실에 초점을 둘 것이다. 학생들이 그들 자신의 표현이 어떻게 같고 다른지에 초점을 두게 하는 발문이 중요하다. 예를 들어 교사는 다음과 같이 물을 수 있다.

- 여러분의 어떤 표현들이 가장 비슷한가?
- 여러분의 어떤 표현들이 7은 10보다 작다는 것을 이해하기 쉽도록 하는가?
- 어떤 것이 7은 홀수임을 이해하기 쉽도록 하는가?
- 어떤 것이 7은 5와 2라는 것을 이해하기 쉽도록 하는가?

TEACHING TIP. 문제들을 여러 번 되풀이하여 사용하면서 얼마든지 변형할 수 있다. 여기에 제시된 문제는 하나의 예에 불과하다. 비록 이 사례에서는 숫자 7을 선택했지만, 학생들이 자신이 원하는 수를 스스로 선택하고, 할 수 있는 한 다양한 방법으로 나타내게 하는 정도까지 개방할 수 있다.

> 다음 수 배열에서 2개의 숫자를 선택하시오. 2개의 숫자는 어떤 점이 같고, 어떤 점이 달라 보이는가?
>
> 1 2 3 4 5 6 7 8 9 0

* CCSS: 세기와 기수: K.CC
수학적 관행: 1, 3, 6

수학적 발달의 중요한 부분 중 하나는 수로 양을 나타낼 수 있다는 것을 인식하는 것이다. 그러나 그것은 학생들이 숫자를 인식하고 있을 때 도움이 된다. 숫자의 형식에 중점을 두면서, 이 문제는 학생들이 숫자를 재현하고 읽는 것을 학습하도록 돕는다.

두 숫자가 무엇이든지간에 학생들이 원하는 것을 선택하게 하므로, 이 문제는 사실상 모든 학생들이 성공할 수 있다. 매우 간단한 예를 하나 들면, 1과 4가 오로지 직선만을 사용하였다는 것이다. 그러나 1은 4보다 적은 수의 선을 필요로 한다.

> 답이 5이다. 질문이 무엇인가?

* CCSS: 세기와 기수: K.CC
연산과 대수적 사고: K. OA, 1.OA
수학적 관행: 1, 2, 3, 7

이 문제는 무수히 많은 답이 가능하고, 수는 많은 방법으로 나타낼 수 있다는 중요한 개념을 제공한다. 어떤 학생은 덧셈을 이용하여 물을 것이다: 4+1은 얼마인가요? 다른 학생은 뺄셈을 사용하여 물을 것이다: 6−1은 얼마인가요? 그 밖의 다른 학생들은 매우 다른 질문의 유형을 제시할 것이다. 예를 들어, 4 다음에 오는 수는 무엇인가? 또는 한 쪽 발에 몇 개의 발가락이 있는가? 수용할 수 있는 답변의 범위가 넓기 때문에, 모든 수준의 학생들이 답할 수 있다.

이렇게도 할 수 있어요! 이 과제는 답으로 제시된 숫자를 바꾼 후에 다시 제시할 수 있다.

BIG IDEA. 수는 종종 개수나 양을 나타낸다.

> 한 수가 다른 수보다 훨씬 큰 두 수를 선택하여라.
> 그 두 수는 무엇이고 어떻게 그 두 수를 쓸 수 있었나?

* CCSS: 세기와 기수: K.CC
십진수에서 수와 연산: 1. NBT, 2.NBT
수학적 관행: 1, 2, 3

이 문제는 학생들이 **훨씬**에 대한 의미를 어떻게 생각하는지에 대한 통찰을 제공한다. 또한 학생들이 각자 편하게 느끼는 수를 사용하면 되므로 대부분의 학생들에게 문제를 만들 수 있는 기회를 준다. 어떤 학생들은 1과 20을 선택하는 반면, 다른 학생들은 1과 100 또는 3과 30을 선택할 것이다. 그 수들을 쓰게 하면 실제로는 이해하지 못하는 **백만**을 단순히 말하기보다는, 학생들이 크다고 여기지만 충분히 크지 않은 수들을 좀 더 선택할 것이다. 답에 대해 토론하거나 답을 비교하는 것은 흥미로울 것이다. 교사는 다음과 같이 물을 수 있다.

- 여러분은 20과 100 둘 모두 1보다 "훨씬 크다"고 생각하는가?
- 여러분은 20이 1보다 "훨씬 크다"는 것을 어떻게 아는가?
- 여러분은 어떤 수를 선택할지 어떻게 결정했는가?

> 하나의 수를 선택하여 그 수부터 50까지 세려면 많은 수를 말해야 하는가 아니면 많지 않는 수를 말해야 하는가? 어떻게 아는가?

* CCSS: 세기와 기수: K.CC
십진수에서 수와 연산: 1. NBT, 2.NBT
수학적 관행: 1, 2, 3, 7

이 문제 또한 학생이 수를 선택하는 것에 대하여 열려 있다. 만약 학생이 낮은 수(예, 2 또는 3)를 선택한다면 그 학생은 50까지 세기에 시간이 걸릴 것이라는 것을 알 것이다. 만약 50보다 큰 수를 선택했을 때 50을 말하기 위해 뒤로 세는 것이 편한지 알아보는 것은 흥미로울 것이다. 어떤 학생들은 뛰어 세기를 생각할 것이며 이때는 기술적으로 그 수가 많이 떨어져 있을지라도 50을 말하기에 시간이 많이 걸리지 않을 것이다. 이 문제는 수의 크기를 다루는 동안 학생들이 수 세기를 얼마나 유연하게 하는지에 대한 통찰을 제공한다.

이렇게도 할 수 있어요! 이 문제는 학생들이 뛰어 세거나 뒤로 세고, 수 50을 바꾸는 등의 방법으로 다양해질 수 있다.

TEACHING TIP 수준별 수업을 위한 가장 간단한 전략 중의 하나는 학생들이 학습할 수를 선택하도록 허락하는 것이다.

> 학교에 몇 명의 학생이 있는지를 나타내는 수가 있다. 이 수는 무엇일까?

* CCSS: 십진수에서 수와 연산: 1.NBT, 2.NBT
수학적 관행: 1, 2, 3, 4

교수에서 중요한 점은 학생들이 자기 주변의 수에 대하여 이해하도록 하는 것이다. 사람들은 언제 수가 이치에 맞는지 또 언제 그렇지 않는지 이해할 필요가 있다. 예를 들어, 연필 가격이 50만 원이라는 것은 이치에 맞지 않다는 것을 학생들은 알아야 한다.

위의 문제는 실제생활 문맥의 예증이 된다. 이러한 상황은 학생들의 일상생활 경험과 가깝다. 학생들은 그들의 학교에 얼마나 많은 학생들이 있을지에 관하여 생각할 수 있다. 한편 그 문제는 또한 학생들이 다른 가능성을 고려하게 할 수 있다. 예를 들어, 커다란 고등학교나 작은 시골 학교 또는 중간 크기의 학교에 얼마나 많은 학생들이 있을 것인가에 대한 것이다.

또 다른 학생들은 학급의 수와 학급당 학생들의 수를 곱하는 계산을 사용할 것이다. 만약 학생들이 단순히 추측하여 답한다면, 그들이 선택한 수에 대하여 정당화를 하도록 해야 한다.

BIG IDEA. 기준 수는 수 사이의 관련성을 파악하고 양을 어림해보는 데 유용하다.

> **수직선**에서 두 번째에 표시된 부분의 수를 선택하시오.
>
> 
>
> 수직선에서 세 번째 지점을 표시하시오. 세 번째 지점의 수는 무엇이고 왜 그런지 이유를 말하시오.

* CCSS: 세기와 기수: K.CC
십진수에서 수와 연산: 1.NBT, 2.NBT
수학적 관행: 1, 2, 3, 6

이 문제는 학생들이 수들의 관계를 짓는 데 기준점 사용이 중요함을 알게 한다. 이 문제는 학생들이 직접 위치를 선택하는 것뿐만 아니라 기준점을 사용하는 것 또한 학생들이 선택할 수 있도록 개방되어 있다.

간단한 반응은 2를 두 번째 지점으로 표시하고, 1을 중간점으로 표시하는 것이다. 좀 더 복잡한 반응은 10을 두 번째 지점으로 표시하고, 2나 3과 같은 수를 놓으려고 시도하는 것이다.

학생들의 선택에 상관없이 그들은 수직선 위에 수를 놓는 방법과 수 사이의 관계에 대한 담화에 참여할 수 있다.

이렇게도 할 수 있어요! 교사는 두 번째 지점을 지정할 수 있다. 예를 들어, 5를 교사가 지정하고, 그 다음 학생들에게 세 번째 지점을 선택하도록 요구할 수 있다.

> 아래에 주어진 숫자와 단어를 사용하여 문장을 만드시오. 다른 단어나 숫자를 사용해도 좋다.
> 3, 보다 큰, 5, 와(과)

* CCSS: 세기와 기수: K.CC
십진수에서 수와 연산: 1.NBT, 2.NBT
연산과 대수적 사고: K.OA, 1.OA, 2.OA
수학적 관행: 1, 2, 3

이 질문에 대한 답변은 매우 다양할 수 있다. 각각 다른 발달 수준에 있는 학생들은 다음과 같이 쓸 것이다. :

- 3 과 5는 2보다 크다.
- 5는 3 보다 크고, 2는 1보다 크다.
- 53 + 3은 28과 10보다 크다.

비록, 어떤 답은 다른 답보다 더 단순할지라도, 모든 답은 수 비교에 대한 논의를 할 때에 유용한 도움을 준다.

> 한 수는 다른 수보다 훨씬 크다. 두 수는 모두 100보다 크다. 두 수는 무엇인가?

* CCSS: 십진수에서 수와 연산: 2.NBT
수학적 관행: 1, 2, 3, 7

이 문제는 수를 선택하는 것과 **훨씬 크다**는 구문의 해석에 많은 자유재량을 제공한다.

예를 들어, 한 학생은 200과 300을 선택하여, 100만큼 떨어져 있는 300이 훨씬 크다는 것을 제안할 것이다. 다른 학생들은 그러한 수들은 충분히 멀리 떨어져 있지 않다고 반박하면서 예를 들어 1,000,000과 101을 선택할 것이다. 두 학생 모두 틀리지 않았다. 그러나 어떤 수학적 용어가 다른 용어보다 더 정확한지 그리고 어떻게 두 용어의 유형이 다른 상황에서 더 유용한지에 대한 논의의 문이 열려 있다.

또한, 이러한 활동이 더 큰 학급에서 이루어진다며, 다양한 비교의 개념을 반복적으로 실행할 수 있는 기회를 가질 수 있다.

BIG IDEA. 수들을 분류함으로써 그것들에 관한 결론을 얻을 수 있다.

수 200과 350은 어떻게 같고 어떻게 다른가?

* CCSS: 십진수에서 수와 연산: 2.NBT
수학적 관행: 1, 2, 3, 7

이와 같은 문제는 백단위의 수에 관하여 학생들이 무엇을 알고 있는지를 확인할 수 있는 기회를 제공한다. 학생들은 다음과 같은 유사점을 찾을 수 있다.

- 두 수 모두 100보다 크다.
- 두 수 모두 400보다 작다.
- 10씩 뛰어 세기를 하면 두 수 모두 말할 수 있다.
- 두 수 모두 세 자리 수이다.
- 두 수 모두 50원으로 배열할 수 있다.

200:

350:

학생들은 다음과 같은 차이점을 찾을 수 있다.

- 350은 300보다 크지만 200은 그렇지 않다.
- 200은 정확히 백단위의 수이지만 350은 그렇지 않다.
- 0부터 20씩 세면 200을 셀 수 있지만 350은 셀 수 없다.

이 문제는 다양한 수준의 학생들에게 적합하다. 왜냐하면 어떤 학생들은 두 수 모두 0으로 끝난다는 것과 같은 간단한 유사점을 선택할 수 있고, 반면 다른 학생들은 두 수 모두 25씩 뛰어 세는 수열의 일부분이라는 것과 같은 좀 더 복잡한 유사점에 초점을 둘 수 있기 때문이다. 모든 학생들이 수 표상과 의미에 대한 많은 토의를 통하여 이득을 얻을 수 있다.

이렇게도 할 수 있어요! 이 문제는 다른 두 수를 사용함으로써 쉽게 바꿀 수 있다.

BIG IDEA 자릿값 체계의 규칙을 알면 수를 좀 더 쉽게 이해하고 계산할 수 있다.

> 십의 자리 숫자가 일의 자리 숫자보다 큰 두 자리 수가 있다. 그 수는 어떤 수인가? 여러분이 선택한 수가 맞는지 어떻게 알 수 있는가?

* CCSS: 십진수에서 수와 연산: 2.NBT
수학적 관행: 1, 2, 3, 7

수와 관련된 많은 학습은 수의 자리에 따라 숫자의 값이 변한다는 사실에 기초한다. 예를 들어 23의 2는 20을 나타내지만, 32의 2는 오직 2를 나타낸다.

학생들에게 자릿값 체계를 지도할 때에는, 종종 차이점을 보여주는 모델로 수업을 시작한다. 예를 들어, **십진블록**은 20을 2개의 막대로 보여주지만, 2는 2개의 작은 큐브로 보여준다.

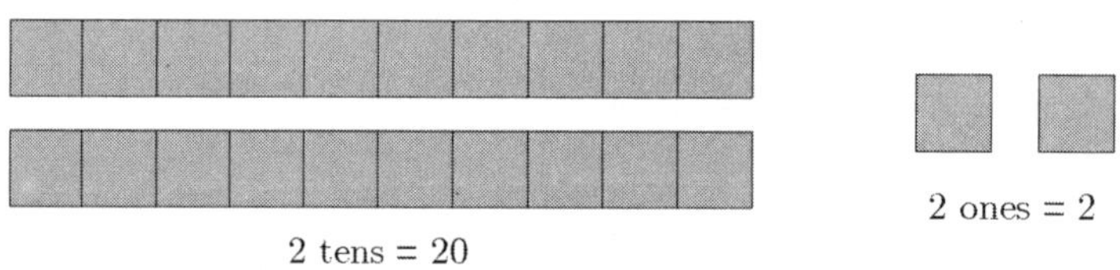

학생들이 위의 문제를 해결할 때 십진블록을 제공할 수도 있고, 그렇지 않을 수도 있다. 대부분의 학생들에게 블록을 제공하는 것이 도움이 되지만, 좀 더 상위 그룹의 학생들에게 블록이 꼭 필요한 것은 아니다. 일부 학생들은 오직 하나 또는 두 개의 가능한 답만을 찾겠지만, 어떤 학생들은 무수히 많은 답을(예, 31, 32, 43, 42, 41, 등등) 찾거나 모든 가능한 답을 정할 것이다. 부진 학생들에게 오직 하나의 수만을 요구한다면 그 과제는 덜 힘겹게 보일 수 있다. 한편 답들을 가지고 토의하는 과정에서, 학생들은 그들이 선택한 것들 사이에서 많은 가능한 값들이 있음을 알게 될 것이다.

학생들은 그들이 선택한 수가 맞다는 것을 보여주기 위해, 어떤 학생들은 그들의 답을 뒷받침하는 구체적인 모델을 사용하는 반면 다른 학생들은 좀 더 기호적인 논쟁을 할 것이다.

이렇게도 할 수 있어요! 세 자릿수에 대해 학습할 수 있는 학생들에게는 학생들이 원하는 대로 할 수 있도록 선택권을 줄 수 있다.

> 십의 자리와 일의 자리 숫자가 있는 수를 생각하라. 십의 자리와 일의 자리 숫자를 바꾸어라. 그 수의 값에는 무슨 일이 일어났는가? 왜 그렇게 되었는가?

* CCSS: 십진수에서 수와 연산: 2.NBT
수학적 관행: 1, 2, 3, 7, 8

아주 약간의 다른 방법이지만 앞의 문제와 같이 이 문제도 수의 자릿값에 초점을 두고 있다. 어떤 학생들은 값이 줄어드는 수를 선택할 것이다; 그들은 이것이 초기 수의 십의 자리 숫자가 일의 자리 숫사보다 클 때 일어난다는 것을 알게 될 것이다(예, 43, 75, 79). 또 다른 학생들은 값이 늘어나는 수를 선택할 것이다; 그들은 이것이 초기 수의 십의 자리 숫자가 일의 자리 숫자보다 작을 때 일어난다는 것을 알게 될 것이다(예, 34, 57, 19). 같은 숫자의 반복(예, 22)이나 일의 자리가 0(예, 30)인 수를 선택한 학생이 있다면 더욱 흥미로울 것이다. 후자의 경우에 03이 실제로 어떤 의미를 지니는지 토의해 볼 수 있다.

이렇게도 할 수 있어요! 교환이 되는 각 자리 숫자가 다른 더 큰 수를 사용하여 유사한 문제를 이용할 수 있다.

> 몇 개의 십진블록을 가지고 100과 1000 사이의 한 수를 나타낼 수 있다. 그 수는 무엇인가? 어떻게 알았는가?

* CCSS: 십진수에서 수와 연산: 2.NBT
수학적 관행: 1, 2, 3, 5, 7, 8

십진블록을 이용함으로써 학생들은 자릿값 체계의 특성에 초점을 두게 된다. 각 블록의 형태는 다른 열을 나타내기 때문에 학생들은 자릿값 표에서 어떤 "열"이 있는지 생각한다. 예를 들어 '100은 10보다 열배만큼 크다'라는 상대적인 크기를 그들은 또한 생각한다.

때때로 아주 작은 수(예, 17)보다 상대적으로 큰 수(예, 200)를 적은 수의 블록으로 표현할 수 있다는 것을 알아차리는 학생이 있을 것이다. 어떤 학생들은 블록 세트에서 간단히 하나, 둘 또는 세 개의 블록을 무작위로 선택할 것이다. 그들의 초점은 수의 이름을 짓는 데 있을 것이다.

학생들이 블록을 먼저 선택하고 그 수의 이름을 짓는지 또는 아주 작은 숫자와 0들을 가진 수를 생각한다는 것을 알아차리는지 알아보는 것은 흥미로울 것이다.

BIG IDEA. **각 연산(덧셈, 뺄셈, 곱셈, 나눗셈)을 언제 사용하는 것이 적절한지 아는 것은 중요하다.**

> 덧셈을 할 두 수를 선택하시오. 셈돌을 이용하여 덧셈이 어떤지 보여주시오.

* CCSS: 연산과 대수적 사고: K.OA, 1.OA
수학적 관행: 1, 2, 5

학생들에게 셈돌을 이용하여 덧셈이 어떨 것 같은지 보여 달라고 하는 것은 단지 답만을 제시하는 것이 아니라 덧셈의 의미가 무엇인지에 초점을 두게 하는 방법이다. 아마 어떤 학생들은 초기의 두 그룹을 그대로 분리하여 둘 것이고 다른 학생들은 단순히 합을 모델로 할 것이다. 이때 처음으로 돌아가서 두 수가 무엇이었는지 물어보는 것이 필요하며 다른 쌍의 수들도 이러한 모델을 가지고 이용할 수 있는지 묻는 것은 흥미로울 것이다. 후자의 질문은 학생들이 그룹핑은 다양한 방법으로 할 수 있다는 원리에 초점을 두게 한다.

이렇게도 할 수 있어요! 이 문제는 뺄셈에 초점을 두어 바꿀 수 있다.

> 두 수를 더해 7보다 큰 수를 만들어라. 어떤 수를 더할 수 있는가? 어떻게 알았는가? 둘 중 한 수가 매우 작을 수 있는가?

* CCSS: 연산과 대수적 사고: K.OA, 1.OA, 2.OA
수학적 관행: 1, 2, 3, 7

이 문제에 답하는 것을 보고 교사는 학생들이 어떤 덧셈 구구를 편하게 사용하는지 확신할 수 있을 뿐만 아니라 그들이 다른 수들의 조합이 가능하다는 것을 깨닫는지 알 수 있다. 예를 들어 학생들이 친숙하고 중요한 조합 즉 더해서 10이 되는 두 수의 쌍들을 선택할 것이다. 하지만 곧 그들은 하나의 수가 10보다 매우 작으면 그를 보충하기 위해 다른 수가 10에 매우 가깝다는 것을 알아차릴 것이다.

TEACHING TIP. 비록 어떤 학생들이 문제에 제시된 안내를 정확하게 따르지 않을지라도 그들이 문제에 귀를 기울이고 있음을 알 수 있고 그들의 답을 통해 우리가 측정하고자 하는 그들의 이해를 볼 수 있다. 위의 문제에서 학생이 7이 되도록 두 수를 더했다면 교사는 그 학생이 제시된 문제에 정확하게 답을 하지 않았다는 것에 초점을 두기 보다는 그 학생이 어떻게 더하고 왜 한 수가 매우 작을 수 있는지 아는 것에 초점을 두어야 한다.

근접한 두 수를 빼라. 답은 무엇인가?

* CCSS: 연산과 대수적 사고: K.OA, 1.OA, 2.OA
수학적 관행: 1, 2, 3, 7

이 문제는 근접한 두 수는 아무리 큰 수라도 그 차이는 작다는 것을 학생들이 알아차리도록 개발되었다. 또한 학생들이 뺄셈을 한 결과로서가 아니라 차이를 더 생각하도록 하였다.

학생들이 다른 수들을 선택하도록 격려함으로써 시험하고자 하는 핵심 아이디어를 지지할 수 있는 더 많은 자료를 얻을 수 있다.

10보다 작은 수를 하나 선택하고 그 수를 몇 번 더할 것인지 생각하여라. 합이 20보다 커야 한다. 생각한 수는 무엇이고 몇 번을 더해야 했는가?

* CCSS: 연산과 대수적 사고: 1.OA, 2.OA
수학적 관행: 1, 2, 5

초기의 곱셈은 종종 동수누가를 나타낸다. 문제의 특별한 상황에서, 답이 20보다 크기만 하다면 학생들이 반복적으로 더할 10보다 작은 수를 선택하는 것과 몇 번을 더할지 선택하는 것은 자유다.

다양한 해들을 검토하게 함으로써 학생들이 작은 수를 선택하면 더 큰 수를 선택할 때 보다 더 많이 더해야 한다는 것을 알게 한다. 단위 크기의 효과에 대한 이러한 이해는 측정 상황에 도움이 될 것이고 후에 비례적 사고의 기초를 다지는데 도움이 될 것이다.

이렇게도 할 수 있어요! 10보다 작은 수와 값 20을 사용하는 대신 학생이 곱셈에 초점을 둘 수 있도록 더 큰 수와 더 큰 값을 사용할 수 있다.

BIG IDEA 수를 더하고, 빼고, 곱하고, 나누는 방법은 다양하다.

질문이나 답에 2와 3 그리고 4를 넣어서 덧셈 문제를 만드시오.

* CCSS: 수와 연산: 1.NBT, 2.NBT
연산과 대수적 사고: 1.OA
수학적 관행: 1, 2, 3, 5

문제에 답하는 모든 학생들은 덧셈을 사용할 것이다. 그러나 일부 학생들은 좀 더 쉽게 수를 조합하여 선택할 것이다. 예를 들어, 다음과 같이 쓸 것이다:

- $\underline{2} + \underline{34} = \underline{3}6$
- $\underline{2} + \underline{3} + \underline{4} = 9$
- $\underline{23} + \underline{43} + \underline{2}5 = 91$

이와 같은 개방형 문제는 활발한 토의를 촉진시킨다. 개별적으로 또는 짝 활동을 통해 문제를 공유할 때, 학생들은 덧셈에 대한 새로운 아이디어를 학습할 수 있는 기회를 갖는다.

이렇게도 할 수 있어요! 이 문제는 다른 세 개의 수를 사용하거나 두 개 또는 네 개의 수를 사용하고 다른 연산(예, 뺄셈)을 사용함으로써 쉽게 바꿀 수 있다.

암산하기 매우 쉬운 덧셈이 하나 있다. 어떤 덧셈일까? 왜 그것이 쉬울까?

* CCSS: 수와 연산: 1.NBT, 2.NBT
연산과 대수적 사고: 1.OA, 2.OA
수학적 관행: 1, 2, 3, 7, 8

다른 개방형 문제처럼 이 문제는 교사에게 평가의 잠재성을 제공한다. 학생들의 반응을 통해 자신감 있는 학생들의 다양한 연산 전략을 파악할 수 있다.

어떤 학생은 합이 항상 더해지는 수의 다음 수가 된다는 것을 알고서 더하기 위해 1을 선택할 것이다. 어떤 학생은 0을 더하는 것은 더해지는 수에 어떠한 영향도 끼치지 않는다는 것을 알고서 0을 선택할 것이다. 또 어떤 학생은 원래 수의 십의 자리 숫자를 바꾸는 10을 선택할 것이다. 한편 어떤 학생은 먼저 20을 더하고 1을 빼면 쉽다는 것을 알고서 처음에 쉽지 않아 보이는 34 + 19를 선택할 것이다. 왜 그 덧셈이 쉬운지에 관한 대화를 통해 학생들의 이해를 알게 된다.

이렇게도 할 수 있어요! 이 문제는 뺄셈으로 대신할 수 있다.

TEACHING TIP 어려운 것에 초점을 두기 보다는 쉬운 것에 초점을 두는 것이 학생들의 자신감을 세우는 데 중요하다.

> 거의 30 정도 차이가 나는 두 수를 더하여라. 답은 거의 90이다. 두 수는 무엇인가?

* CCSS: 수와 연산: 1.NBT, 2.NBT
수학적 관행: 1, 2, 5, 7

이 문제를 해결하기 위한 다양한 전략이 있다. 조금씩 다르기는 하지만 대부분의 학생들은 추측과 검사의 방법을 사용할 것이다.

어떤 학생은 10+40과 같은 조합을 생각할 것이다. 그러나 답이 너무 작다는 것을 알고 20+50으로 올라가고 다시 30+60을 선택할 것이다. 다른 방법으로는 10+40을 계산했을 때 90이 되기에는 40이 부족하므로 각각의 수에 20씩을 더하는 것이 있다.

다른 학생은 40+50과 같이 90에 대한 조합부터 생각할 것이다. 그러나 두 수는 10밖에 차이가 나지 않는다는 것을 알고 30 차이가 날 때가지 40은 내리고 50은 올릴 것이다. 이러한 두 가지의 접근 모두 가치 있는 추론이다.

문제에서 "거의"는 학생들이 답을 얻어 어떻게 그 답을 조정할 것인지 알아내야 하는 것을 의미한다. 예를 들어 학생이 30+59를 사용한다면 두 수는 30만큼 차이가 나지 않고 답도 90이 아니다.

이렇게도 할 수 있어요! 이 문제를 바꿀 수 있는 다양한 방법이 있다. 수를 바꾸거나 용어 "거의"를 "약" 또는 "조금 더"로 바꿀 수 있다.

> 42+38과 52+28은 어떻게 같고 어떻게 다른가?

* CCSS: 수와 연산: 1.NBT, 2.NBT
수학적 관행: 1, 2, 3, 7

이 문제는 학생들이 다양한 면에 초점을 두도록 하여서 흥미롭다. 어떤 학생은 과정에, 또 어떤 학생은 모델에 또 다른 학생은 덧셈의 의미에 초점을 둘 것이다. 가능한 답은 다음과 같다.

- 둘 모두 더한다는 것은 같으나, 사용하는 수가 다르다.
- 둘 모두 2 + 8을 가지고 있으나, 하나는 40 + 30이고 다른 하나는 50 + 20이다.
- 둘 모두 답이 같으나, 둘 모두 다른 수를 사용한다.
- 수직선을 사용하면 둘 모두 같은 곳에서 끝나지만 시작이 다르다.

궁극적으로 10을 첫째 수에서 둘째 수로 옮겨도 전체 값은 변하지 않는다는 것을 학생들이 이해하는 것은 수학을 하는 데 있어 매우 도움이 된다.

100까지의 수 배열표를 보시오. 두 수를 택해서 더하시오. 두 수는 배열표의 위쪽 절반에서만 선택해야 한다. 연필과 종이를 사용하지 않고 두 수를 계산하기 위해 수 배열표를 어떻게 사용하였는지 보여라.

1	2	3	4	5	6	7	8	9	10
11	12	13	14	15	16	17	18	19	20
21	22	23	24	25	26	27	28	29	30
31	32	33	34	35	36	37	38	39	40
41	42	43	44	45	46	47	48	49	50
51	52	53	54	55	56	57	58	59	60
61	62	63	64	65	66	67	68	69	70
71	72	73	74	75	76	77	78	79	80
81	82	83	84	85	86	87	88	89	90
91	92	93	94	95	96	97	98	99	100

* CCSS: 수와 연산: 1.NBT, 2.NBT
수학적 관행: 1, 2, 3, 5, 7

이 문제는 시각화 사용을 촉진시킴으로써 학생들의 암산을 돕는다. 학생들은 단순한 수를 선택하여 더하거나, 좀 더 복잡한 수를 선택할 수 있다. 예를 들어, 32를 선택하고 1을 더한 학생들은 그것이 오른쪽으로 한 칸 움직였다는 것을 알게 된다. 10을 더한 학생들은 한 줄 아래로 내려가면 수를 찾을 수 있다. 29를 더한 학생들은 세 줄 아래로 내려가서 한 칸 되돌아온다는 것을 알게 되며, 그보다 더 복잡한 암산도 할 수 있다.

이 문제는 학생들이 수 배열표의 오른쪽에 있는 수를 더하는 것(예, 59 + 6)을 피하고 다음 줄로 갈 수 있으며, 그들이 너무 어렵다고 생각한다면 복잡한 수를 더하는 것을 피할 수 있기 때문에 다양한 수준의 학생들에게 유용하다.

3-5학년 개방형 문제

BIG IDEA 수를 표현하는 많은 방법이 있다. 각 방법은 수의 다른 측면을 부각시킨다.

> 언제 수 $\frac{1}{2}$을 사용하는지 말하여 보시오.

* CCSS: 수와 연산- 분수: 3.NF
수학적 관행: 1, 2, 4

이 문제를 접한 모든 학생들은 분수 $\frac{1}{2}$에 관하여 생각할 것이다. 학생들이 자신의 문맥을 떠올리도록 허락하는 것은 저절한 수준에서 각각의 학생들이 수학적 대화를 할 수 있게 한다. 간혹 교사가 학생들을 위해 미리 문맥을 선택할 때 그것은 난시 및 학생들에게만 의미 있을 뿐이다.

만약 학생들이 어떤 것을 시작하는데 자극이 필요하다면 교사는 아이디어를 환기시켜 줄만한 그림을 제공해 줄 수 있다. 예를 들면, 샌드위치를 두 개로 자른 그림, 주스가 반 담긴 잔, 또는 육각형 테이블이 반으로 나뉘어져 있고 두 사람이 테이블의 반대편에 앉아 있는 그림을 보여주는 것이다. 보통 학생들은 전체의 반을 생각할 것이나 몇 몇은 둘로 구성된 하나의 집합의 반을 생각할지도 모른다.

TEACHING TIP 학생들에게 모델을 제공하여 과제의 비계를 세우게 하는 것은 그 모델을 따라야 한다는 의무감을 느끼는 학생들의 부담을 줄일 수 있다.

> 여러분이 할 수 있는 모든 다양한 방법으로 천이 100인 것에 대하여 설명하시오.

* CCSS: 수와 연산: 4.NBT
수학적 관행: 1, 2

일반적으로 이 문제는 천이 100이라는 구문으로 쓰이기보다는 숫자 100,000을 사용하여 제시할 것이다. 위와 같이 제시할 때의 장점은 큰 수를 표현하는 숫사에 어려움을 겪는 학생들이 문제에 보다 더 접근하기 쉬울 수 있다는 것이다. 학생이 이 문제에 답하기 위하여 100,000이 얼마나 되는지에 대한 개념을 이해해야 한다고 생각할지도 모르나 학생들은 자신들이 선호하는 방법으로 단순히 천이 99인 수보다 더 크다고 답할 수 있다.

어떤 학생들은 예를 들어, 백만의 $\frac{1}{10}$이 되는 십진블록으로 또는 백을 나타내는 블록 1,000개를 가지고 자릿값 개념을 사용하여 100,000을 표현할 것이다.

학급 토의는 천이 100인 수를 다른 관점으로 보는 탐구의 기회를 많이 제공할 것이다.

두 분수의 합이 $\frac{9}{10}$입니다. 이 두 분수는 각각 무엇인가?

* CCSS: 수와 연산-분수: 3.NF, 4.NF
수학적 관행: 1, 2, 5, 7

일반적으로 교사는 두 분수를 먼저 제시하고, 합을 구하도록 한다. 그러나 이 문제와 같이 합을 먼저 주고 각각의 분수들을 구하도록 한다면, 많은 학생들이 더 잘 해결할 수 있다.

예를 들면, 두 분수의 합이 $\frac{9}{10}$인 각각의 분수를 구하는 문제의 경우, 간단한 답으로 $0+\frac{9}{10}$가 될 수 있다. 학생들이 0을 사용해도 되는지 안 되는지 고민해볼 수 있도록 한다. '문제의 조건을 만족하기 위해서 그리고 분수의 덧셈을 할 수 있도록 하기 위해서는 $\frac{0}{10}$으로 써야 한다'와 같은 흥미로운 토론이 일어날 수 있다.

다른 해결 방법으로 $\frac{8}{10}+\frac{1}{10}$ 또는 $\frac{7}{10}+\frac{2}{10}$ 등이 있다. 만약 $\frac{9}{10}$를 그림으로 나타내고 부분들로 간단히 분리한다면, 학생들에게 그 개념이 더욱 명확해질 것이다. 아래의 그림은 $\frac{9}{10}$가 $\frac{4}{10}+\frac{5}{10}$로 표현되는 방법을 보여준다.

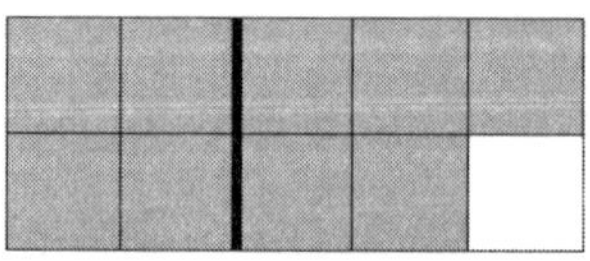

위의 표현에서 볼 수 있듯이, 몇몇 학생들이 위 행이 전체의 $\frac{1}{2}$이고 아래 행에 칠해진 칸은 전체의 $\frac{4}{10}$로 나타낼 수 있음을 알아낸다면, 그들은 $\frac{1}{2}+\frac{4}{10}$라는 것을 찾아낼 수 있다.

어떤 학생들은 보다 상징적인 방법으로 해결할 수 있다. 즉, 분모가 10인 분수를 찾거나, $\frac{18}{20}$이나 $\frac{27}{30}$과 같은 $\frac{9}{10}$의 동치분수를 써서 분모가 각각 20 또는 30으로 된 분수를 더할 것이다.

어떤 학생들은 한 쌍의 분수를 찾을 것이고, 또 다른 학생들은 여러 쌍을 찾을 것이다. 이러한 방법은 다양한 수준의 학생들을 수용할 수 있다. 모든 학생들은 덧셈이 사물들을 함께 붙이는 것임을 인식하게 될 것이다.

이렇게도 할 수 있어요! 합의 결과를 다르게 하거나 합 대신 차에 대한 질문으로 바꾸어 문제를 변화시킬 수 있다.

BIG IDEA. 수는 종종 개수나 양을 나타낸다.

> 작은 직사각형을 그리고 그 작은 직사각형을 포함하는 더 큰 직사각형을 그리시오.
> 작은 직사각형이 있는 큰 직사각형을 분수로 나타내시오.

* CCSS: 수와 연산-분수: 3.NF
수학적 관행: 1, 2, 3, 5

일반적으로 분수를 지도할 때, 학생들에게 나누어진 모양을 제시하고, 그것을 분수를 나타내도록 한다. 위에 제시된 문제는 '분수의 부분을 알고 있다면, 전체는 무엇일까?'와 같이, 기존의 방법과는 다른 방법으로 사고하도록 돕는다. 이러한 가역적 사고가 발달시켜야 하는 중요한 수학적 과정이다.

이와 같은 개방형 문제에 답하기 위해, 하위 수준의 학생들은 $\frac{1}{2}$과 같은 단순한 분수를 사용할 수 있고, 반면 다른 학생들은 좀 더 복잡한 분수를 제시할 수 있다. 몇 가지 가능한 방법을 그림으로 나타내면 다음과 같다.

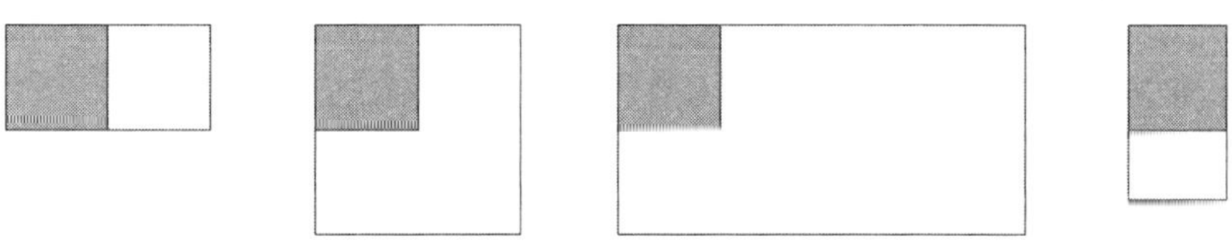

$\frac{1}{2}$　　$\frac{1}{4}$　　$\frac{1}{8}$　　$\frac{2}{3}$

비교하기 가장 쉬운 두 분수는 무엇인가? 왜 그렇게 생각하는가?

$$\frac{4}{5} \quad \frac{4}{10} \quad \frac{2}{9} \quad \frac{1}{12} \quad \frac{8}{9}$$

* CCSS: 수와 연산–분수: 3.NF, 4.NF
수학적 관행: 1, 2, 3, 5, 7

이 문제는 학생들이 분수를 비교하는 것에 관해 어떻게 생각하는지 알 수 있는 기회를 제공한다. 어떤 학생들은 동분모 분수를 비교하는 것을 쉬워하고, 다른 학생들은 분자가 같은 분수 비교를 쉬워한다. 그러나 또 다른 학생들은 0에 가까운 수와 1에 매우 가까운 수를 비교하는 것이 쉽다고 생각할 수 있다.

교사는 다음과 같은 질문을 할 수 있다.

- 수직선에 이러한 분수를 표시한다면 어떤 수가 0에 가장 가깝고 어떤 수가 1에 가장 가까울까?
- 그림도 그리지 않고 어떻게 $\frac{4}{5}$가 $\frac{4}{10}$보다 크다는 것을 알 수 있는가?
- 실제로 어떤 것의 $\frac{1}{12}$이 어떤 것의 $\frac{4}{5}$보다 클 수 있는가?

BIG IDEA. 기준 수는 수 사이의 관련성을 파악하고 양을 어림해보는 데 유용하다.

어떤 수가 약 400이다. 이 수가 될 수 있는 가장 작은 수는 무엇인가? 가장 큰 수는 무엇이라고 생각하는가?

* CCSS: 수와 연산: 3.NBT
수학적 관행: 1, 2, 3

우리가 학생들에게 수를 어림하라고 할 때 우리는 이미 어림되었을 만한 수에 관하여는 잘 묻지 않는다. 여러분이 "약 400명이 그 모임에 참석했다"라는 신문의 머리기사를 읽는다면 여러분은 실제 참석 인원이 몇이나 되는지 궁금할 것이다.

400을 볼 때 10의 자리 또는 100의 자리로 반올림을 했는지에 대한 표기가 없기 때문에 이 문제는 더욱 흥미로운 문제가 될 수 있다. 각각의 학생들은 다르게 해석을 할 것이다.

교사는 다음과 같은 질문을 할 수 있다.

- 이 수가 398이 될 수 있다고 생각하는가?

- 이 수가 400보다 클 수 있는가? 얼마나 더 클 수 있는가?
- 325나 350만큼 작을 수 있는가?

> 두 수를 곱한 결과가 거의 400이다. 두 수는 무엇인가?
> 그리고 그 답에 대하여 설명하시오.

* CCSS: 수와 연산: 4.NBT
수학적 관행: 1, 2, 3, 5, 7

어림은 수학적 계산에서 중요한 부분이지만, 교사들은 대체로 어림을 충분히 강조하지 않는다. 이러한 개방형 문제는 학생들이 거꾸로 사고할 수 있도록 하고, 수가 특정한 판난에 사용될 수 있다는 것을 생각할 수 있도록 한다. 또한 학생들은 '거의'라는 용어가 의미하는 것에 대하여 생각해야 할 것이다.

어떤 학생들은 1과 399와 같이 아주 난순하게 생각할 수 있다. 다른 학생들은 $20 \times 20 = 400$이라는 것을 알아내어, 19×19를 제시할 수 있다. 그 외에도 학생들은 다른 가능성들을 고려해 볼 수 있을 것이다.

이렇게도 할 수 있어요! "거의"라는 말 대신에 "약간 더 많은"이라는 용어를 사용하여 질문을 다양하게 만들 수 있다. 곱의 결과를 400에서 다른 수로 바꿀 수 있으며 다른 연산을 사용할 수 있다. 예를 들면, "두 수를 더하라, 빼라, 곱하라, 나누어라. 그 결과가 400이다. 두 수는 무엇일까? 설명해 보아라."라고 제시할 수 있다.

BIG IDEA 수들을 분류함으로써 그것들에 관한 결론을 얻을 수 있다.

> 두 배수라고 말할 수 있는 수를 생각해보아라. 그것이 정말 두 배수인지 증명하여라.

* CCSS: 연산과 대수적 사고: 3.OA
수학적 관행: 1, 2, 3, 4, 7

성인들은 두 배수를 짝수나 또는 끝이 0, 2, 4, 6, 8인 수를 생각한다. 그러나 학생들이 좀 더 근본적으로 두 배수를 쌍의 집합 모델로 이해하는 것이 중요하다. 즉 모든 항목들이 짝을 가지고 있다는 것이다.

그래서 예를 들면, 한 학생이 10을 선택하였을 때 그 수를 2×5로 쓰기보다는 다섯 쌍으로 보여주는 것이 더 타당하다.

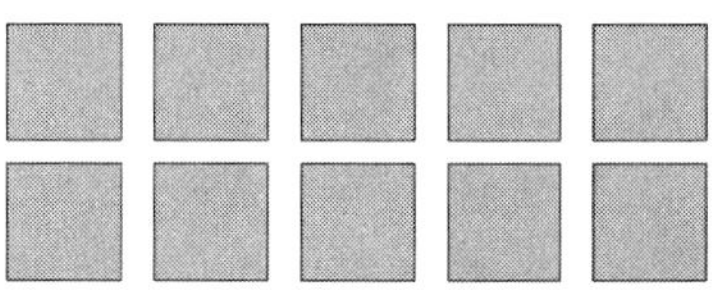

4는 서로 다른 두 수의 인수이다. 두 수 모두에 관하여 그 밖에 무엇이 참이 될 수 있는가?

* CCSS: 연산과 대수적 사고: 4.OA
수학적 관행: 1, 2, 3, 6, 7

한 수에 대해 아는 것은 그 수에 대한 다른 정보를 제공한다는 것을 아는 것이 수학적 사고에서 중요한 점이다. 예를 들면, 100보다 큰 수에 대해 아는 것이 10보다 큰 수에 대해 자동적으로 아는 것을 뜻한다.

수가 4의 배수라는 것을 안다면, 학생은 그 수가 짝수이고 수는 0,2,4,6,8로 끝난다는 것을 말할 수 있어야 한다. 일부 학생들은 그 수에서 4를 빼거나 4를 더해도 결과는 항상 4의 배수라는 것을 알 수 있다. 또한 합 또는 차가 4의 배수가 되는지 그 이유를 설명할 수 있는 학생들이 있을 것이다. 필요하다면 교사는 단지 추측일 뿐인 아이디어를 이끌어내도록 학생들을 격려해야 한다.

위와 같은 방법으로 제시된 문제를 통해 일반화하기 어려워하는 학생은 두 개의 특정한 수를 선택해보고 두 수 모두에 대한 특정한 사실을 말할 수도 있다. 예를 들면 8과 12를 선택해서 둘 다 짝수라는 것을 말할 수 있다.

이렇게도 할 수 있어요! 인수를 바꿈으로써 비슷한 문제를 제시할 수 있다.

분모가 다른 두 분수를 선택하시오. 두 분수를 비교하는 방법을 말해 보시오.

* CCSS: 수와 연산-분수: 4.NF
수학적 관행: 1, 2, 3, 5, 7

학생들은 분수를 비교하기 위해 여러 가지 전략들을 사용할 수 있다. 몇몇 학생들은 분자와 분모를 적절히 조절하여 1보다 더 작은 분수와 1보다 더 큰 분수를 선택할 수 있다.

어떤 학생들은 그와 다른 기준을 사용하여 단순한 비교를 할 수 있다. 예를 들면, $\frac{1}{1000}$과 같이 0에 매우 가까운 한 분수와 $\frac{99}{100}$와 같이 1에 가까운 또 하나의 분수를 선택하여 비교할 수 있다. 또 다른 학생들은 $\frac{1}{2}$보다 작은 한 분수 즉 $\frac{1}{3}$과 같은 분수와, $\frac{1}{2}$보다 큰 또 하나의 분수 즉 $\frac{3}{4}$과 같은 분수를 선택할 수 있다.

그리고 그 외 대부분의 학생들은 임의로 분수를 선택하여, 그 두 분수를 비교하기 위해 공통분모로 된 동치분수를 이용할 것이다.

학생들이 분수를 비교하는 방법을 제시할 때, 원하는 전략이 무엇이든 자유롭게 사용할 수 있다. 이러한 자유로운 선택은 모든 학생들이 성공적으로 문제를 해결할 수 있게 한다. 또한 비교하는 방법에 대하여 토론할 때, 모든 학생들이 다양한 전략에 관하여 주의 깊게 들을 수 있도록 한다.

이렇게도 할 수 있어요! 학생들은 보통 단위 분수만을 사용하려는 경향이 있으므로, 교사는 하나 혹은 두 분수 모두의 분자를 1로 하지 않도록 제한할 수 있다.

> 6.001과 1.006의 같은 점과 다른 점은 무엇인가?

* CCSS: 수와 연산: 5.NBT
수학적 관행: 1, 2, 3

이런 개방형 문제에 대해 학생들은 자릿값 매트나 십진블록을 가지고 수의 상대적 크기나 자리수를 나타내는 방법을 필요로 하게 된다.

일부 학생들은 두 수가 같은 자릿수를 사용한다는 사실 때문에 자릿수로 공통점을 찾겠지만, 다른 학생들은 하나는 6보다 크고 다른 하나는 6보다 작기 때문에 6과의 관계에 대한 의미로 차이점을 말할 것이다. 또한 둘 다 소수점 아래 셋째자리 숫자를 포함하고 있어서 소수 표현의 의미로 공통점을 말하고, 둘 다 10보다 작다는 이유로 공통점을 인식할 것이다. 문제를 어려워하는 학생이라도 같은 자릿수가 포함되어 있다는 것을 알 것이다.

이렇게도 할 수 있어요! 위의 문제에서 소수를 비교하고 대조하였다. 이런 문제는 분수, 대분수 또는 큰 수, 예를 들어 1.1백만 그리고 1.1천만 같은 수를 비교하도록 만들 수 있다.

BIG IDEA 자릿값 세계의 규칙을 알면 수를 좀 더 쉽게 이해하고 계산할 수 있다.

> 암산으로 두 자릿수나 세 자릿수를 348에 더하려 한다. 어떤 수를 더할 때 암산이 쉬운가? 왜 암산으로 하는 것이 쉬운가?

* CCSS: 수와 연산: 3.NBT
수학적 관행: 1, 2, 3, 7

이 질문을 통해서 학생들은 암산을 수행하기 위해 자릿값에 기초한 다양한 전략을 사용할 수 있다. 그들은 10이나 100의 배수인 10, 20, 100, 200을 더하거나 100에서 1을 뺀 99와 같은 아주 쉽게 더할 수 있는 수를 더할 것이다.

이러한 문제를 통해 학생들은 암산이 가치 있는 기술이라는 중요한 메시지를 얻게 된다. 그러나 실제로 어떤 계산을 할 것인지에 관한 것은 어떤 종류의 계산을 할 수 있는지에 따라, 즉 자신의 준비도에 따라 매우 달라질 수 있다.

이렇게도 할 수 있어요! 이 문제는 연산이나 합을 달리하여 바꿀 수 있다.

> 서로 다른 두 개의 두 자릿수를 더했다. 그리고 그 두 수를 곱했다. 두 개의 답이 얼마나 다르다고 생각하는지 설명하시오.

* CCSS: 수와 연산: 4.NBT
수학적 관행: 1, 2, 3, 5

두 개의 두 자릿수를 더하고 곱하는 것은 어떤 수를 선택하느냐에 따라 계산이 쉽거나 어려워질 수 있다. 예를 들면, 한 학생이 10과 20을 선택했다면 합은 30이고 곱은 200이 되어 그 차이는 170이 된다. 10의 배수로 계산했기 때문에 이러한 계산은 간단하다. 그러나 또 다른 학생이 가장 큰 수인 99와 98을 선택했다면 그 합은 거의 200에 가깝고 그 곱은 10,000에 가까우며 그 차는 9,000보다 크다. 몇 몇의 학생들은 이 문제에 답하기 위해 꽤 넓은 범위의 다양한 예들을 살펴봐야 한다고 하는 반면에 다른 학생들은 하나 또는 둘 정도의 예들에만 관심을 둘 것이다.

학생들이 왜 그 수들을 선택하여 문제를 해결했는지에 대해 명확히 하는 것뿐만 아니라 자신의 계산 전략을 설명하는 것은 그들 모두에게 이로울 것이다.

BIG IDEA. 각 연산(덧셈, 뺄셈, 곱셈, 나눗셈)을 언제 사용하는 것이 적절한지 아는 것은 중요하다.

> 두 수를 나누어 2.5라는 답이 나왔다. 나눈 두 수는 얼마인가? 당신이 해결할 수 있는 문장제를 만들어보시오.

* CCSS: 수와 연산: 4.NBT, 5.NBT
연산과 대수적 사고: 4.OA
수학적 관행: 1, 2, 4, 6, 7

이런 개방된 문제에서, 학생들은 피제수와 제수로 범자연수 또는 소수를 선택할 수 있고, 문장제를 만들기 위한 문맥을 선택할 수 있다. 학생들이 스스로 선택하게 함으로써 이러한 문제에 더욱 쉽게 다가갈 수 있다.

일부 학생들은 $2.5 \div 1$을 선택할 것이고, 다른 학생들은 2.5가 25의 $\frac{1}{10}$로 이루어졌다는 것을 알고 있다면, $25 \div 10 = 2.5$이기 때문에 25와 10을 선택할 것이다. 다른 학생들은 $5 \div 2$, $50 \div 20$, $0.5 \div 0.2$, $100 \div 40$ 등과 같은 다양한 계산을 사용할 것이다. 문장제는 아래와 같이 다양한 주제와 난이도로 나타날 수 있다.

- 나는 12.5m짜리 줄을 5개로 잘랐다. 잘린 각 줄의 길이는 얼마인가?
- 할머니 집은 25km 떨어져 있고 여동생 집은 10km 떨어져 있다. 할머니 집은 여동생 집보다 몇 배나 멀리 떨어져 있는가?

학생들이 다양한 답을 쏟아냄으로써 나누는 수나 나누어지는 수 모두를 같은 수로 곱하거나 나누어도 몫이 변하지 않는다는 사실을 쉽게 알 수 있다. 예를 들면, $10 \div 4$는 $20 \div 8\{(10 \times 2) \div (4 \times 2)\}$나 $5 \div 2\{(10 \div 2) \div (4 \div 2)\}$와 같다는 사실까지 알 수 있다.

> 학교에 약 며칠 정도 있었다고 생각하는가? 어떻게 어림하였는지 말하시오.
> 어떤 수학적 연산을 사용했는지 말하시오.

* CCSS: 수와 연산: 3.NBT, 4.NBT
연산과 대수적 사고: 3.OA, 4.OA
수학적 관행: 1, 2, 3, 4

이러한 개방형 문제는 대부분 학생들의 호기심을 자극할 수 있다. 학생들은 이 문제에 답하기 위해 어떻게 자료를 수집할 것인지 그리고 어떤 계산 방법을 사용할 것인지 고려해야 한다.

어떤 학생들은 단순히 현재의 학년에 초점을 맞출 것이다. 즉, 한 달은 약 4주이고, 일주일에 대체로 5일간 학교에 나오므로 한 달에 20일간 학교에 나온다고 어림할 수 있다. 그리고서, 그 해 1년 동안 학교에서 보낸 월수를 알아본 후, 더하거나 곱할 것이다.

다른 학생들은 그들이 학교에서 보낸 모든 학년을 고려할 것이다. 또 다른 학생들은 전체 일수에서 학교의 휴무일 수를 빼 더욱 정확하게 계산하려고 노력할 것이다. 접근 방법이 무엇이든 간에 모든 학생들은 과제에 집중할 것이고, 모두 수학적 사고를 하게 될 것이다.

학생들이 사용한 연산에 관하여 토론하면서, 특정 연산이 왜 적합한지를 정당화할 수 있도록 해야 한다.

오로지 십진 막대만을 이용하여 곱셈을 표현할 수 있다면 어떤 수를 곱할 것인가?

* CCSS: 수와 연산: 3.NBT, 4.NBT
수학적 관행: 1, 2, 5, 7

학생들은 곱셈이 동수누가, 동일그룹, 또는 넓이를 의미하고 있다는 것을 인식할 필요가 있다. 교사들은 학생들이 막대를 정렬하는 방식을 보고 그들이 어떤 의미로 그것들을 선택하여 이용하는지에 대해 통찰을 할 수 있다.

오로지 막대만을 사용한다는 것을 통해 학생들은 두 수 중 하나 또는 둘 다 10의 배수나 약수를 포함해야만 한다는 것을 알아야 한다. 어떤 학생들은 100모형을 만들기 위해 몇몇의 막대를 교환할 수 있다는 것과 더 큰 수를 만들 수 있다는 것을 알 것이고, 다른 학생들은 그것이 가능하지 않다고 생각하고 2×40과 같이 함께 묶을 것이다.

합이 1보다 조금 큰 대분수를 답으로 하는 문장제를 만드시오.

* CCSS: 수와 연산: 분수: 4.NF, 5.NF
수학적 관행: 1, 2, 4, 6

이 문제는 덧셈을 요하기 때문에 학생들은 합병 같은 것이 존재한다는 것을 인식해야 한다. 그러고는 합이 1보다 조금 더 큰 수를 만들기 위해 어떤 결합이 있어야 하는지에 대한 생각을 할 수 있다. 많은 학생들은 정확히 1을 만드는 두 분수를 먼저 생각한 후에 그 수들 중 하나를 키울 것이다. 가능한 답은 $\frac{1}{2}+\frac{5}{8}$, $\frac{9}{10}+\frac{1}{9}$, $\frac{3}{4}+\frac{1}{3}$ 등등이다. 어떤 사람이 피자의 한 분수 부분을 먹고 또 더 먹는 이야기를 만들거나, 좀 더 특이한 이야기를 이용하여 만들기도 할 것이다.

TEACHING TIP ~보다 조금 더, ~보다 조금 덜, ~과 비슷한 등등의 값에 대하여 물음으로써 학생들은 좀 더 열심히 문제 풀이에 임할 것이다. 보통, 학생들은 문제에 대해 정확하게 답해야 하는 것처럼 답한 후에 어떤 값을 어떤 방향으로 변화시킬 것인지 생각해내는 추가적인 문제해결에 임한다.

> 다음 수와 낱말을 각각 한 번씩 사용하여 문장을 만드시오.
>
> 5, 3995, 나누어, 거의

* CCSS: 연산과 대수적 사고: 4.OA, 5.OA
수학적 관행: 1, 2

이 문제에서 문장 만들기는 상당한 창의성을 요구한다.

- 만약 5명이 3995만원의 로또에 당첨되어 당첨금을 나누어 갖는다면 그들 각각은 거의 800만원을 갖게 된다.
- 5개 고등학교 3995명의 학생들이 콘서트의 비용을 나누어 지불하기로 결정했다. 각 학생들은 거의 8000원을 지불했다.
- 어떤 회사가 5군데에 나누어 투자를 해서 거의 3995만원의 이윤을 얻었다.

학생들이 '나누어'라는 낱말이 '나눗셈'이라는 의미를 함축하고 있다고 생각할지라도, 이 문제에서는 꼭 그러한 경우만을 나타내는 것이 아님을 주의하여라.

이렇게도 할 수 있어요! 위 문제의 낱말과 수는 다른 가능성을 위하여 쉽게 바꿀 수 있다. 다른 낱말이나 구의 예는 다음과 같다: 곱(적), 몫, 합, 약, 몇 배.

> 여러분은 1.□□을 곱하는 문제를 해결하고 있다. 소수부분은 여러분이 선택할 수 있다. 어떤 문제를 여러분을 해결하고 있겠는가? 해는 무엇인가?

* CCSS: 수와 연산: 분수: 5.NBT
수학적 관행: 1, 2, 4, 5

이 문제는 학생들이 1보다 조금 더 큰 수를 곱해야 할 때를 고려해야 하는 것을 요하는 구조로 되어 있다. 학생들은 세금 계산과 같은 상황에 연결시킬 수 있으며, 곱셈으로 새로운 인구수를 표현하는 인구 성장과 같은 상황을 생각할 수 있다.

소수 부분을 학생들에게 선택하도록 하는 데에는 두 가지 목적이 있다. 학생들에게 의미 있는 문맥을 선택하도록, 또한 간단한 계산을 하도록 하기 위함이다.

이렇게도 할 수 있어요! 승수를 바꾸거나 연산을 바꾸는 방법으로 이 문제를 다양하게 바꿀 수 있다.

BIG IDEA. 수를 더하고, 빼고, 곱하고, 나누는 방법은 다양하다.

> $3 \times 5 = 15$임을 알고 있다. 이것을 앎으로써 어떤 다른 곱셈을 쉽게 할 수 있는가?

* CCSS: 연산과 대수적 사고: 3.OA
수학적 관행: 1, 2, 3, 7

다양한 계산을 간단히 하기 위하여 알고 있는 곱과 관련하여 다양한 전략을 사용하도록 하는 것은 커다란 가치가 있다. 그리고 거꾸로 생각하기 또한 중요하다. 특별한 문제를 해결하도록 돕는 것에 관한 사고 대신에 이번에는 기지의 지식이 다른 문제를 해결하는 데 어떤 도움을 줄 수 있는지에 대해 생각하도록 하는 것이다.

가능한 반응은 다음과 같다. $5 \times 3 = 15$, $4 \times 5 = 15 + 5$ 즉 20, $6 \times 5 = 2 \times 15 = 30$ 등등.

교사는 다음과 같은 발문을 할 수 있다.

- 3×5는 무슨 뜻인가? 그것을 모형으로 나타내어 보아라.
- 4×5는 3×5와 어떻게 다른가?
- 3×6은 3×5와 어떻게 다른가?
- 2×5는 3×5와 어떻게 다른가?

이렇게도 할 수 있어요! 특별한 곱의 사실을 이용하는 대신에 다른 사실을 이용할 수 있다.

> 각각의 문제가 참이 되도록 1에서 6까지의 값을 넣으시오. 각각의 수는 몇 번이든 사용할 수 있다. 그러나 7, 8, 9, 0은 사용할 수 없다.
>
> 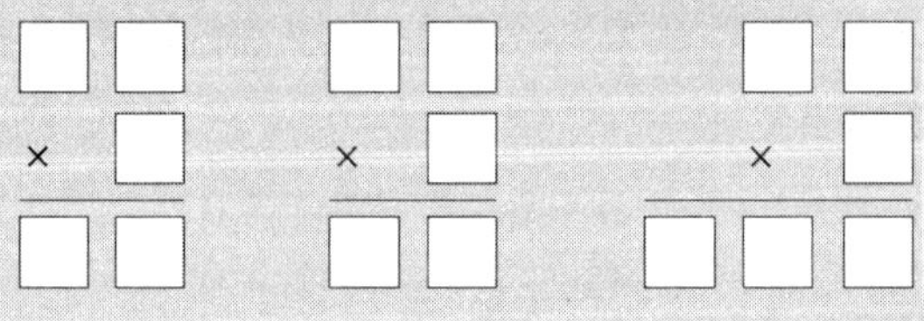

* CCSS: 수와 연산: 4.NBT
수학적 관행: 1, 2, 5

이 문제는 두 자릿수에 한 자릿수를 곱하는 문제이지만, 학생들이 수를 선택할 수 있는 기회를 제공한다.

곱셈을 어려워하는 학생들은 곱하는 수로 1과 2를 선택하여 좀 더 쉬운 곱셈을 할 수 있다. (예: $34 \times 1 = 34$, $42 \times 1 = 42$, $62 \times 2 = 124$) 그 외의 학생들은 곱이 특정 숫자를 포함해야만 한다는 것을 이해하면서 다른 조합들을 사용할 수 있다. 예를 들어, 어떤 학생은 2와 4를 곱하면 8이 되므로 이 문제에서는 사용될 수 없다는 것을 깨달을 것이다.

모든 학생들은 자신이 더 선호하는 전략을 사용하여, 곱셈 연습을 할 수 있는 기회를 가질 것이다.

TEACHING TIP 우수한 학생들이 문제를 항상 너무 쉽게 만드는 수들을 선택하여 해결한다면 교사는 처음에는 그러한 선택을 허용하되, 학생이 그 선택뿐 아니라 다른 값들을 이용하여 도전해 볼 수 있도록 해야 한다.

> 어딘가에 숫자 2, 4, 9가 있는 소수의 곱셈이나 나눗셈을 포함하는 문제를 만드시오.

* CCSS: 연산과 대수적 사고: 5.NBT
수학적 관행: 1, 2, 6

이 문제에 반응하는 모든 학생들은 곱셈과 나눗셈을 사용할 것이나 어떤 학생들은 더 편하다고 생각하는 특별한 조합을 선택할 것이다. 예를 들면, $94.0 \div 2.0$을 선택하거나 범자연수의 곱인 $2.0 \times 4 \times 9$를 선택하는 학생이 있을 것이며 소수를 이용하는 것에 좀 더 편함을 느끼는 학생은 $9.2 \div 4$, $9.2 \div 0.4$ 또는 몫이 9.2인 $36.8 \div 4$ 등등과 같은 문제를 만들 것이다.

이렇게도 할 수 있어요! 이 문제를 더 개방적이도록 하기 위해서 교사는 소수의 곱셈과 나눗셈의 용어를 없앨 수 있다. 그러나 몇몇의 학생들이 소수를 사용하도록 말하거나 개인적으로 격려할 수 있다.

TEACHING TIP 계산에서 이용해야 하는 수의 특정한 유형을 요구하는 구문을 제거하는 것이 문제를 여는 하나의 방법이 된다.

숫자 4, 6, 9가 문제의 어딘가에 있는 큰 수가 들어 있는 곱셈 문제를 만드시오.

* CCSS: 연산과 대수적 사고: 5.NBT
수학적 관행: 1, 2, 6

이 문제에 반응하는 모든 학생들은 곱셈을 사용할 것이나 어떤 학생들은 더 편하다고 생각하는 특별한 조합을 선택할 것이다. 예를 들면, $400 \times 900 = 360,000$을 쓰는 학생이 있는가 하면 요구한 숫자들이 모두 왼쪽에 나타나는 $400 \times 60 \times 9 = 216,000$을 쓰는 학생도 있을 것이다.

이러한 개방형 문제에서 각기 다른 학생들의 해를 검토하게 함으로써 학생들이 계산 연습을 할 수 있는 기회를 제공한다.

이렇게도 할 수 있어요! 이 문제는 다른 세 수들의 집합을 사용하거나 다른 연산(예, 곱셈)을 사용함으로써 쉽게 다양화할 수 있다.

TEACHING TIP 교사는 학생들이 절차적 유창성을 획득할 수 있도록 상당량의 계산 연습을 제공할 필요가 있다. 그러나 유사한 문제들을 많이 제시하기보다는, 하나의 개방형 문제를 제시하여 생생하게 교실 토론 속에서 계산 연습을 할 수 있는 기회를 제공하도록 한다.

두 분수를 곱한다. 결과는 $\frac{24}{60}$이다. 어떤 수를 곱했는가? 그 곱셈은 무엇인지 쓰시오.

* CCSS: 수와 연산-분수: 5.NF
수학적 관행: 1, 2, 5, 7

단순하게 곱하여 분자 24를 만들 수 있는 두 수를 찾고, 곱하여 분모 60을 만들 수 있는 두 수를 찾아 분수 $\frac{2}{15}$와 $\frac{12}{4}$를 만드는 학생들이 있는가 하면 $\frac{24}{60}$를 $\frac{2}{5}$로 단순화 하여 $2 \times \frac{1}{5}$를 사용하는 학생들도 있을 것이다. 또 다른 학생들은 분수의 조건을 함축적으로 생각하여, 두 분수는 모두 진분수이거나 기약분수 형태여야 한다고 여길 것이다. 이러한 생각은 다른 그룹의 학생들에게 어느 정도 도전적일 수 있다.

다른 가능한 해는 $\frac{1}{2} \times \frac{4}{5}$, $\frac{1}{2} \times \frac{24}{30}$, $\frac{2}{3} \times \frac{12}{20}$ 등등이다.

이렇게도 할 수 있어요! 결과 값을 바꾸거나 사용하는 연산을 바꾸어 다른 문제들을 만들 수 있다.

6-8학년 개방형 문제

BIG IDEA 수를 표현하는 많은 방법이 있다. 각 방법은 수의 다른 측면을 부각시킨다.

> 이 문장이 참이 되도록 빈 칸에 알맞은 값을 쓰시오.
>
> 72는 ____의 ____%이다.

* CCSS: 비와 비례 관계: 6.RP
수학적 관행: 1, 2, 6, 7

보통, 교사는 0%에서 100%까지의 전체 백분율, 분수 백분율, 100보다 큰 백분율과 같이, 특별한 형태의 백분율에 초점을 맞추어 주어진 숫자의 백분율이 얼마인지 학생들에게 질문할 수 있다. 학생들이 간단한 계산을 하면서 백분율과 백분율이 위치한 숫자를 모두 선택하게 함으로써 더 개방된 문제를 만들 수 있다.

'60의 120%는 얼마인가?'나 '72는 얼마의 120%인가?'와 같은 문제에 어려움을 겪는 많은 학생들은 이래의 문제에 대해 답하기 훨씬 쉬울 것이다.

- 72는 72의 100%이다.
- 72는 100의 72%이다.
- 72는 144의 50%이다.

한 학급에 30명인 학급의 학생들에게 광범위한 상황을 고려하도록 기회를 준다면 보다 더 많은 답들이 나올 확률이 크다.

이렇게도 할 수 있어요! 숫자 72를 바꿀 수 있다. 또한 아래의 문제들과 같은 형태로 물어볼 수도 있다: '______는 50의 ______%이다.' 또는 '_______은 _______의 40%이다.'

> 아래에 주어진 숫자와 낱말을 사용하여 문장을 만드시오. 다른 낱말이나 숫자를 사용해도 좋다.
>
> 40, 퍼센트(%), 거의 또는 대부분, 80

* CCSS: 비와 비례 관계: 6.RP
수학적 관행: 1, 2

이 문제는 다양한 반응을 야기한다. 예를 들면, 학생들은 이렇게 쓸 수 있다:

- 대부분의 사람들은 40이 80의 50퍼센트(%)라는 것을 안다.
- 40의 80퍼센트(%)는 거의 40에 가깝다.
- 40의 90퍼센트(%)와 80의 90퍼센트(%)는 거의 40과 80에 가깝다.

숫자 40과 80은 문제에 접근이 용이하도록 하기 위해 선택되었다. 대부분의 학생들은 50%의 개념에 익숙해져 있다.

이렇게도 할 수 있어요! 제시된 낱말들과 숫자들을 쉽게 바꿈으로써 다른 문장으로 만들 수 있다. 다른 단어들의 예를 보면 다음과 같다: 비, 곱(적), 덧셈, 거의

> 임의의 음의 정수를 선택하시오. 두 가지 색의 셈돌을 사용하여 할 수 있는 다양한 방법으로 그 음의 정수를 표현하시오.

* CCSS: 수 체계: 6.NS
수학적 관행: 1, 2, 5, 7

정수를 이해하는 데 있어 중요한 것은 $+1+(-1)=0$이라는 사실이다. 학생들은 할 수 있는 한 많은 반대색 쌍의 셈돌을 이용하여 그 사실을 표현할 수 있다. 문제에서 학생들이 어떤 음수든 선택하도록 허용하여 자율성을 제공한다. 그러면 학생들은 어떤 음수를 선택하든지 0을 만드는 쌍들이 그 음수의 값을 변화시키지 않고 더해질 수 있다는 이해를 보여줄(주지 않을) 것이다.

> 아래 문장의 각 빈칸에 분수를 택하여 넣으시오.
> 동수가 그리기 연습을 한다. 그는 한 시간의 ____ 동안 한 쪽의 ____를(을) 색칠한다. 같은 비율로 그는 1시간에 몇 쪽을 색칠할 수 있는가?

* CCSS: 비와 비례 관계: 7.RP
수학적 관행: 1, 2, 4, 5

단위 비는 중요한 개념이며 분수가 포함될 때는 더욱 어렵다. 분수를 선택하도록 할 때 어려움을 겪는 학생들은 매우 간단한 문제를 만들거나(예, 한 시간의 $\frac{1}{2}$ 동안 한 쪽의 $\frac{1}{2}$) 꽤 단순하게 만든다(예, 한 시간의 $\frac{1}{2}$ 동안 2쪽). 그러나 준비가 된학생들은 좀 더 복잡하게 만든다(예, 한 시간의 $\frac{2}{3}$ 동안 한 쪽의 $\frac{3}{5}$). 도전적 능력이 있는 학생들에게는 이러한 흥미로운 분수를 사용하도록 격려해야 한다.

교사는 다음과 같은 발문을 할 수 있다.

- 네가 선택한 그 분수를 보고 그 비율이 한 시간당 1쪽을 더 칠하거나 덜 칠하는 비율인지 어떻게 빨리 결정할 수 있는가?
- 1시간 당 같은 비율의 결과를 나타낼 수 있는 다른 분수를 빈 칸에 넣을 수 있니?
- 둘째 칸에 다른 분수보다 단위 분수(분자가 1인 분수)를 사용하는 것이 왜 쉬운가?

BIG IDEA. 수는 종종 개수나 양을 나타낸다.

> 비와 비율은 스포츠 상황에서 자주 사용된다. 비와 비율이 사용되는 스포츠 상황을 묘사하시오. 무엇을 비교하는지 말하시오.

* CCSS: 비와 비례 관계: 6.RP
수학적 관행: 1, 2, 4

많은 학생들이 스포츠에 관심이 많다. 그래서 이 문제는 학생들에게 동기를 부여한다. 만약 이러한 상황에 관심이 없는 학생이 있다면 그들이 더 관심 있어 하는 예술이나 환경에 관하여 이야기할 수 있다.

이 문제의 의도는 학생들이 비와 비율이 사용되는 곳이 아주 흔하게 있다는 것을 알도록 돕는 데 있다. 많은 학생들은 다양한 가능성 있는 해들이 있다는 것에 대해 이야기하는 것을 즐길 것이다. 이러한 것들은 다음과 같은 것을 포함한다.

- 야구: 평균 타율
- 농구: 슛 성공율
- 야구: 공수 진환 이시스트 비율

> 두 정수가 수직선에서 반대에 위치해 있다. 그런데 한 수가 다른 수보다 0에 조금 더 가깝다. 두 수는 매우 멀리 떨어져 있다. 어떤 수들일까? 어떤 것이 가까울까?

* CCSS: 수체계: 6.NS
수학적 관행: 1, 2, 5, 7

정수들이 얼마나 떨어져 있는지 학생들이 선택하게 함으로써, 이 문제는 더욱 개방적이 된다. 그럼에도 불구하고, 정수들이 수직선의 반대편에 있을 때 두 수의 거리는 0에서부터 그들의 떨어진 거리를 빼는 것이 아니라 더하는 것이라는 것과 반대 정수는 0으로부터 같은 거리에 있다는 아이디어를 학생들은 생각해야 한다.

어떤 학생은 -30과 32를 선택할 것이나 다른 학생은 -91과 90을 선택할 것이다. -30이 32보다 그리고 90이 -91보다 0에 더 가깝다는 것을 결정하는 것은 해의 중요한 측면이다.

이렇게도 할 수 있어요! 멀리 떨어져 있는 정수에 대해 묻는 것 대신 가까이 있는 정수에 대해 물을 수 있다. 정수를 사용하는 대신 임의의 유리수를 사용할 수 있다.

BIG IDEA. **기준 수는 수 사이의 관련성을 파악하고 양을 어림해 보는 데 유용하다.**

> 분수와 백분율을 선택하시오. 어느 게 더 큰지 그리고 어떻게 알았는지 말해보시오.

* CCSS: 비와 비율관계: 6.RP
수학적 관행: 1, 2, 5

학생들이 유리수의 다양한 표현에 대해 생각할 기회를 갖는 것은 중요하다. 두 가지 중요한 표현이 분수와 백분율이다.

이 문제에서 유리수와 백분율을 직접 제시하여 비교하도록 하는 것보다 이 개방형 문제는 학생들이 분수 또는 백분율을 직접 골라 비교하게 한다. 이런 방법으로, 표현에서 같은 양의 분수와 백분율을 생각하게 한다.

분수－백분율 관계에 부담을 느끼는 학생은 분수 $\frac{1}{1000}$과 백분율 99%를 선택할 수 있다. 하나는 0에 가깝고 다른 하나는 100%나 1에 가깝기 때문에 분수 또는 백분율을 다른 표현으로 바꾸지 않더라도 이런 값을 비교할 수 있다. 다른 학생은 분수 $\frac{1}{3}$과 백분율 40%를 비교할 수도 있다. 여기서 학생은 분수 $\frac{1}{3}$이 약 33%라는 것을 알 필요가 있다.

다양한 반응을 논의함으로써 분수를 백분율로 아니면 그 반대로 바꾸는 것에 대해 많이 알지 못하는 학생은 그러한 지식을 얻을 기회를 가질 뿐만 아니라, 문제에 대해 곧바로 바르게 반응하는 기회를 갖기도 한다.

> 5만원보다 더 비싸지만 사고 싶은 물건을 고르시오. 내가 3만원을 가지고 있다. 할인율이 얼마나 되어야 내가 가진 돈으로 그 물건을 살 수 있는가?

* CCSS: 비와 비율관계: 6.RP, 7.RP
수학적 관행: 1, 2, 4, 5

이 문제는 지극히 개별화된 문제이기 때문에 많은 학생들이 흥미를 가질 수 있다. 학생들은 특별히 관심이 있는 품목을 선택한다.

정확히 5만원이라기보다 5만원보다 큰 가격이 붙은 물건을 선택할 수 있도록 함으로써 학생들은 더 많은 선택을 할 수 있다. 예를 들면, 학생은 6만원이 붙은 물건을 선택하고 50%의 할인율을 받으면 바로 3만원에 물건을 살 수 있다는 것을 알게 될 것이다. 다른 학생은 30만원짜리 물건을 고른다고 하자. 그 학생은 3만원이 가격의 10%밖에 안 된다는 사실을 알고 90%의 할인율은 받아야 한다는 것을 알게 될 것이다. 또 다른 학생은 12만원짜리 물건을 선택하고 75%의 할인율을 적용해야 살 수 있다는 것을 알게 될 것이다.

이렇게도 할 수 있어요! 더 단순하거나 복잡한 문제로 만들기 위해 5만원과 3만원을 바꿀 수 있다.

두 정수를 곱하여라. 그 결과가 두 수 중 한 수보다 약 50 정도 작다. 두 정수는 무엇인가?

* CCSS: 수체계: 7.NS
수학적 관행: 1, 2, 5, 7

이 질문에 답하기 위해서 학생들은 곱셈 기술뿐만 아니라 정수곱셈과 관련된 기호의 규칙을 알아야 한다. 그러나 정확하게 50일 필요는 없으며 단지 50 정도라는 융통성이 있다. 원한다면 학생들은 간단한 인수들을 선택할 수 있기 때문에 또한 여유가 있다.

−49와 1, −47과 1, −2와 24, 그리고 0과 50과 같은 응답들이 나올 수 있다. 이에 교사는 다음과 같은 질문을 할 수 있다.

- 두 수 모두 양수일 수 있나요?
- 두 수 모두 음수일 수 있나요?
- 언제 곱이 결과가 곱하는 수보다 작을까요?

이렇게도 할 수 있어요! 정수 중에서 최소한 하나는 음수라는 조건을 주어 문제를 좀 더 도전적으로 변환할 수 있다.

BIG IDEA. 수들을 분류함으로써 그것들에 관한 결론을 얻을 수 있다.

> $\sqrt{2}$를 곱하여 결과가 무리수가 되도록 만드시오. 가능한 수는 무엇인가?

* CCSS: 표현 및 방정식 : 8.EE
수 체계: 8.NS
수학적 관행: 1, 2, 5, 7

학생들은 유리수와 무리수의 곱의 결과는 무리수가 되지만, 두 무리수의 곱의 결과는 무리수이거나 무리수가 아닐 수도 있다는 것을 알도록 하기 위해 유리수와 무리수를 포함하는 다양한 곱셈을 연습해야 한다.

단순히 1도 답이 될 수 있기 때문에 이 문제는 이해하기 매우 쉽다. 그러나 다른 다양한 가능성에 대해 생각할 수 있도록 학생들을 격려해야 한다. 학생들은 오로지 범자연수의 값만을 선택할 수도 있다.

이때 교사는 다음과 같은 질문을 할 수 있다.

- 음수도 될 수 있나요? 어떤 수일까?
- 분수도 될 수 있나요? 어떤 수일까?

> 두 무리수를 더하여 답이 약 20이 되도록 하시오. 더한 두 수는 무엇인가?

* CCSS: 수 체계: 8.NS
수학적 관행: 1, 2, 5

이 문제를 해결하기 위해서는 유리수와 무리수를 구별할 줄 알아야 할 뿐만 아니라 무리수 값을 유리수 근사치로도 생각할 수 있어야 한다. 어떤 학생들은 제곱근은 곧 무리수라고 생각할 것이다. 그런 면에서 이 문제는 $\sqrt{2}$는 무리수이지만, $\sqrt{4}$는 무리수가 아닌 이유를 명백히 정리해 줄 수 있는 기회가 된다. 어떤 학생들은 제곱근이나 세제곱근 대신 π(파이) 또는 π(파이)의 배수를 활용하여 나타낼 수 있다. 또 다른 학생들은 20보다 큰 무리수와 다른 무리수의 음의 값을 더해서 해결할 수도 있다.

학생들이 완전제곱에 대해 떠올릴 가능성도 있다. 예를 들어, $9+11$의 수에 대한 생각을 시작으로 이것이 $\sqrt{81}+\sqrt{121}$임을 깨닫고, 그리고 나서 $\sqrt{80}+\sqrt{120}$을 이용할 수 있다.

이렇게도 할 수 있어요! 두 수가 모두 무리수라는 조건을 바꿀 수 있다. 마찬가지로 숫자 20도 바꾸어 제시할 수 있다.

> 두 거듭제곱의 수를 곱한 값이 4^{-3}이다. 곱한 두 거듭제곱의 수는 무엇인가?

* CCSS: 표현 및 방정식 : 8.EE
수학적 관행: 1, 2, 5, 7

이 문제는 학생들이 음의 지수를 사용할 수 있어야 할 것 같다. 그러나 4^{-3}와 $\frac{1}{64}$이 같음을 안다면, $\frac{1}{2}$, $\frac{1}{4}$, $\frac{1}{8}$ 등과 같은 분수 형태의 양의 지수를 사용하여 해결할 수도 있다.

만약 학생들이 1을 곱할 수 있다는 것을 안다면, 0의 지수를 이용한 거듭제곱의 수로도 나타낼 수 있다. 예를 들어, $4^0 \times 4^{-3}$과 같은 해결이 가능하다.

BIG IDEA. 각 연산(덧셈, 뺄셈, 곱셈, 나눗셈)을 언제 사용하는 것이 적절한지 아는 것은 중요하다.

> 두 분수의 나눗셈으로 해결할 수 있는 실생활 문제를 만들어 보시오.

* CCSS: 수 체계: 6.NS
수학적 관행: 1, 2, 4

나누는 두 분수를 어떤 것으로 선택하느냐에 따라 이 문제는 다양한 수준의 학생들에게 적용 가능하다. 예를 들어, "반쪽짜리 파이는 $\frac{1}{4}$쪽짜리 파이 몇 쪽과 같니요?"와 같은 매우 단순한 문제를 만들 수 있다. 또는 $\frac{2}{3} \div \frac{3}{4}$에 해당하는 문제로 "나는 $\frac{3}{4}$시간 동안 전체 작업의 $\frac{2}{3}$를 끝낼 수 있다. 나는 한 시간에 얼마만큼의 일을 할 수 있는가?"와 같은 것을 만들 수도 있다.

> 팥빵 4개의 가격을 선택하시오. 팥빵의 개수를 다르게 선택하여 그 팥빵의 가격이 얼마인지 말하시오. 자신이 맞다는 것을 어떻게 알았는지 말하시오.

* CCSS: 비와 비례 관계: 6.RP, 7.RP
수학적 관행: 1, 2, 3, 4, 5

일부 학생들은 계산하기 쉬운 값을 선택하겠지만(예: 4000원), 다른 학생들은 계산하기 조금 어려운 값을 선택할 수도 있다(예: 2870원). 또한 일부 학생들은 빵의 개수를 4의 배수인 8, 12 같은 수로 고르겠지만, 다른 학생들은 4의 배수가 아닌 3과 같은 조금 복잡한 수를 고를 것이다.

이와 관련된 다른 문제를 해결해보고 토의함으로써 학생들은 비율 문제를 푸는 방법을 알게 될 것이다.

> 아래의 수와 낱말을 사용하여 문장을 만들어 보시오.
> 이자, 증가, 50, 퍼센트, 4

* CCSS: 비와 비례 관계: 7.RP
수학적 관행: 1, 2, 4

이 질문에 응답하고자 할 때, 학생들은 이자율이 주로 퍼센트로 나타난다는 점을 떠올릴 것이다. 그들은 '50%는 너무 높은 이자율이 아닐까? 아닌가?'하고 고민할 수도 있다. 그럼에도 50이라는 수를 이용하는 것의 장점은, 50%는 학습이 부진한 학생들도 사용하기 쉬운 비율이라는 점이다.

가능한 응답:

- 4퍼센트의 이자율이 50퍼센트로 증가한다면 당신이 받는 입장이었을 때는 좋겠지만, 지불해야 하는 입장이라면 끔찍할 것이다.
- 1년에 4퍼센트의 이자율로 5만원을 투자했다면, 연말에 2,000원을 받게 되어 당신의 잔고가 증가할 것이다.
- 4퍼센트 단리이자로 투자하는 50만원마다, 당신의 잔고를 증가시킬 것이다.

BIG IDEA 수를 더하고, 빼고, 곱하고, 나누는 방법은 다양하다.

> 두 분수를 나누었더니 몫의 분자가 4가 되었다. 두 분수는 어떤 것들이 될 수 있는가?

* CCSS: 수 체계: 6.NS
수학적 관행: 1, 2, 5

학생들은 나누어질 수 있는 하나의 분수나 더 많은 분수들의 결합된 형태들을 생각할 수 있고 그들에게 익숙한 어떤 알고리듬이나 계산과정을 사용할 수 있다. 분자, 분모를 각각 나눔으로써 분수를 나누는 학생은(예: $\frac{8}{15} \div \frac{2}{5} = \frac{8 \div 2}{15 \div 5}$) 다른 학생들보다 이 문제를 쉽게 생각할 것이다. 그러나 대부분의 학생들은 $\frac{4}{5}$와 $\frac{1}{1}$, $\frac{4}{9}$와 $\frac{1}{1}$같은 분수를 사용함으로써 간단하게 성공할 수 있다. 또는 학생이 $\frac{8}{5}$을 $\frac{2}{1}$로, $\frac{8}{10}$을 $\frac{2}{1}$로 나누는 것을 말할 수 있다.

이렇게도 할 수 있어요! 몫은 변할 수 있고, 따라서 문제에서 바꿀 수 있다. 예를 들어, 문제에서 분수를 곱하거나 더하는 형태가 제시될 수 있다.

BIG IDEA 계산적 상황에서 연산들 사이 관계를 활용하는 것은 중요하다.

> 전체 학생 중 60%의 학생들이 기금모금행사에 참여하고 있다. 만약 참여 학생수가 200명과 400명 사이의 수라면, 총 학생 수는 몇 명인가? 이것을 어떻게 알 수 있는가?

* CCSS: 비와 비례 관계: 6.RP, 7.RP
수학적 관행: 1, 2, 3, 4, 5

일부 학생들은 전체 학생수의 60%이므로 0.6을 곱하면 참여한 학생 수가 된다는 것을 깨닫고, 참여한 학생 수를 다시 0.6으로 나누어 전체 학생 수를 구할 수 있을 것이다. 하지만 다른 방법으로 이 문제를 해결할 수 있다. 예를 들어, 아래와 같이 그림을 그릴 수 있다.

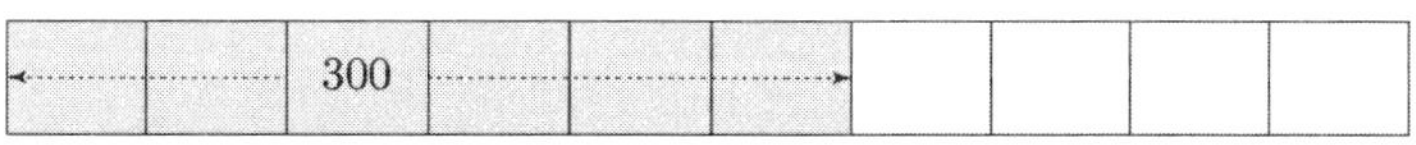

그림을 보면, 10%에 해당하는 한 마디가 50이므로 전체는 500임을 알 수 있다.

이 문제는 참여 학생 수를 범위로 제시함으로써, 각 학생들이 범위 내의 수들 중 본인에게 편한 값을 임의로 선택하여 문제를 해결할 수 있도록 하였다.

유치원 – 2학년 유사/선택 문제

> 유사/선택 문제는 핵심 아이디어(big idea)와 관련된 문제이지만 학습자의 발달 단계에 맞도록 2개 이상으로 구성되어 있다. 이 문제는 모든 학생들이 후속 토론에 참여할 수 있다는 면에서 유사하다.

BIG IDEA. 수를 표현하는 많은 방법이 있다. 각 방법은 수의 다른 측면을 부각시킨다.

> **선택1:** 점이 몇 개 있는지 비교적 쉽게 알아볼 수 있도록 많은 점들을 그리시오. 점이 몇 개인가요? 쉽게 알아볼 수 있는 이유는 무엇인가요?
> **선택2:** 3개보다는 많지만 너무 많지는 않도록 점을 그리시오. 점이 몇 개인가요? 점이 몇 개인지 더 쉽게 알아볼 수 있으려면 점들을 어떻게 재배치해야 할까요?

* CCSS: 서수와 기수: K.CC
수학적 관행: 1, 2, 3, 5

직산은 어린 학생들의 수 이해에 중요한 과정이다. 위와 같은 문제는 직산에 초점을 두고 있으면서도 난이도를 다양하게 접근할 수 있다. 예를 들어, 어떤 학생들은 단순하게 주사위 상의 5와 같은 배열로 5개의 점들을 배치하여 5를 알아볼 것이다. 반면에 다른 학생들은 20개의 점을 5개씩(주사위 상의 5와 같은 배열로 점들 배치) 4묶음으로 배열하여, 일일이 세지 않고도 '5, 10, 15, 20'으로 수를 인지할 것이다.

다음은 학생들에게 할 수 있는 질문의 예들이다.

- 왜 온 페이지에 점들을 배열하지 않았는가?
- 점이 몇 개인지 쉽게 알 수 있었던 것은 무엇 때문일까?
- 같은 수의 점이지만, 그 수를 더 쉽게 알아볼 수 있도록 다른 방법으로 배열할 수 있는가?

> **선택1:** 1부터 10 사이의 수를 골라서 가능한 많은 방법으로 수를 나타내보시오.
> **선택2:** 20부터 30 사이의 수를 골라서 가능한 많은 방법으로 수를 나타내보시오.

* CCSS: 서수와 기수: K.CC
수학적 관행: 1, 2, 5

이 두 과제는 별 차이가 없지만 학생들에게 선택권을 줌으로써 자신의 수준에 더 적합한 과제를 선택할 수 있게 된다.

학생들은 그림, 숫자, 글이나 말을 사용해 수를 나타내는데 예를 들어 9를 나타내기 위해 10−1, 9개의 그림, 10개 중 9개에 점을 찍기, 4+5, 3개씩 3묶음 등으로 나타낼 수 있다.

다음은 선택1과 선택2를 하는 모든 학생에게 할 수 있는 질문이다.

- 어떤 수를 나타냈는가?
- 그 숫자가 고르기 적당하다는 것을 어떻게 알았는가?
- 어떤 방법으로 수를 나타냈는가?

BIG IDEA. 수는 종종 개수나 양을 나타낸다.

> **선택1:** 꽃병에 몇 송이의 꽃을 꽂을 수 있다고 생각하는지 선택하시오. 왜 그만큼 꽃을 수 있다고 생각하는지 말해보시오.
>
> **선택2:** 작은 마을에 몇 가구가 있다고 생각하는지 선택하시오. 왜 그만큼이 살 수 있다고 생각하는지 말해보시오.

* CCSS: 서수와 기수: K.CC
십진수에서 수와 연산: 1.NBT, 2.NBT
수학적 관행: 1, 2, 3, 4

꽃병에 꽂을 수 있는 꽃의 수는 적지만 유동적이다. 큰 꽃병을 생각한 학생들은 20송이 이상을 생각할 수도 있지만 100송이까지 되지는 않을 것이다.

작은 마을의 가구 수는 마을의 규모를 생각하기에 따라서 두 자리, 세 자리, 네 자리 수가 될 수 있다. 학생들이 자신이 말한 수가 적절한 이유에 대해 자신의 의견을 말하는 토론은 흥미롭다.

모든 학생들은 수를 결정한 방법과 그 수가 적절한 이유에 대해서 다른 학생들에게 질문할 수 있다.

> **선택1.** 10부터 20 사이의 두 수를 골라서 각각 10묶음으로 나타내시오. 두 모델은 어떤 점에서 같고 어떤 점에서 다른가?
>
> **선택2:** 44부터 55 사이의 두 수를 골라서 각각 10묶음으로 나타내시오. 두 모델은 어떤 점에서 같고 어떤 점에서 다른가?

* CCSS: 서수와 기수: K.CC
십진수에서 수와 연산: 1.NBT
수학적 관행: 1, 2, 3, 5

두 가지 선택 모두 학생들이 편하게 다룰 수 있는 수이며, 단지 수의 크기만 다를 뿐이다. 두 문제 모두 10묶음 모형을 사용하도록 되어 있다. 그러나 선택1에서의 수는 10묶음짜리 하나와 10묶음 하나가 채워지지 않은 부분묶음 1개로 나타내어질 것이고, 선택2에서의 수는 10묶음짜리 4~5개로 나타내어질 것이다.

다음은 두 그룹의 학생들에게 할 수 있는 질문의 예들이다.

- 선택한 두 수는 무엇인가? 어떻게 그 수를 선택했는가?
- 적합한 두 수를 골랐는지 어떻게 확인할 수 있었는가?
- 10묶음짜리는 왜 1개 이상 필요했는가?
- 10묶음짜리 10개가 필요하지 않았던 이유는 무엇인가?
- 모델들이 어떤 점에서 같고 어떤 점에서 다른가?

BIG IDEA. **기준 수는 수 사이의 관련성을 파악하고 양을 어림해보는 데 유용하다.**

다음 수직선의 점은 어떤 수를 나타내고 있는가?

선택1:

선택2:

* CCSS: 서수와 기수: K.CC
십진수에서 수와 연산: 1.NBT
수학적 관행: 1, 2, 5, 6

이것은 작은 숫자를 선택해서 활동한 학생과 큰 숫자의 문제를 선택한 학생 모두에게 비슷한 과제이다. 어떤 수직선을 선택하든지 비슷한 전략을 사용하게 된다. 대부분의 학생들은 마음속으로 수직선을 반으로 나누고 그것의 반, 또 반으로 계속 나누게 될 것이다.

이렇게도 할 수 있어요! 이 과제는 수직선 끝의 숫자나 점의 위치를 바꾸어 다양하게 해볼 수 있다.

선택1: 10은 아니지만 10과 가까운 수 중 가장 큰 수는 무엇인가? 가장 작은 수는 무엇인가?

선택2: 125는 아니지만 125와 가까운 수 중 가장 큰 수는 무엇인가? 가장 작은 수는 무엇인가?

* CCSS: 십진수에서 수와 연산: 1.NBT, 2.NBT
수학적 관행: 1, 2, 3

이 두 과제 역시 별 차이가 없지만 학생들은 선택권을 가짐으로써 자신의 수준에 더 적합한 과제를 선택하게 된다.

학생들에게 문제의 '가까운'이 중요한 의미를 가진다는 것을 인식시키는 것이 중요하다. 아마 학생들은 자신들이 적당하다고 생각되는 범위 안에서 큰 숫자를 찾는 데 흥미를 느낄 것이다. 예를 들어, 10과 가까운 수의 범위는 8에서 12 정도가 되지만 125와 가까운 수의 범위는 115에서 135 정도가 될지 모른다.

BIG IDEA. 수들을 분류함으로써 그것들에 관한 결론을 얻을 수 있다.

선택1: 어떤 세 자리 수의 각 자리의 숫자의 합은 12이다. 이 수를 나타내려면 십진블록 몇 개가 필요한가?

선택2: 십진블록 58개로 나타낼 수 있는 어떤 수가 있다. 십진블록을 다른 방식으로 사용하여 그 수를 나타낼 때, 사용되는 십진블록의 수에는 어떤 것들이 있는가?

* CCSS: 십진수에서 수와 연산: 2.NBT
수학적 관행: 1, 2, 3, 5, 7

십진블록으로 어떤 수를 나타낼 때 이용되는 중요한 원칙 중에 하나는 10보다 큰 수를 나타내는 방법은 한 가지 이상이라는 것이다. 예를 들면, 32는 블록 5개(십모형 3개+ 낱개모형 2개), 14개(십모형 2개+ 낱개모형 12개), 23개(십모형 1개+ 낱개모형 22개), 32개(낱개모형 32개)로 나타낼 수 있다. 또 다른 중요한 원칙은 어떤 수를 나타내기 위해 사용되는 최소 블록의 수는 그 수의 각 자리의 숫자들의 합이라는 것이다(예, 32는 $3+2=5$개의 블록). 위의 선택 문제는 모두 이 원칙에 해당되지만, 그 수준은 다르다.

어떤 수를 나타내는 데 사용되는 서로 다른 블록의 수들은 9의 배수만큼 차이가 난다. 왜냐하면 블록을 교환할 때 큰 블록 1개는 작은 블록 10개로 교환되기 때문에, 그 결과 9개의 블록이 증가하는 것이다. 이리하여 58개의 십진 블록으로 나타낼 수 있는 수는 22개의 블록으로도 나타낼 수 있다(왜냐하면 $58-22$는 9의 배수이기 때문이다).

다음은 학생들에게 할 수 있는 질문의 예들이다.

- 어떤 수를 나타내었는가?
- 그 수가 옳다는 것을 어떻게 알 수 있는가?
- 다른 수를 사용할 수 있는가? 어떻게 알 수 있는가?
- 수를 나타내기 위해 얼마나 많은 블록을 사용했는가?

(이렇게도 할 수 있어요!) 숫자를 바꿔서 다소 도전적인 문제로 만들 수 있다. 선택1은 학생들에게 두 자리 수나 세 자리 수를 선택하도록 하고, 한 가지 이상의 해결방법을 답하도록 요구할 수 있다. 선택2는 학생들이 발견한 것을 일반화시켜서 진술하도록 요구할 수 있다.

BIG IDEA. 각 연산(덧셈, 뺄셈, 곱셈, 나눗셈)을 언제 사용하는 것이 적절한지 아는 것은 중요하다.

선택1: 20에서 뺄 수를 선택하고, 뺄셈의 과정을 두 가지 다른 그림으로 나타내시오.
선택2: 5에서 뺄 수를 선택하고, 뺄셈의 과정을 두 가지 다른 그림으로 나타내시오.

* CCSS: 연산과 대수적 사고: K.OA, 1.OA
수학적 관행: 1, 2, 5

계산 과정을 그림으로 나타내도록 하는 것은 학생들이 뺄셈에 대한 개념을 제대로 이해하고 있는지 파악하기 위해서이다. 이 두 문제는 매우 유사하지만, 한 수가 다른 수보다 다소 크기 때문에 일부 학생들에게 좀 더 어렵게 느껴질 수 있다. 두 경우 모두 학생들이 뺄셈을 구잔, 구차 또는 덧셈과 관련하여(예를 들어, 5 또는 20을 구하기 위해 몇을 더해야 하는가?) 생각할 수 있는지의 여부를 드러내어 보일 수 있도록 문제를 제시하였다.

다음은 학생들에게 할 수 있는 질문의 예들이다.

- 어떤 수를 선택할지 어떻게 결정했는가?
- 답이 얼마가 될 것인지 예측할 수 있었는가?
- 그림이 뺄셈의 과정을 어떻게 설명하고 있는가?
- 그림이 어떤 점에서 비슷하고, 어떤 점에서 다른가?

(이렇게도 할 수 있어요!) 숫자나 연산을 바꿔서 문제를 다양화할 수 있다.

선택1: 14와 3을 더하여 해결할 수 있는 문장제 문제를 만드시오. 그것이 덧셈 문제인 이유는 무엇인가?
선택2: 14에서 3을 빼서 해결할 수 있는 문장제 문제를 만드시오. 그것이 뺄셈 문제인 이유는 무엇인가?

* CCSS: 연산과 대수적 사고: 1.OA, 2.OA
수학적 관행: 1, 2, 3, 4

많은 학생들은 덧셈보다 뺄셈을 더 어려워한다. 학생들에게 선택하게 함으로써 뺄셈에 자신이 없는 학생들이 뺄셈 문제를 해결해야 할 때 느낄 부담감을 덜어줄 수 있다. 그래도 선택2를 택한 학생들을 포함한 모든 학생들이 자신의 풀이방법에 대해 함께 이야기하고 뺄셈에 관해 논의하는 내용을 통해 서로 배우고 도움을 받을 수 있다.

학생의 과제 수행 과정을 관찰함으로써 학생들이 덧셈과 뺄셈의 의미를 어떻게 파악하고 있는지 통찰할 수 있을 것이다.

다음은 학생들에게 할 수 있는 질문들이다.

- 어떤 내용의 이야기를 만들었는가? 등장인물은 누구인가?
- 네가 만든 문제에서 14는 무엇을 나타내는가?
- 네가 만든 문제에서 3은 무엇을 나타내는가?
- 당신은 문제의 답이 14 이상인지 이하인지 예상할 수 있는가?
- 문제의 어떤 부분 때문에 올바른 연산을 사용할 수 있었는가?

BIG IDEA. 수를 더하고, 빼고, 곱하고, 나누는 방법은 다양하다.

선택1: 두 개나 세 개의 숫자를 더해서 6을 만들 수 있는 방법이 몇 가지인가? 모든 경우의 수를 찾았는지 어떻게 알 수 있는가?
선택2: 두 개나 세 개의 숫자를 더해서 12를 만들 수 있는 방법이 몇 가지인가? 모든 경우의 수를 찾았는지 어떻게 알 수 있는가?

* CCSS: 연산과 대수적 사고: K.OA, 1.OA
수학적 관행: 1, 2, 3, 5, 7

두 과제를 보면 둘 또는 세 개의 수를 더해서 6(0+6, 1+5, 2+4, 3+3, 1+1+4, 1+2+3, 2+2+2)이 되는 경우는 상대적으로 적지만, 합이 12(예, 0+12, 1+11, 2+10, 3+9, 4+8, 5+7, 6+6, 1+5+6, 1+4+7, …)가 되

는 경우는 꽤 많다는 것을 알 수 있다. 선택2의 많은 경우의 수에 대해 일부 학생들은 벅차다고 느낄 것이고, 또 어떤 학생들은 그 도전을 즐길 것이다.

학생들은 두 문제에서 모두 덧셈의 조합에 대한 지식을 보여줘야 한다. 또한 통상적으로 학생들의 문제해결을 위해 계수기가 제공된다.

학생들에게 다음과 같이 질문할 수 있다.

- 당신이 생각한 첫째 조합은 무엇인가? 왜 그것을 먼저 떠올렸는가?
- 하나의 조합으로부터 다음의 조합을 어떻게 얻을 수 있었는가?
- 하나의 조합으로부터 다음의 조합을 얻을 수 있는 또 다른 방법은 없었는가?
- 수의 순서가 다르게 쓰인 경우, 다른 조합이라고 생각하였는가?
- 빠뜨린 경우의 수를 쉽게 알아보기 위해 답을 어떻게 정렬하였는가?

선택1: 두 개의 세 자리 수를 더했더니 합이 400에 가까웠다. 덧셈의 계산에 십진블록을 어떻게 활용할 수 있는가?

선택2: 두 개의 두 자리 수를 더했더니 합이 40에 가까웠다. 덧셈의 계산에 십진블록을 어떻게 활용할 수 있는가?

* CCSS: 십진수에서 수와 연산: 1.NBT, 2.NBT
수학적 관행: 1, 2, 3, 5

학생들은 큰 수의 합을 다루게 되면서 덧셈 연산을 백의 자리, 십의 자리, 일의 자리의 각 자리 수끼리 합해야 하는 이유를 십진블록을 통해 이해할 수 있다. 이 접근 방법은 세 자리 수 만큼이나 두 자리 수에서도 유효하다.

교실에서 일부 학생들은 100 이하의 수를 사용하는 것을 좀 더 수월하게 생각하고, 다른 학생들은 100 이상의 큰 수를 다룰 준비가 되어 있을 것이다. 40과 400이라는 수는 문제를 좀 더 유사하게 만들기 위해 선택된 것이다; 예를 들어, 4개의 막대나 4개의 판 모두 4개의 블록에 관한 문제이다. '가까운(close to)'이라는 문구는 가능한 숫자 조합의 범위를 더 유연하게 하도록 사용되었다.

학생들은 4개의 막대나 4개의 판을 놓고 하나를 다른 블록으로 교환한 후, 교환한 블록 1개 또는 2개를 없애거나 간단히 또는 더할 것이다. 그리고 이를 두 개의 더미로 나누면 각각을 하나의 가수로 사용할 수 있다.

학생들에게 다음과 같이 질문할 수 있다.

- 가까운 값을 구하기 위해 총합을 어떻게 모델화했는가?

- 그 수에 가까운 수를 어떻게 나타낼 수 있는가?
- 총합을 만들기 위해 두 수를 어떻게 선택했는가?
- 블록을 활용하는 것이 어떤 면에서 문제 해결을 더 쉽게 만드는가?

3-5학년 유사/선택 문제

BIG IDEA 수를 표현하는 많은 방법이 있다. 각 방법은 수의 다른 측면을 부각시킨다.

선택1: 아래의 배열을 가능한 한 많은 등식으로 나타내시오.

× × × × × × × × ×
× × × × × × × × ×
× × × × × × × × ×
× × × × × × × × ×
× × × × × × × × ×

선택2: 1부터 50까지의 모든 수를 합, 차, 곱, 몫으로 나타낼 수 있는 방법이 한 가지 이상 있는가? 등식으로 나타내시오. 합, 차, 곱, 몫 중 가장 쉬운 것은 어느 것인가?

* CCSS: 연산과 대수적 사고: 3.OA, 4.OA
수학적 관행: 1, 2, 3, 6, 7

어떤 학생들은 45를 어떻게 다른 수들의 식으로 나타낼 수 있을지 알아내기 위해 시각적인 배열을 필요로 한다. 배열을 살펴봄으로써 대부분의 학생들은 합과 곱을 알아낼 것이고, 차와 몫을 알아내려고 도전할 것이다. 이 문제는 간단한 등식인 곱셈식($5 \times 9 = 45$)으로 명확히 표현하도록 하기보다는, 더 넓게 등식으로 나타내도록 하고 있다. 이로 인해 곱셈을 어려워하는 학생들도 덧셈을 이용하여 문제 해결을 시작할 수 있다(예, $9 + 9 + 9 + 9 + 9 = 45$).

또 다른 학생들은 더 상징적인, 예상하고 확인하여 문제를 해결하는 선택2를 택하게 된다. 합($x + 0$), 차($x - 0$), 곱($1 \cdot x$), 몫($x \div 1$)으로 모든 수를 나타낼 수 있는 쉬운 방법이 있다는 것을 깨달을 것이다. 그리고 어떤 수를 곱으로 나타내는 다양한 방법을 찾는 것이 다른 연산 값으로 나타내는 다양한 방법을 찾는 것보다 더 어렵다는 사실을 발견할 것이다.

후속 논의에서 모든 학생들은 자신이 만든 등식이 무엇인지, 어떻게 그 식을 만들었는지를 이야기하게 된다.

> **선택1**: 두 분수의 크기는 같다. 두 분자를 더한 수는 두 분모를 더한 수보다 22 작다. 두 분수는 무엇인가?
>
> **선택2**: $\frac{2}{8}$와 크기가 같은 분수를 그림으로 나타내시오.

* CCSS: 수와 연산-분수: 3.NF, 4.NF
수학적 관행: 1, 2, 5

분수의 덧셈, 뺄셈 능력에서의 핵심은 학생들이 전체에 대한 부분이 다양한 방법으로 표현될 수 있다는 사실을 아는 것이다. 비록 많은 학생들이 동치분수를 만드는 규칙을 배운다고 하더라도, 어떤 학생들은 왜 그렇게 되는지를 이해하지 못한 채 그 규칙을 사용한다. 또 다른 학생들은 부적절하게 그 원칙을 일반화하기도 하는데, 예를 들면 분자, 분모에 같은 수를 곱하거나 나누는 대신에 같은 수를 더하는 것이다.

위에 주어진 선택 문제는, 등가에 대한 이해를 시작한 학생들에게는 두 분수가 왜 같은지를 이해할 수 있게 하고, 우수한 학생들에게는 동치분수를 포함하는 문제를 해결하는 데 더 상징적인 방법을 사용하게 한다. **선택1**은 많은 답이 있기 때문에 학생들은 한 가지 이상의 답을 찾아내려는 시도를 해야 한다(예. $\frac{2}{4}=\frac{20}{40}$, $(40+4)-(20+2)=22$; $\frac{6}{10}=\frac{27}{45}$, $(10+45)-(6+27)=22$; $\frac{8}{10}=\frac{80}{100}$, $(10+100)-(8+80)=22$).

다음은 학생들에게 할 수 있는 질문이다.

- 크기가 같은 분수 두 개는 무엇인가?
- 두 분수의 크기가 같다는 것을 어떻게 알 수 있는가?
- 두 분수의 크기가 같다는 것을 그림을 그려서 나타낼 수 있는가?
- 문제를 어떻게 풀었는가?

BIG IDEA. 수는 종종 개수나 양을 나타낸다.

> 실생활에서 이 수는 어떻게 쓰이는가?
>
> **선택1**: 10,000 **선택2**: 1,000

* CCSS: 십진법에서의 수와 연산: 3.NBT, 4NBT
수학적 관행: 1, 2, 4

어떤 3-5학년 학생은 10,000을 다루는 것을 어려워할지도 모른다. 비록 그 수를 읽을 수는 있다고 하더라도, 종종 수의 크기에 대해서는 인식하지 못할 수도 있다. 비례적으로 사고할 수 있는 학생들은 천 모형 10개나 지역 경기장에 수용할 수 있는 사람의 수와 같이 이미 알고 있는 수와 관련해서 10,000을 떠올릴 수 있다. 모든 학생이 수를 선택하여 문제를 해결함으로써, 자신에게 맞는 효율적인 학습을 하게 된다.

이렇게도 할 수 있어요! 위에 주어진 수 대신에 정수, 소수, 분수도 이용할 수 있다.

TEACHING TIP. 유사/선택 문제의 이점 중 하나는 비록 학생들이 더 쉬운 문제를 선택한다고 하더라도, 또 다른 문제에 대해서도 후속 논의를 함으로써 학습할 수 있다는 것이다.

BIG IDEA. 기준 수는 수 사이의 관련성을 파악하고 양을 어림해보는 데 유용하다.

다음 수직선 위의 점은 얼마를 나타내고 있는가?

* CCSS: 십진법에서의 수와 연산: 4.NBT
수학적 관행: 1, 2, 3, 5, 6

이러한 유사/선택 문제는 학생들이 원한다면, 더 좁은 범위에서 더 작은 수로 이루어진 문제를 해결하도록 할 수 있다. 선택2를 택한 학생들은 머릿속으로 수직선을 4등분하여 그 점이 약 2,000이 됨을 알게 될 것이다. 선택1을 택한 학생들은 머릿속으로 수직선을 나누기 위해 100을 0으로 생각할 것이다.

다음은 학생들에게 할 수 있는 질문이다.

- 점은 1,000 이상을 나타내는가? 왜 그런가?
- 2,000 이상인가? 왜 그렇지 않은가?
- 점이 나타내고 있는 값을 어떻게 알 수 있는가?
- 질문에 한 가지 이상의 적당한 답이 있는지 어떻게 알 수 있는가?

이렇게도 할 수 있어요! 수직선의 끝 값을 바꾸거나 점의 위치를 바꾸어서 문제를 변형할 수 있다.

BIG IDEA. 수들을 분류함으로써 그것들에 관한 결론을 얻을 수 있다.

> **선택1:** 분자가 같은 두 분수를 만들고 어떤 것이 왜 더 큰지 말해 보시오.
> **선택2:** 분모가 같은 두 분수를 만들고 어떤 것이 왜 더 큰지 말해 보시오

* CCSS: 수와 연산–분수: 3.NF
수학적 관행: 1, 2, 3, 5

학생들은 문제해결에 사용할 분수를 자유롭게 결정한다. 그들은 2, 4와 같은 단순한 분모를 사용할 수도 있고, 더 복잡한 것을 선택할 수도 있다. 진분수도 괜찮고, 가분수도 괜찮다. 많은 학생들이 같은 분자의 분수들보다는 같은 분모의 분수들을 비교하는 것을 더 쉽게 여기기 때문에, 선택2가 제시된다. 그러나 선택1을 해결할 수준인 학생들에게는 선택1에 도전하도록 격려해야 한다.

학생들에게 다음과 같이 질문할 수 있다.

- 두 분수들 중 0에 매우 가까운 수가 있나요? 또는 1에 매우 가까운 수가 있나요?
- 1보다 더 큰 분수가 있나요? 나머지 하나는 어떤가요?
- 더 큰 분수를 찾기 위해 분수 형태를 바꿔주어야 하나요? 그렇게 하지 않아도 되나요?
- 만든 두 분수 중 어느 것이 더 큰가요? 그것을 다른 사람에게 어떻게 설명할 수 있나요?

TEACHING TIP. 학생들에게 때때로 그들이 왜 그 선택 문제를 골랐는지 설명하도록 요구해야 한다.

> **선택1:** 두 수를 곱해서 24,000이 되었다. 두 수는 무엇인가?
> **선택2:** 두 수를 곱해서 24.00이 되었다. 두 수는 무엇인가?

* CCSS: 십진법에서의 수와 연산: 4.NBT, 5.NBT
수학적 관행: 1, 2, 5

제시된 두 과제는 곱셈을 수반하고 있다는 점과 둘 다 십진 체계에 대한 이해가 필요하다는 점에서 유사하다. 그러나 하나는 소수를(물론, 소수가 아닌 범자연수로 볼 수도 있지만), 다른 하나는 큰 범자연수를 포함하고 있다는 점이 다르다.

이 두 가지 경우에 학생들은, 10의 제곱과, 24의 인수들에 대해 알고 있는 것들을 사용할 것이다. 선택1의 경우에는 600×40이나 8×300과 같은 조합을 사용할

수 있다. 선택2의 경우에는 4.0×6.0(또는 4×6)이나 1.5×16.0과 같은 조합을 사용할 수 있다.

학생들에게 다음과 같이 질문할 수 있다.

- 수들 중 하나를 아주 작게 할 수 있을까?
- 가능한 가장 큰 수는 무엇인가?
- 24의 인수들을 알고 있는 것이 어떤 면에서 유용한가?
- 문제를 풀기 위해 유용하게 사용된 곱셈의 또 다른 성질은 무엇인가?

선택1: 분수에 $\frac{4}{3}$를 곱했다. 결과에 대해 확실하게 알 수 있는 것은 무엇일까?

선택2: 분수에 $\frac{2}{3}$를 곱했다. 결과에 대해 확실하게 알 수 있는 것은 무엇일까?

* CCSS: 수와 연산-분수: 5.NF
수학적 관행: 1, 2, 3, 7

1보다 더 큰 분수를 곱하면 곱해진 수보다 더 큰 답을 얻게 되고, 1보다 작은 분수를 곱하면 곱해진 수보다 더 작은 수가 나타난다는 것을 배우는 것은 중요하다. 학생들 중 가분수를 어려워하는 경우가 있어 선택2가 제시되었다.

과제에서는 곱해지는 수를 제시하지 않았다. 학생들은 여러 가지 수들을 넣고 계산해 보거나, 곱셈의 일반적인 작용에 대해 생각해 보아야 할 것이다.

곱해지는 수로 선택된, 3을 분모로 하는 분수는 더욱 다양한 답을 이끌어낸다. 예를 들어, 분모가 3인 수로 곱하면 결과 값의 분모는 3의 배수가 될 것이고(물론 약분을 하고 나면 그렇지 않을 수 있으나, 처음에는 그럴 것이다), 만약 분자가 2, 4인 수를 곱하면 결과 값의 분자는 반드시 짝수가 될 것이다(역시 약분 후에는 그렇지 않을 수 있다).

다음은 어떤 과제를 선택하더라도 할 수 있는 질문들이다.

- 곱셈을 보여줄 때, 어떤 종류의 모델을 사용할 것인가?
- 결과 값의 분자에 대하여 무엇을 알고 있는가?
- 분모에 대하여 무엇을 알고 있는가?
- 곱해진 수보다 결과 값이 더 클 것인가? 더 작을 것인가? 그 이유는 무엇인가?

> **선택1**: 1과 100 사이에, 3의 배수나 4의 배수들이 있는가? 얼마나 많이 있는가?
> **선택2**: 1과 100 사이에, **소수**나 **합성수**가 있는가? 얼마나 많이 있는가?

* CCSS: 연산과 대수적 사고: 4.OA
수학적 관행: 1, 2, 3, 5, 6, 7

곱셈의 성질에 관한 숫자의 분류는 6-8학년에 기초를 두는 주제이다. 수가 소수나 합성수로 분류되든 다른 수의 배수로 분류되든 간에 학생들은 곱셈의 성질에 대하여 생각하게 된다.

일부 학생들은 수가 소수냐 아니냐를 결정하는 데 묵묵히 노력한다. 그 학생들은 선택1에서 좀 더 성공적일지 모르나, 그들은 선택2를 포함하는 뒤이은 토의로부터 득을 보았을 것이다. 어느 과제이든지 학생들은 두 가지 수 목록을 만들고 그들의 길이를 비교할 것이다. 게다가 그들은 왜 특별한 수들이 한 목록, 다른 한 목록, 혹은 두 목록들(선택1의 경우)에 있던지 정당성이 필요할 것이다. 계속된 논의를 함으로서 왜 수들이 선택1에서 양쪽에 다 나타났으나 선택2에서는 그렇지 않은지를 묻는 것이 유용할 것이다.

1과 100사이에서 3의 배수들은 4의 배수들보다 $33-25=8$개 더 많다. 합성수는 소수보다 $75-25=49$개 더 많다. 수 1은 소수도 합성수도 아니다.

BIG IDEA 각 연산(덧셈, 뺄셈, 곱셈, 나눗셈)을 언제 사용하는 것이 적절한지 아는 것은 중요하다.

> **선택1**: 물 잔 8개를 $\frac{3}{4}$씩 채웠다. 이 물 잔들을 가득 채우면 몇 잔이 나오겠는가?
> **선택2**: 몇 개의 물 잔을 $\frac{5}{6}$씩 채운다. 만약 물 잔들을 가득 채울 수 있도록 옮겨 담아 남는 물이 없이 딱 떨어지게 하였다. $\frac{5}{6}$씩 채워진 물 잔들은 몇 개였던 것인가?

* CCSS: 수와 연산-분수: 4.NF
수학적 관행: 1, 2, 4, 5

두 문제는 모두 범자연수와 분수의 곱, 또는 분수의 반복된 덧셈을 포함한다. 학생들이 그것을 알아차릴 수 있어야 한다. 선택1에서는 학생들이 다루어야 할 값을 정확히 알고 있으나, 선택2에서는 전체 값이 주어지지 않아 문제가 좀 더 어려워진다. 두 문제 모두 해결하는 과정 속에서 $c\times\frac{a}{b}$는 b가 $c\times a$의 인수일 때만 범자연수가 된다는 사실을 학생들이 깨달을 수 있도록 도와줄 것이다.

선택1의 답이 6잔으로 하나인 반면, 선택2에서는 6잔, 12잔, 18잔 등 다양한 답이 나올 수 있다.

어떤 문제든 다음과 같은 질문을 학생들에게 할 수 있다.

- 2잔이 될 수 있습니까? 왜 그런가요? 또는 왜 그렇지 않나요?
- 3잔이 될 수 있습니까? 왜 그런가요? 또는 왜 그렇지 않나요?
- 4잔이 될 수 있습니까? 왜 그런가요? 또는 왜 그렇지 않나요?
- 3잔 또는 4잔에 대해 생각해 보는 것이 문제를 푸는 데 어떤 도움을 줄 수 있나요?

선택1: 두 개의 큰 수를 빼서 풀 수 있는 문장제를 만드시오.
선택2: 두 개의 분수를 빼서 풀 수 있는 문장제를 만드시오.

* CCSS: 수와 대수적 사고: 4.OA
수와 연산–분수: 4.NF, 5.NF
수학적 관행: 1, 2, 4.

학생들은 뺄셈이 이용되는 적절한 상황을 알고 있어야 두 선택 문제를 해결할 수 있다. 그러나 하나는 분수의 사용을, 또 다른 하나는 정수의 사용을 요구한다. 많은 학생들에게 분수가 이용되는 상황이 더 어려울 수 있다.

다음은 학생들에게 할 수 있는 질문이다.

- 문제가 왜 뺄셈과 관련되어 있는가?
- 그 문제를 다른 연산을 사용해서 풀 수 있는가?
- 문제와 어울리는 수식은 무엇인가?
- 문제는 무엇인가?
- 문제의 풀이 방법은 무엇인가?

선택1: $\frac{1}{\square}$ 형태의 분수를 범자연수로 나눈다. 그 결과 값이 0.1보다 작다. 몇 가지 가능한 분수/범자연수 조합을 말하고, 그것이 왜 옳은지 그림을 그려 설명하여라.
선택2: 두 범자연수들을 나누었더니 그 결과 값이 0.1보다 작은 분수가 되었다. 몇 가지 가능한 범자연수의 짝을 말하고, 그것이 왜 옳은지 그림을 그려 설명하여라.

* CCSS: 수와 연산–분수: 5.NF
수학적 관행: 1, 2, 3, 5

어떤 학생들은 범자연수로 작업하는 선택2를 선호할 것이고, 어떤 학생들은 사용해야 할 수들 중 하나가 명확한 선택1을 선택할 것이다; 한 수는 반드시 $\frac{1}{\square}$의 형태이어야 한다.

선택1의 경우, 학생들은 결과 값을 0.1이나 $\frac{1}{10}$보다 작게 하기 위해, 두 수의 곱이 10보다 큰 범자연수와 분모의 조합을 찾을 것이다(예, $\frac{1}{5} \div 4$). 선택2의 경우, 학생들은 분모의 $\frac{1}{10}$보다 작은 분자를 찾을 것이다(예, $3 \div 50$ 또는 $\frac{3}{50}$). 이 경우, 학생들은 분자와 분모의 비율이 분수라는 것에 대해 이해하고 있어야 한다.

다음과 같이 학생들에게 질문할 수 있다.

- 범자연수 2로 나눌 수 있나요? 설명하시오.
- 10보다 작은 범자연수로 나눌 수 있나요? 설명하시오.
- 여러분의 나눗셈을 보여주기 위해 어떤 그림을 사용했나요? 그 이유는 무엇인가요?
- 첫 번째 해결책을 얻은 후, 두 번째 해결책은 어떻게 얻었나요?

BIG IDEA. 수를 더하고, 빼고, 곱하고, 나누는 방법은 많다.

> **선택1:** 두 수를 더한 결과, 낱개들보다 더 많은 수 막대(10개)들, 그리고 수 막대들보다 더 많은 십진 판(100개 − 10×10)이 요구 되었다. 두 수는 무엇인가? 설명하여라.
>
> **선택2:** 두 수를 더한 결과, 십진 판(100개 − 10×10)은 필요하지 않았고, 낱개들보다 더 많은 수 막대(10개)들이 필요했다. 두 수는 무엇인가? 설명하시오.

* CCSS: 십진법에서의 수와 연산: 3.NBT
수학적 관행: 1, 2, 3, 5, 7

이와 같은 문제들은 정확한 수치가 아닌 정답에 대한 정보만을 제시하였다는 점에서 개방적이다. 선택1에서 가능한 합은 321, 932, 842 등이 있다. 선택2에서 가능한 합은 72, 91, 50 등이 있다. 합이 100보다 작은 수를 다루는 것이 더 편한 학생들의 경우 선택2를 택할 것이다.

일단 학생들은 가능한 총합을 떠올린 후에, 그 수를 둘로 쪼개어 두 가수를 찾아야 하며, 이 과정에서 다양한 방법들로 나타낼 수 있어야 한다.

다음은 두 그룹의 학생들에게 가능한 질문들이다.

- 총합의 수를 먼저 선택했나요? 아니면 하나의 가수를 먼저 선택했나요?

- 다른 방식으로 할 수도 있나요?
- 합이 135가 될 수 있었나요? 왜 그런가요? 또는 왜 그렇지 않은가요?
- 낱개들이 수 막대들보다 더 많은 숫자 49도 두 가수 중 하나가 될 수 있을까요?

선택1: 아래의 그림을 나타내는 등식을 10개 쓰시오.

선택2: 아래의 그림을 나타내는 등식을 5개 쓰시오.

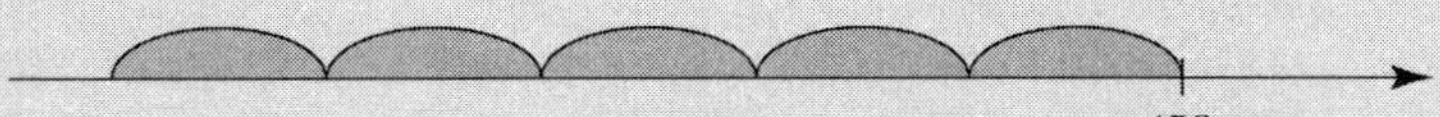

* CCSS: 연산과 대수적 사고: 3.OA, 4.OA
수학적 관행: 1, 2, 7

어떤 학생들은 선택2가 곱셈식이라고 생각하겠지만, 덧셈이나 곱셈 또는 둘 다를 포함하는 식으로도 나타낼 수 있다(예, $5 \times 90 = 450$, 또는 $250 + 5 \times 40 = 450$). 선택1은 뺄셈식으로도 나타낼 수 있지만, 덧셈식이라고 생각하기 쉽다.(예, $100 + 215 = 315$ 또는 $315 - 100 = 215$)

이러한 문제들은 모두 숫자를 정해주지 않은 빈 수직선을 사용하고, 간단한 등식을 만들 수 있기 때문에 유사/선택 문제로 적절하다. 이 문제들은 단지 연산의 복잡성에서 차이가 있다.

이 문제들에서 후속 토론은 풍부할 것이다. 선택2를 택한 학생들은 적당한 값으로 시작하여 어떤 값을 반복적으로 건너뛰어 셀 수 있다. 예를 들어, 0에서 시작했다면 각각은 90씩 증가하고, 50에서 시작했다면 각각은 80씩 증가한다. 선택1에서 학생들은 더해서 315가 되는 어떤 두 수를 이용할 수 있고, 다양하며 옳은 수식이 있음을 발견하게 된다. 각각의 상황에서 교사는 다음과 같이 질문할 수 있다.

- 시작점은 얼마인가?
- 그것을 어떻게 계산했는가?
- 어떤 연산을 이용했는가?

0에서 9까지의 수를 한 번씩 사용해서 식을 완성하시오.

선택1:	선택2:
3 × 5□ = 15□	□ × □ = 5□
□ × □□ = □0	4 × □ = 3□
6 × 1□ = 6□	□ × □ = 2□
□ × 1□ = 105	8 × □ = 4□

* CCSS: 십진법에서의 수와 연산: 4.NBT
수학적 관행: 1, 2, 5

학생들은 한 자리수의 곱셈이나 두 자리수를 포함하는 곱셈 중 자신에게 알맞은 것을 선택할 수 있다. 학생들이 처음에 알아낸 수가 무엇인지, 왜 이 수들이 가장 적절한지를 질문하는 것은 유익한 것이다. 각각의 문제는 도전해볼만한 문제이고, 단지 종류만 다르다. 학생들이 문제를 선택하도록 함으로써, 더 많은 학생들이 성공의 기회를 가지도록 할 수 있다. (답: 위에서 아래로, 왼쪽에서 오른 쪽으로, 선택1: 3, 9, 4, 2, 0, 8, 1, 6, 7, 5; 선택2: 9, 6, 4, 8, 2, 7, 3, 1, 5, 0)

TEACHING TIP 문제에서 선택사항을 제시할 때에는 가끔은 문제1의 선택사항을 간단하게, 때로는 문제2를 간단하게 제시하라. 이러한 예측 불가능은 학생들이 1, 2번에 같은 가능성을 두고 문제를 고르도록 할 것이다.

BIG IDEA. 계산적 상황에서 연산들 사이의 관계를 활용하는 것은 중요하다.

선택1: □×□=480에서 빈칸을 채울 수 있는 수의 쌍은 얼마나 될까? 어떤 것들이 있는가?
선택2: □×□=24에서 빈칸을 채울 수 있는 수의 쌍은 얼마나 될까? 어떤 것들이 있는가?

* CCSS: 연산과 대수적 사고: 3.OA, 4.OA
수학적 관행: 1, 2, 5, 7

두 빈칸 곱셈 문제를 해결하기 위해 학생들은 가능한 인수들로 결과 값을 나누어 볼 수 있다. 만약 학생들이 12, 24, 48의 인수들을 안다면 문제를 푸는 데 도움이 될 것이다. 난이도의 차이는 주로 결과 값의 크기에서 나타난다. 그러나 각각의 경우 학생들이 최대한 많은 가능성들을 떠올릴 수 있도록 하여야 한다.

선택2의 해결 방법이 범자연수에서는 1×24, 2×12, 3×8, 4×6이다. 그러나 어떤 학생들은 $\frac{1}{2}\times48$과 같이 분수를 포함한 답을 생각할 수도 있다. 선택1의 해결 방법이 범자연수에서는 1×480, 2×240, 3×160, 4×120, 5×96, 6×80, 8×60, 10×48, 12×40, 15×32, 16×30, 20×24이다. 그러나 역시 학생들이 분수를 사용한다면 다른 답들이 무수히 나올 것이다.

다음은 모든 학생들에게 할 수 있는 질문들이다.

- 인수들 중 하나는 반드시 짝수라는 것을 아는 것이 어떤 점에서 유용한가?
- 12의 인수들을 아는 것이 어떤 점에서 유용한가?
- 24의 인수들을 아는 것이 어떤 점에서 유용한가?
- 일단 첫째 답을 찾고 나면, 둘째 답은 어떻게 얻을 수 있는가?
- 답들이 분수를 포함하는가? 하나를 제시해 보아라.

선택1: 범자연수로 소수를 나눈다. 몫이 □□.□□의 형태이고, 각 네 자리 수의 합이 8이다. 어떤 나눗셈을 만들 수 있는가?

선택2: 두 자리 수 범자연수로 네 자리 수 범자연수를 나눈다. 나머지는 없으며 몫의 자릿값들의 합은 8이다. 어떤 나눗셈 식을 만들 수 있는가?

* CCSS: 십진수에서의 수와 연산: 5.NBT
수학적 관행: 1, 2, 5

소수의 나눗셈이 5학년 공통교육과정에 있긴 하지만, 어떤 학생들은 아직 소수의 나눗셈 문제를 해결하는 데에 어려움을 느낀다. 그들에게 조금 더 시간을 주기 위해서 위와 같은 유사한 과제를 추가로 사용할 수 있다. 그들은 계속 범자연수의 나눗셈을 하겠지만, 소수의 나눗셈을 해결한 학생들의 반응들을 함께 듣게 될 것이다. 이는 그들에게 책임지고 설명을 해보도록 요구하기 전에, 자연스러운 개념의 노출을 통해 개념에 대해 습득할 기회를 더 제공하는 것이다. 이 두 가지 경우 모두 곱셈과 나눗셈 사이의 관계가 강조될 것이다.

다른 해결 방법도 많지만, 선택1에서의 가능한 해결방법으로 $92.48\div4$가 있다. 선택2에서 가능한 해결방법으로는 $5,332\div86$이 있다.

다음은 교사가 할 수 있는 질문들이다.

- 왜 몫에 숫자 9는 포함될 수 없는가?
- 피제수의 범자연수 부분이 몇 자리 수인지 어떻게 알았는가?
- 나눗셈 문제를 더 쉽게 풀기 위해서 곱셈을 어떻게 활용할 수 있는가?

6-8학년 유사/선택 문제

BIG IDEA. 수를 표현하는 많이 방법이 있다. 각 방법은 수의 다른 측면을 부각시킨다.

리사의 아빠는 매 15분마다 16마일을 운전하고 있다.
선택1: 20분 동안 얼마나 멀리 이동할까?
선택2: 2.5시간 동안 얼마나 멀리 이동할까?

* CCSS: 비와 비율 관계: 6.RP, 7.RP
수학적 관행: 1, 2, 4, 5

비에 관한 문제 해결의 관건은 비율을 또 다른 형태로 표현하는 능력이다. 제시된 문제 둘 다 생각을 좀 해야 하는 문제이다. 시간당 64마일로 비율을 변환시키고, 2.5시간에 대해 2×64와 32마일을 더하는 학생들에게 선택2의 문제가 더 명료할 것이다. 또, 15분으로 20분을 구하기 위해 16에 16의 $\frac{1}{3}$을 더하는 학생들의 경우에는 선택1이 더 쉬울 것이다(5분 추가).

다음은 모든 학생들에게 할 수 있는 질문들이다.

- 일정 거리당 해당 시간이 17분과 같은 수치 대신 15분이었기에 문제가 더 쉽게 해결된 이유는 무엇인가?
- 그 외 몇 분이 제시되었다면 문제가 아주 쉬워지겠는가? 그 이유는 무엇인가?
- 어떤 수의 시간이 제시되더라도 거리를 구할 수 있는가? 아니면 계산이 가능한 특정 숫자들이 있는가?

선택1: -12를 다른 정수의 합으로 나타내시오. 또 다른 정수를 사용 할 수 있는 가장 큰 값은 무엇인가? 가장 작은 값은 무엇인가?
선택2: -12를 다른 정수의 곱으로 나타내시오. 또 다른 정수를 사용 할 수 있는 가장 큰 값은 무엇인가? 가장 작은 값은 무엇인가?

* CCSS: 수 체계: 7.NS
수학적 관행: 1, 2, 5

비록 학생들이 일반적으로 정수의 합을 배우고 난 후에 곱을 배운다고 하더라도, 많은 학생들은 선택1보다는 선택2가 쉽다는 것을 알아차릴 것이다. 각각의 사례에서 학생들은 정수 연산을 적용하는 기호법칙에 대해 생각해 보아야 한다. 또 사용될 수 있는 가장 큰 값과 가장 작은 값을 결정하는 데 있어 추론을 사용할 것이다. 예를 들어 −12가 400과 −412의 합이 될 수 있고, 혹은 1000과 −1012의 합이 될 수도 있다는 것을 이해하고 거기에는 가장 작은 수도 가장 큰 수도 존재할 수 없다는 것을 인식할 수 있을 것이다. 반면에 정수만 사용된다면 곱의 형태로 사용될 수 있는 가장 작은 수는 −12이고 가장 큰 수는 +12이다.

두 집단에 물을 수 있는 질문은 다음과 같다.

- −12를 어떻게 기술했는가?
- 얼마나 많은 조합을 사용했는가?
- 사용한 값 중 가장 큰 것은 무엇인가?
- 좀 더 큰 값이 가능한지 아닌지 어떻게 알 수 있는가?

선택1: 어느 것이 더 합리적인 소비인가? 5게임에 54.75달러, 6게임에 63.54달러.
선택2: 어느 것이 더 합리적인 소비인가? 2게임에 21.25달러, 6게임에 63.54달러.

* CCSS: 비와 비율 관계: 6.RP, 7.RP
수학적 관행: 1, 2, 4, 5

두 과제 모두 비례 추론을 필요로 한다. 선택1은 보다 도전적인 학생들에게 적합하다. 왜냐하면 그 가격들이 비슷하고 5와 6사이에는 어떤 단순한 곱셈관계도 없기 때문이다. 선택2는 6게임에 대한 가격의 $\frac{1}{3}$을 취하거나 2게임에 대한 가격을 3배하여 보다 간단히 비교할 수 있다. 선택2가 더 쉽긴 하지만 그럼에도 불구하고 여전히 중요한 비례적 사고를 환기시킨다.

첫째 경우, 학생은 게임당 소비자 가격을 각각 계산하여 그것들을 비교할 수 있다. 게임당 가격을 한 측만 계산한 후 비교하는 측 게임의 수를 곱할 수도(나누는 대신) 있다. 또는 5게임 가격에 6을 곱하고, 6게임 가격에 5를 곱하여 30게임에 해당하는 가격들을 비교할 수도 있다.

다음은 모든 학생들에게 할 수 있는 질문들이다.

- 어떤 것이 더 좋은 가격인지 즉시 알아보는 것이 쉬운가요? 설명하시오.
- 같은 게임 수에 대한 가격을 제시한다면 문제가 왜 더 쉬울까?
- 문제를 푸는데 게임당 가격을 알아야 할 필요가 있었나요?
- 그 밖에 문제를 풀 수 있는 다른 방법들이 있나요?

BIG IDEA 수는 종종 개수나 양을 나타낸다.

> 아래에 제시된 수치 중에서 하나를 선택하시오. 선택한 수치만큼 나이를 먹은 사람은 약 몇 살이라고 할 수 있는가?
> - 1,000일
> - 1,000,000초
> - 10,000시간

* CCSS: 비와 비율 관계: 6.RP, 7.RP
수학적 관행: 1, 2, 4, 5

학생들은 자신에게 더 만족스러운 수치를 선택하여 문제를 해결하게 된다. 학생들이 어떤 수치를 선택하든지 간에 시간단위 변환을 연습하게 된다(1,000일은 3년보다 약간 더 적다; 10,000시간은 약 14달이다; 1,000,000초는 11일과 12일 사이이다). 학생들은 자신이 더 쉽게 풀 수 있는 문제를 선택하겠지만, 어떤 문제를 선택하든지 간에 이는 여전히 흥미로운 문제이다.

TEACHING TIP 학생들이 열심히 하도록 하기 위해 교사가 해야 할 가장 중요한 일 중에 하나는 수학에 대한 문제 상황을 즐길 수 있는 기회를 주는 것이다. 이때 문제 상황은 학생들이 성공할 수 있는 수준이어야 한다. 비록 학생들이 올바르게 문제를 푸는 것에서 성취감을 느낀다고 하더라도, 단지 기계적인 계산 문제를 제공하는 것은 진정으로 수학을 즐길 수 있는 기회를 주는 것이 아니다.

> **선택1**: 20과 30 사이의 한 수는 다른 한 수의 80%이다 두 번째 수는 어떤 것인가?
> **선택2**: 20과 30 사이의 한 수는 다른 한 수의 150%이다 두 번째 수는 어떤 것인가?

* CCSS: 비와 비율 관계: 6.RP, 7.RP
수학적 관행: 1, 2, 5

두 상황에서, 학생들은 주어진 수가 그 수의 부분이 되는 수를 결정해야 된다. 특별한 한 숫자를 선택하기보다는 범위를 사용할 것이다. 이것은 많은 연습을 요하고, 학생들이 원한다면 편리한 기준 수를 사용하는 것도 그들에게 허용한다. 선택1은 100%보다 작은 백분율을 사용하는 반면에 선택2는 100%보다 큰 백분율을 사용하여 대부분의 학생들에게 좀 더 어려운 과제이다.

두 사례에서 학생들은 20 몇인 수와 대응되는 숫자들과의 관계에 대해 생각해야 한다. 즉, 다른 한 숫자가 주어진 한 수보다 크건 작건 간에 왜 그렇게 되는가를 생각해 보아야 한다. 선택1에 대한 가능한 해를 찾아보면 24가 30의 80%이고 선택2의 경우에는 24가 16의 150%이다.

다음은 선택1과 선택2를 하는 모든 학생에게 할 수 있는 질문이다.

- 두 번째 숫자는 첫 번째 숫자보다 큰가? 혹은 작은가?
- 어떻게 두 번째 수가 첫 번째 수보다 큰지 작은지를 결정하게 되었는가?
- 가능한 값들은 두 번째 수를 향하여 얼마나 멀리 떨어져 있는가?

선택1: 다음을 작은 것부터 차례대로 정렬하시오.

$$\sqrt{10},\ 2\sqrt{3},\ \sqrt{2}+2,\ \sqrt{18}-1$$

선택2: 다음을 작은 것부터 차례대로 정렬하시오.

$$\sqrt{10},\ \sqrt{15}-2,\ \sqrt{30}-3,\ \sqrt{40}\div 3$$

* CCSS: 수 체계: 8.NS
수학적 관행: 1, 2, 5

두 문제 모두 무리수값을 유리수의 근사치로 표현할 수 있어야 하는 문제다. 선택1의 수들은 선택2의 수들보다 서로 약간씩 더 가깝다. 왜냐하면 $\sqrt{10}$, $2\sqrt{3}$, $\sqrt{2}+2$, $\sqrt{18}-1$은 3.16, 3.46, 3.41, 3.24 정도이고, $\sqrt{10}$, $\sqrt{15}-2$, $\sqrt{30}-3$, $\sqrt{40}\div 3$은 3.16, 1.87, 2.48, 2.11 정도이기 때문이다.

다음은 두 그룹의 학생들 모두에게 적합한 질문들이다.

- 수의 값들 모두가 1보다 더 크다는 것을 어떻게 알 수 있었나요?
- 수의 값들 모두가 4보다 더 작다는 것을 어떻게 알 수 있었나요?
- 계산기를 사용하지 않고 $\sqrt{10}$을 어떻게 어림할 수 있을까요?
- 한 수가 다른 수보다 더 크다는 것을 바로 알 수 있었던 두 수가 있나요? 그 이유는 무엇인가요?
- 수들을 어떻게 정렬했나요?

BIG IDEA 기준 수는 수 사이의 관련성을 파악하고 양을 어림해보는 데 유용하다.

선택1: 어떤 수와 그 반수는 수직선 위에서 24 단위만큼 떨어져 있다. 어떤 수는 무엇일까?
선택2: 어떤 수와 그 반수는 수직선 위에서 5.9 단위만큼 떨어져 있다. 어떤 수는 무엇일까?

* CCSS: 수 체계: 6.NS
수학적 관행: 1, 2, 5

두 과제는 단지 정수를 사용하는가 또는 유리수를 사용하는가 라는 점에서만 다르다. 두 과제 모두 반수의 개념에 대한 이해를 요구한다. 한 과제의 계산이 좀 더 단순하다.

어떤 과제를 선택하든지 다음을 고려해 볼 수 있다.

- 두 수 중 하나는 문제 안에 있는 그 수가 될 수 있습니까? 왜 그런가요? 왜 그렇지 않은가요?
- 두 수 중 하나는 문제 안에 있는 그 수의 두 배가 될 수 있습니까? 왜 그런가요? 왜 그렇지 않은가요?
- 문제를 해결하는 데 어떤 전략을 사용하였나요?
- 답이 맞는지 어떻게 점검할 수 있나요?

선택1: $\sqrt{130}$ 과 $\sqrt{260}$ 을 비교하는 데 도움을 줄 수 있는 그림을 그리시오.
선택2: $\sqrt{121}$ 과 $\sqrt{484}$ 을 비교하는 데 도움을 줄 수 있는 그림을 그리시오.

* CCSS: 표현과 등식: 8.EE
수 체계: 8.NS
수학적 관행: 1, 2, 5

두 상황에서 학생들은 $\sqrt{100}$, $\sqrt{225}$, $\sqrt{400}$ 과 같은 제곱근을 필요로 하는 것을 어림할 때 기준을 사용할 수 있다. 선택2에서 제곱근은 완전제곱이다. 그러나 선택1에서는 그렇지 않다. 일부 학생들은 피타고라스 정리에 대해 생각하며 삼각형 그림을 그릴 것이고, 다른 학생들은 특정 길이의 선분이나, 특정 넓이의 사각형, 혹은 그래프를 간단하게 그릴 수 있을 것이다. 예를 들어 학생이 만약 $y=x^2$ 의 그래프를 그렸다고 하면 그는 문제의 제곱수의 자리를 정할 수 있고, 그리고 나서 제곱근에 대응되는 것을 찾을 것이다.

교사는 모든 학생들에게 그들이 어떤 과제를 선택 하든지 다음과 같은 물음을 할 수 있다.

- 어떻게 자승근을 어림하였는가?
- 어떤 자승근들이 당신에게 도움이 되었는가?
- 당신의 그림이 관계를 분명하게 하는 데 어떤 도움을 주었는가?

BIG IDEA. 각 연산(덧셈, 뺄셈, 곱셈, 나눗셈)을 언제 사용하는 것이 적절한지 아는 것은 중요하다.

> **선택1:** $(-12) \div (-4)$가 의미하는 바를 모델을 사용하여 어떻게 나타낼 수 있는가?
> **선택2:** $(-12) - (-4)$가 의미하는 바를 모델을 사용하여 어떻게 나타낼 수 있는가?

* CCSS: 수 체계: 7.NS
수학적 관행: 1, 2, 5

하나는 나눗셈, 다른 하나는 뺄셈으로, 두 과제 모두 정수의 연산에 대해 생각하도록 한다. 어떤 학생들은 패턴과 같은 숫자로 나타낸 모델을 사용할 수 있고, 다른 학생들은 수직선 모델이나 수세기 모델을 사용할 수 있다.

$(-12) \div (-4)$를 해석하기 위해 어떤 학생은 측정(또는 견적)으로서의 나눗셈 모델을 생각할 수 있다: (-4)의 그룹이 (-12)의 그룹 안에 몇 개가 들어갈까? 또는 $-4 \times \square = -12$와 같이 곱셈 빈칸 채우기 문제처럼 생각할 수도 있다. 주의할 것은, 나눗셈에 대한 일반적인 해석인, '□개를 □명의 사람이 나눠 갖는다면 한 명 당 몇 개씩 받을 수 있을까?'는 이 경우에 적합하지 않다.

$(-12) - (-4)$를 해석하기 위해서, 덜어내기 모델이 적합하다. 어떤 학생은 12개의 음수 수세기 모델에서 음수 모델 4개를 제거하는 경우를 생각할 수 있다. 수직선상에서 -4부터 -12에 이르기까지의 거리와 방향에 대한 생각을 할 수도 있다. 또는 빈칸이 있는 덧셈 문제를 생각할 수도 있다. : $-4 + \square = -12$

두 과제에 대한 논의는 학생들이 답하지 않았던 문제까지 다루어 줄 가치 있는 담화를 이끌어 낼 것이다.

이렇게도 할 수 있어요! 숫자 또는 연산을 바꿔가며 문제를 변화시킬 수 있다.

BIG IDEA. 수를 더하고, 빼고, 곱하고, 나누는 방법은 다양하다.

> **선택1:** $-\frac{5}{3} \times \frac{3}{8}$을 해결하는 3가지 다른 방법들을 말하여라.
>
> **선택2:** $\frac{4}{5} \times \frac{5}{6}$를 해결하는 3가지 다른 방법들을 말하여라.

* CCSS: 수 체계: 7.NS
수학적 관행: 1, 2, 5

양의 진분수를 더 수월하게 여기는 학생들도 있겠지만, 두 경우 모두는 유리수를 다루는 문제이다. 그리고 두 경우에서 학생들은 유리수를 포함한 계산은 한 가지 이상의 방법으로 수행할 수 있다는 것을 보여줄 것이다.

어떤 학생들은 유리수 두 개 모두, 또는 둘 중 하나를 소수 또는 백분율로 나타낼 것이다. 어떤 학생들은 3의 $\frac{1}{3}$ 또는 5의 $\frac{1}{5}$을 취하는 것이 특히 간단하다는 것을 깨닫고 선택1의 문제는 $-5\times\frac{1}{8}$, 선택2의 문제는 $4\times\frac{1}{6}$과 같다는 것을 알아차리게 될 것이다. 또 다른 학생들은 $\frac{5}{3}$를 대분수로 변환시켜서 $-\frac{3}{8}$과 $-\frac{2}{3}\times\frac{3}{8}$의 조합으로 나타낼 것이다. 몇몇 학생들은 또 다른 방법이라고 모델을 그릴 것이다.

모든 학생들에게 질문할 수 있다.

- 답은 양수인가요? 음수인가요?
- 답은 1보다 큰가요? 아니면 작은가요?
- 분자와 분모에 대하여 무엇을 알 수 있나요?
- 어떤 전략이 가장 간단한가요? 그 이유는 무엇인가요?

BIG IDEA. 계산적 상황에서 연산들 사이의 관계를 활용하는 것은 중요하다.

> **선택1**: 두 수의 곱이 때때로 몫보다 작거나 큼을 보이시오.
> **선택2**: 다음의 진술들이 참이 되게 두 수를 고르시오.
> 몫 < 차 < 합 < 곱
> 합 < 차 < 곱 < 몫

* CCSS: 수 체계: 6.NS, 7.NS, 8.NS
수학적 관행: 1, 2, 3, 5, 7

학생들과 심지어는 많은 어른들까지도 곱셈과 나눗셈에 대해 많은 오해를 가지고 있다. 분수나 음수의 복잡한 사용을 고려하지 않고 곱셈은 항상 수를 크게 만들고 나눗셈은 항상 작게 만든다고 믿는다. 이 과제는 그러한 복잡한 요소를 고려하도록 해준다.

적은 조건이 부과된 속에서 선택1은 선택2보다 요구하는 것이 적다. 선택1의 해로 학생들은 $3\times0.5<3\div0.5$보다 $-3\times-4>-3\div-4$를 제안할 것이다. 선택2에 대해 학생들은 첫 번째 부분을 위해 12와 2의 수를 사용하고, 두 번째

부분을 위해 −12와 −0.5를 사용할 것이다.

두 그룹 모두에게 다음과 같은 질문을 할 수 있다.

- 25와 2를 사용했다고 가정하자. 몫과 곱 중 어느 것이 더 큰가?
- 언제나 두 수의 몫보다 곱이 큰 것이 가능한가? 어떤 경우에 그렇게 되는가?
- 어떤 수 2개를 선택하였는가? 왜 그렇게 시도하였는가?

선택1: 2008년 하계올림픽에 11,196명의 선수들이 참여했다. 그 중 4,746명이 여성이다. 남성 참가자들의 수와 백분율을 계산하시오. 과제를 어림하여 점검하시오.

선택2: 850명의 선수들이 장애인 올림픽을 위한 육상(트랙 & 필드) 지역 예선경기에 참가하였다. 그 중 512명이 여성이다. 남성의 숫자를 계산하시오.
여성의 수를 분수로 어림하시오.

* CCSS: 비와 비율 관계: 6.RP, 7.RP
수학적 관행: 1, 2, 4, 5.

두 가지 비슷한 문제가 제공되었지만 하나는 일부 학생들이 공부하기에 다소 어려운 수를 포함하였다. 선택2를 선택한 학생들은 언제 어떻게 뺄셈을 하고 분수를 사용하는지에 대한 그들의 이해를 보여줄 수 있다. 그렇지만 어떤 상황에서 좀 더 성공적일 수 있는가. 학생들의 관심을 끄는 문장으로 문제가 주어졌을 때 많은 수의 학생들의 마음을 끌 수 있다.

모든 학생들에게 다음을 질문할 수 있다.

- 남성의 수를 어떻게 계산하였는가?
- 남성이 반이 넘는가? 어떻게 알았는가?
- 어떤 연산을 사용하였는가? 왜 그 연산을 사용하였는가?
- 어떻게 어림하였는가? 그 어림이 왜 적당한가?

요약

나만의 개방형 문제와 유사/선택 문제

수업 목표 학년:

- 제시된 규준

- 핵심 아이디어의 바탕

- 개방형 문제

- 유사/선택 문제

  선택 1 :

  선택 2 :

- 기억해야 할 원리
  - 모든 개방형 문제는 다양한 단계에서 올바른 반응들을 위해 허용되어야 한다.
  - 유사/선택 문제는 어려워하는 학생들이 성공할 수 있고 능숙한 학생들이 도전할 수 있도록 변화된 형태로 만들어야 한다.
  - 질문과 문제들은 모든 학생들이 후속논의에 참여할 수 있도록 만들어야 한다.

이 장에서는 100개의 개방형 문제와 유사/선택 문제 그리고 그것들의 변형을 통하여 수와 연산의 과제를 뒷받침하는 8가지 핵심 아이디어들을 탐구하였다. 여기에 제공하는 교수적 예는 3개의 학년군 유치원-2학년, 3학년-5학년, 6학년-8학년의 다른 발달 단계에 있는 학생들을 위한 수준별 교수를 지원하기 위해 설계하였다.

수와 연산에서 많은 교사와 학부모들의 가장 기본적인 생각은 학생의 성공이 중요하다는 것이다. 수에서 수준별 수업 전략을 적용하는 것은 더 많은 학생들이 수학에서 성공을 경험할 것이라는 것을 보장한다.

이 장에서 제시하는 예들은 수와 연산에서 수준별 수업을 위해 사용할 수 있는 표면적인 가능성의 문제만을 제시한 것이다. 연산을 바꾸고, 수나 혹은 형태를 바꾸어 다른 과제들을 만들 수 있다(예, 두 자릿수 대신에 세 자릿수). 자기 자신의 개방형 문제와 유사/선택 문제를 만들 수 있도록 여기에 양식을 제시한다. 교수 자료로서 사용할 수 있도록 부록에 실물 크기로 양식을 제공한다.

3 기 하

기하 영역에서 수준별 학습 활동은 NCTM의 과정 규준인 문제해결, 추론과 증명, 의사소통, 연결성, 그리고 아래에 제시된 NCTM 기하 규준의 내용 목표로부터 제시되었다.

- 2차원과 3차원 도형의 특징과 성질을 분석하고, 기하 관계에 대해 수학적으로 토론할 수 있다.
- 좌표 기하와 다른 표현 체계를 이용하여 위치를 확인하고 공간적 관계를 기술할 수 있다.
- 수학적 상황을 분석하기 위해 변환을 적용하고 대칭을 활용할 수 있다.
- 문제를 해결하기 위하여 시각화, 공간적 추론, 기하 모델링을 활용할 수 있다 (NCTM, 2000).

주제

학생들은 도형의 전체적인 모양을 관찰하는 것에서부터 도형의 세부적인 특징과 성질을 관찰하는 순으로 도형을 학습한다(Small, 2007). 먼저 구체물을 다루고 관찰함으로써 도형을 이해하고 그림으로 나타낸 표현을 이용한다. 학생들의 발달에 따라 점차적으로 도형을 변형하고 비형식적인 연역 추론을 할 수 있게 된다. NCTM 교육과정의 중점(NCTM, 2006)과 공통 중핵 성취기준(CCSS)은 기하에서 어떤 교수법이 전형적으로 나타나는지 알 수 있는 유용한 자료이다.

유치원-2학년

이 학년군에서 학생들은 주변에 있는 도형들을 비형식적으로 설명하고, 좀 더 구체적으로 2차원과 3차원 도형에 이름을 붙이기 시작한다. 학생들은 구조물을 만들고, 큰 도형이나 구조물이 더 작은 도형으로 어떻게 구성되는지 관찰한다. 도형을 결합함으로써 후속학습으로 배울 넓이와 분수의 기초를 다진다.

□ 3-5학년

이 학년군에서 학생들은 도형을 분류하기 위해서 면의 모양, 변 또는 각의 관계와 같은 2차원과 3차원 도형의 구체적인 특징을 확장하기 시작한다. 학생들은 2차원과 3차원 도형을 만들고 표현하고 분석함으로써 도형을 더 잘 이해하게 된다. 학생들은 2차원 도형의 선대칭뿐만 아니라 도형의 공통된 속성에 따른 분류와 좌표계에 대한 도입에 대해 고려하게 된다. 도형이 어떻게 결합되고 분해되는지 탐구하는 것은 후속학습으로 배울 넓이와 분수(2차원), 부피(3차원)를 학습하는 기초가 된다.

□ 6-8학년

이 학년군에서 학생들의 넓이와 부피 학습을 돕기 위해 2차원과 3차원 도형을 합성하거나 분할하는 것에 초점을 둔다. 학생들은 어릴 때 했던 것보다 더 복잡한 기하 문제(예: 직각삼각형의 변의 길이와 관련된 피타고라스 정리 이용 문제)를 풀게 된다.

비례척도와 도형의 변환(회전, 반사, 평행이동, 확대)이 소개 된다. 변환은 또한 닮음과 합동을 탐구하는 수단이 된다.

도형과 평행선을 포함한 각의 성질을 탐구한다. 학생들은 특히 삼각형을 이용하여 조건에 맞게 작도 활동을 수행하게 된다.

학생들은 입체도형의 전개도를 만들고 각기둥과 각뿔의 단면을 탐구한다.

기하의 핵심 아이디어

NCTM 내용 규준과 과정 규준(NCTM, 2000)에서 제시하는 수준별 수업을 위한 일관된 교육과정은 아래에 제시된 핵심 아이디어로 구조화할 수 있다.

- 다양한 차원의 도형과 그 성질을 수학적으로 설명할 수 있다.
- 주어진 도형을 다양하게 표현할 수 있다.
- 주어진 도형을 결합하거나 분해하여 새로운 도형을 만들 수 있다.
- 도형을 공간에 배치하고, 수학적 과정에 따라 재배치할 수 있다.

기하를 가르치면서 학생들의 아이디어를 발전시킬 수 있는 문제와 질문을 선별하였다. 다음 절에서는 3개의 학년군에 걸친 핵심 아이디어를 전개한 수준별 수업에서 개방형 문제와 유사/선택 문제가 적용되는 수많은 예를 제시한다.

이 장의 내용

유치원 - 2학년 개방형 문제

개방형 문제는 다양한 발달 수준의 학생들로부터 이미 있는 반응을 끌어내는 광범위한 질문이다.

BIG IDEA. 다양한 차원의 도형과 그 성질을 수학적으로 설명할 수 있다.

여러분은 자신을 소개하는 책을 만들고 있다. 여러분을 잘 표현할 수 있도록 책의 표지에 도형을 그리시오. 왜 그 도형을 선택했는가?

* CCSS: 기하: K.G
수학적 관행: 1, 2, 3, 4

이런 질문은 학생들이 도형의 성질에 대해 무엇을 알고 있는지 탐구할 수 있다. 학생들은 그 도형을 선택한 이유를 말하며 자신을 더 드러낼지 모르지만, 도형의 어떤 점 때문에 선택했는지 말하며 도형의 기하학적 속성에 대해 말하도록 학생들을 안내하는 것이 가능하다.

이 질문은 여러 학생들에게 적합하다. 그 이유는 학생들이 수준에 따라 자신의 선택을 효과적으로 설명하기 위해서 단순한 도형을 선택할 수도 있기 때문이다.

모양 스티커를 이용하여 모양 그림을 그리시오. 최대한 다양하고 많은 도형을 사용하여 만드시오. 여러분의 그림과 그림 속의 도형을 설명하시오. 왜 이 도형을 사용했는지 말해보시오.

* CCSS: 기하: K.G, 1.G
수학적 관행: 1, 3, 5

이러한 문제를 통해 교사들은 학생들이 도형에 대해 아는 것이 무엇인지, 도형을 결합하여 다른 도형을 어떻게 만드는지 확인할 수 있다. 학생들이 이 도형을 선택한 이유를 말하게 함으로써, 교사들은 학생들 주변의 여러 도형들의 위치에 대하여 학생들의 이해를 끌어낼 수 있다.

역시 학생들은 쉽게 접근할 수 있는 단순한 도형을 사용할 수도 있고, 자신이 원하는 대로 매우 복잡한 도형을 사용할 수도 있다.

이렇게도 할 수 있어요! 이 문제는 조건을 추가할 수 있다. 예를 들면 어떤 도형을 사용할 수 있는지, 얼마나 많은 도형을 사용할 수 있는지, 어떤 내용의 그림을 그려야 하는지 등을 제시할 수 있다.

이 두 도형은 어떻게 같은가?
또, 어떻게 다른가?

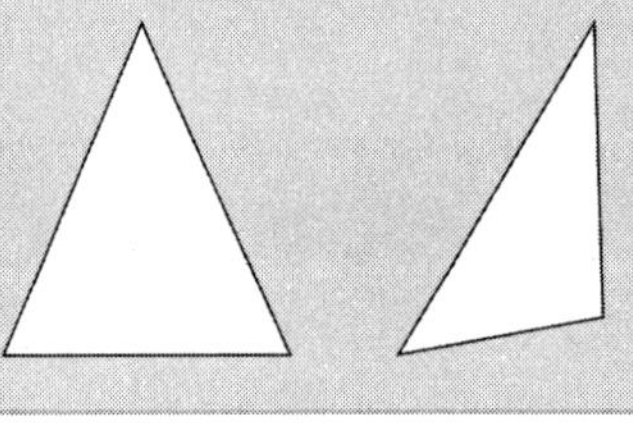

* CCSS: 기하: K.G, 1.G, 2.G
수학적 관행: 1, 3

이 문제는 학생들이 도형의 어느 측면에든 초점을 두어 선택할 수 있어 개방적이다. 학생들이 결정을 하게 되면, 그들이 삼각형에 대해 아는 것이 무엇이고 모르는 것이 무엇인지 명확해질 것이다. 어떤 학생들은 대칭과 비대칭에 대해 이야기할 것이며, 다른 학생들은 기하학적 용어(예: 모두 삼각형입니다)를 사용할 것이다. 또 다른 학생들은 삼각형이라는 용어를 사용하는 대신, 둘 다 3개의 변을 가지고 있다고 인식할 것이다. 몇몇의 학생들은 도형을 어떻게 나눌 수 있는지 또는 각각의 도형이 다른 어떤 도형의 부분이 된다고 생각할 수도 있다.

이렇게도 할 수 있어요! 서로 다른 두 도형을 제시하여 질문을 할 수 있다. 예를 들어 삼각형과 사각형, 2차원도형과 3차원도형, 2가지의 3차원도형(예: 정육면체와 길고 얇은 사각기둥)을 비교할 수 있다.

TEACHING TIP. 질문은 할 때마다 달라질 수 있다. 여기의 질문은 단지 하나의 예에 불과하다.

도형을 하나 선택하고, 선택한 도형에 대하여 최대한 많은 것을 말해보시오.

* CCSS: 기하: K.G, 1.G, 2.G
수학적 관행: 1, 2

학생들은 이 개방형 질문을 통해 도형에 대해 알고 있는 것(2차원인지 3차원인지)은 무엇이든지 말할 수 있다. 학생들이 도형에 대해 말함으로써 도형의 특성이나 성질에 대해 이해하고 있는 것을 확인할 수 있다. 만약 논의가 다른 방향으로 흐른다면 색이나 질감 같은 특성보다 기하학적 특성에 초점을 두도록 격려한다.

원을 선택한 학생들은 그것이 둥글다거나 구부러졌다거나 끝이 없다고 말할 수 있다. 교사는 학생들에게 좀 더 질문을 함으로써 학생들이 말하는 것을 확립할 수 있다. 예를 들어 교사는 다음과 같이 질문할 수 있다.

- 끝이 있는 도형에 대해 생각할 수 있는가?
- 끝은 어떻게 생겼는가?

TEACHING TIP. 개방형 질문의 가장 좋은 방법 중의 하나는 물체나 성질, 수, 측정 단위, 패턴, 그래프 등을 언급하고, 학생들에게 그것에 대해 알고 있는 모든 것을 말해보라고 하는 것이다.

직사각형으로 생각할 수 있지만 실제로 직사각형이 아닌 것이 있다. 그것은 어떤 도형이 될 수 있는가? 왜 그런가?

* CCSS: 기하: K.G, 1.G, 2.G
수학적 관행: 1, 2, 3

학생들이 생각해 낼 수 있는 대답은 여러 가지가 있다. 몇 가지를 제시하면 다음과 같다:

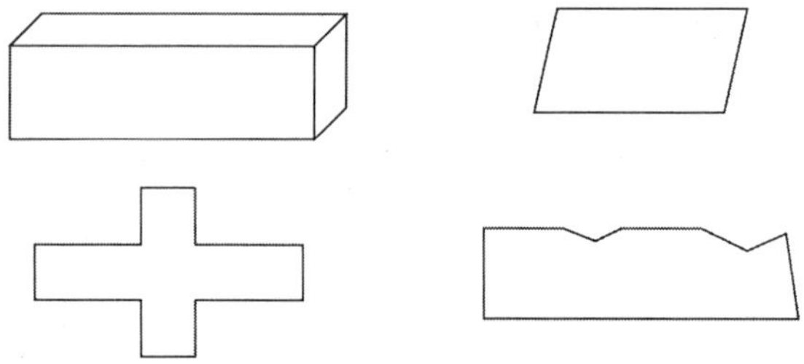

이 문제는 학생들이 생각하기에 직사각형일 것 같은 도형에 대해 묻고 있으므로 대답을 하는 데 어떤 부담도 없다. 학생들이 왜 그러한지 이유를 설명할 수 있다면 어떠한 대답이든 수용될 수 있다. 그러나 그 질문을 통해 모든 학생들이 참여할 수 있는 도형에 대한 풍부한 토의가 이루어져야 한다. 예를 들어, 어떤 학생이 3차원 도형 중 직각기둥을 선택했다면, 2차원과 3차원 도형 사이 관계에 대해 토의할 수 있을 것이다. 또는 학생들은 **평행사변형**과 직사각형의 관계를 생각해 낼 것이다(교사가 직사각형도 평행사변형이 된다는 설명을 할 수 있도록 기회를 제공함). 학생들이 직사각형이 가지고 있는 것과 유사한 종류의 대칭을 가진 도형을 선택했다면, 대칭이라는 아이디어에 대해서도 토의할 수 있다.

이렇게도 할 수 있어요! 이 문제는 직사각형 외의 다른 도형, 예를 들어 학생들이 생각하기에 원이지만 실제로 원이 아닌 도형을 관련지어 다양하게 질문할 수 있다.

TEACHING TIP 수준별 수업에서는 학생들이 위험을 감수하는 것을 꺼리지 않도록 수업 환경을 조성해야 한다. 이것은 학생들이 교사가 듣기를 원하는 대답이 무엇인지를 추측하는 데 시간을 소비하기보다 수학하는 것에 초점을 두어 많은 아이디어에 대해 교사가 개방적이라고 실제로 느낄 때만 가능하다.

BIG IDEA 주어진 도형을 다양하게 표현할 수 있다.

큐브를 연결하여 만든 도형이 있다. 한쪽 방향에서 보았을 때의 모양은 오른쪽 그림과 같다.

전체 모양은 어떻게 되는가?

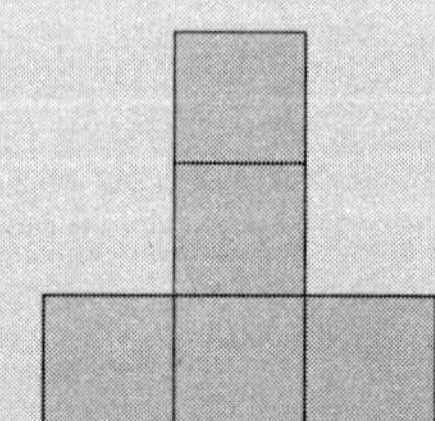

* CCSS: 기하: K.G, 2.G
수학적 관행: 1, 2, 5

이 과제는 사용된 큐브가 몇 개인지, 다른 각도에서 보았을 때 모양이 어떠한지 학생들이 알지 못한다는 점에서 개방적인 과제이다. 이것은 모든 학생들에게 적합한 시작점을 찾을 수 있게 한다. 일부 학생들은 보이는 대로 전체 모양이 큐브 5개로 이루어졌을 것이라고 생각하는데 반해, 보이는 큐브뿐만 아니라 다른 큐브가 있을 수 있다고 생각하는 학생도 있을 것이다:

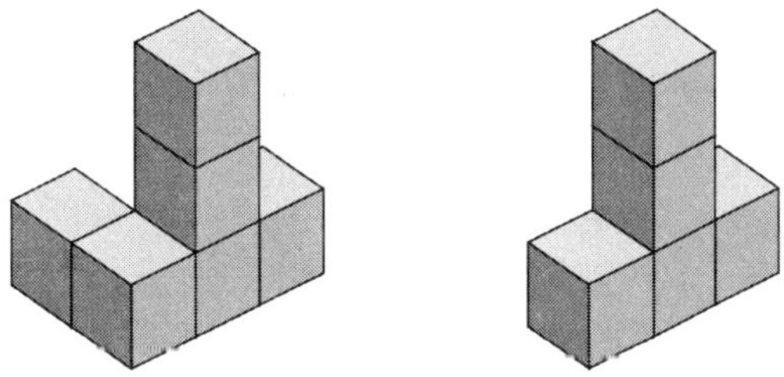

학생들이 조작할 수 있도록 연결 큐브를 제공할 것인가 아닌가에 따라 문제의 복잡성이 달라질 수 있다. 대부분의 학생들이 구체적 조작물을 사용함으로써 많은 이득을 보긴 하지만, 좀 더 상위 수준의 학생들에게는 실제로 큐브를 조작하지 않고 모양을 시각화하도록 요구할 수 있다.

학생들에게 몇 개의 큐브를 연결했는지 알려줌으로써 이 문제는 더욱 복잡해질 수 있다. 예를 들어, 위의 문제와 같이 아무런 조건을 제시하지 않은 경우는 전체 구조물에 큐브 11개가 사용되었다는 조건을 제시하는 것보다 훨씬 간단한 문제가 된다.

이 상자가 다르게 보이는 그림을 2개 그리시오.

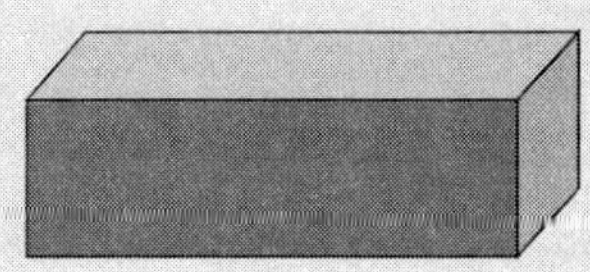

* CCSS: 기하: K.G, 2.G
수학적 관행: 1, 2

물론 학생들이 그림을 그리는 능력은 다양하지만, 이 질문의 수학적인 초점은 학생들이 모양을 어떻게 표현할 것인가에 있다. 2가지 다른 방법으로 그려질 수 있다는 사실은 학생들에게 도형을 돌리거나 위에서 봤을 때 어떤 모양이 될 것인가와 같은 변환을 생각하게 할 수 있다.

정면에서 보이는 그림만 그리는 학생도 있을 수 있고 여섯 면 모두를 그리는 학생도 있을 것이다. 또 다른 학생들은 도형이 3차원으로 보이도록 하는 스케치를 그리거나 윤곽(skeleton)만 그리려고 하는 학생도 있을 것이다. 학생들이 모양을 어떻게 표현하는지 관찰함으로써 교사는 학생들이 명확히 이해하고 있는 도형의 측면은 무엇인지, 다음 수업에서 어떤 측면을 더 가르칠 필요가 있는지에 대한 통찰을 얻을 수 있을 것이다.

BIG IDEA 주어진 도형을 결합하거나 분해하여 새로운 도형을 만들 수 있다.

> 다음 그림과 같이 3개의 연결 큐브가 연결된 블록 6개, 총 18개의 연결 큐브를 이용하여, 어떤 모양을 만들 수 있는가?
>
> 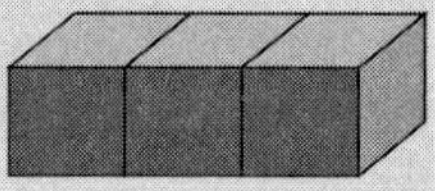

* CCSS: 기하: K.G, 1.G
수학적 관행: 1, 2, 5

종종 기하 지도는 3차원보다 2차원 기하에 더 초점을 둔다. 그 이유는 3차원 기하는 교실에서 사용하기에 좀 더 편리하지만 이용할 수 있는 구체물이 거의 없기 때문이다. 하지만 3차원 기하의 수업은 학생들의 공간 감각을 발달시키는 데 매우 중요하다. 이와 같은 문제는 간단한 교구만을 필요로 하며 또한 기하 발달에 유용하다.

이 사례에서 교사는 학생들이 평평한 도형을 만드는지, 각기둥과 같은 전형적인 도형만을 만드는지 흥미롭게 관찰할 수 있다. 문제를 해결한 학생들은 좀 더 많은 방법을 찾아내기 위해 리스트를 만드는 것과 같은 문제해결전략을 사용할 수 있다.

이렇게도 할 수 있어요! 결합된 작은 구조물의 수를 바꾸거나, 작은 구조물 안의 큐브의 수나 배열을 바꿈으로써 비슷한 문제를 만들 수 있다.

> 먼저 도형을 선택하고, 선택한 도형을 세 부분으로 자르시오. 그것을 다시 합하도록 짝에게 주시오.

* CCSS: 기하: K.G, 1.G, 2.G
수학적 관행: 1, 2, 5

새로운 도형을 만들기 위해 학생들은 도형을 조합하는 경험뿐만 아니라 도형을 분해하는 경험도 해야 한다. 이런 경험은 후속학습으로 분수, 넓이, 부피를 배우는 데 뒷받침이 될 것이며, 또한 학생들이 좀 더 복잡한 도형을 이해하는 데 도움을 줄 것이다.

예를 들어 정사각형을 비슷한 모양의 3부분으로 나눌 수도 있고, 독특한 방법으로 나눌 수도 있다. 때로 독특한 모양으로 나눈 경우가 비슷한 모양으로 나눈 경우보다 도형들을 더 쉽게 조합할 수 있다는 사실에 학생들은 놀랄지도 모른다.

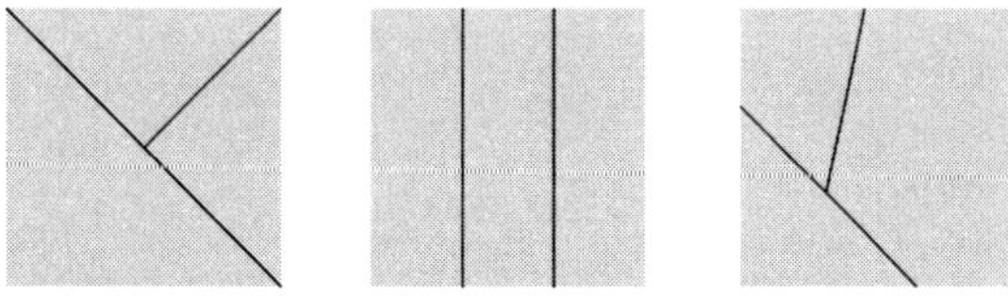

이 문제는 학생들에게 도형을 자유롭게 자르도록 허용하여 다른 문제보다 더 쉬워할지도 모른다.

TEACHING TIP 전체 그룹 상황에서 토의를 할 때 교사는 먼저 능력이 부족한 학생들을 불러 그들의 아이디어가 모두 앞에서 나오지는 않았는지 확인해야 한다.

탱그램으로 만든 동물이 있다.
탱그램으로 자신만의 동물을 만들어 보시오.

이 질문을 하기 전에 학생들에게 탱그램 퍼즐을 소개할 필요가 있다. 탱그램은 아래에 보이는 바와 같이 정사각형을 이루는 7개의 조각으로 구성된다:

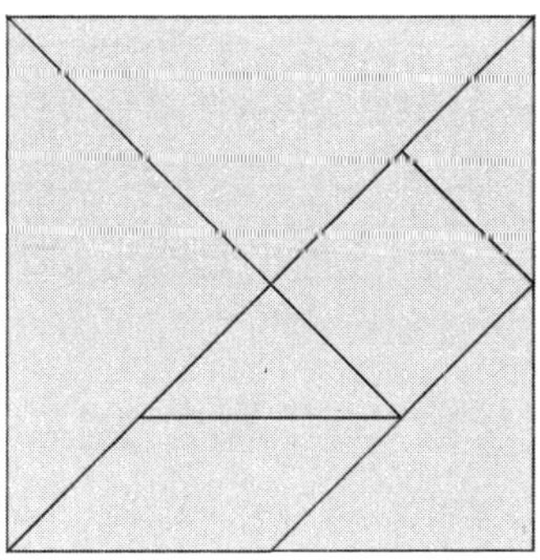

동물 예시를 제공함으로써 다소 능력이 부족한 학생들도 주어진 동물을 그대로 표현하여 문제를 해결할 수 있게 된다. 그러나 자신만의 동물을 만들 수 있도록 문제를 개방한다면 모든 학생들이 자기에게 적합한 방식으로 과제에 도전할 것이다. 탱그램은 널리 활용되며 동물뿐만 아니라 숫자, 알파벳 문자 등 다양하게 만들 수 있다(Tompert, 1990).

> 탱그램 조각 중 어떤 조각이든 4개를 사용하여 집 모양을 만드시오. 기하 용어를 사용하여 자신이 만든 집을 설명하시오.

* CCSS: 기하: K.G, 1.G, 2.G
수학적 관행: 1, 5, 6

학생들이 만들어야 할 모양을 보여주지 않음으로써 이 문제는 좀 더 개방적인 문제가 된다. 모양이 어떻게 생겼는지, 정확하게 만들었는지에 상관없이 자신이 만든 모양이 집과 같이 생겼다고 주장하는 학생이 있을 수 있다. 중요한 것은 학생들이 만든 모양을 설명할 때 기하적인 언어를 사용하는가이다. 학생들이 사용하는 언어는 개인에 따라 간단할 수도 있고 복잡할 수도 있다. 예를 들어, 자신이 만든 모양에 7각형, 7개의 변을 가진 도형 등의 이름을 붙이는 학생이 있는데 반해, 1개의 정사각형과 3개의 삼각형과 같이 자신이 만든 집을 구성하고 있는 모양을 간단히 설명하는 학생이 있을 수도 있다.

3-5학년 개방형 문제

BIG IDEA 다양한 차원의 도형과 그 성질을 수학적으로 설명할 수 있다.

> 삼각형은 퀴즈네르 막대나 센티미터 띠를 사용하여 만들 수 있다. 둘레가 10인 삼각형을 얼마나 다양하게 만들 수 있는가? 그것들의 변의 길이는 얼마가 되는가?

* CCSS: 측정과 자료: 3.MD
기하: 3.G
수학적 관행: 1, 2, 5, 6, 7

항상 그런 것은 아니지만 기하와 측정 개념은 자주 연관된다. 위 질문이 측정 개념(둘레)을 포함하고 있기는 하지만, 실제로 그 질문은 삼각형에서 두 개의 짧은 변의 길이의 합이 나머지 긴 변의 길이보다 길어야 한다는 기하 개념에 초점을 두고 있다. 예를 들어, 8, 1, 1은 길이가 1인 두 개의 변이 만날 수 없고 두 변 모두 길이가 8인 변에 닿기만 하므로 삼각형의 변의 길이가 될 수 없다.

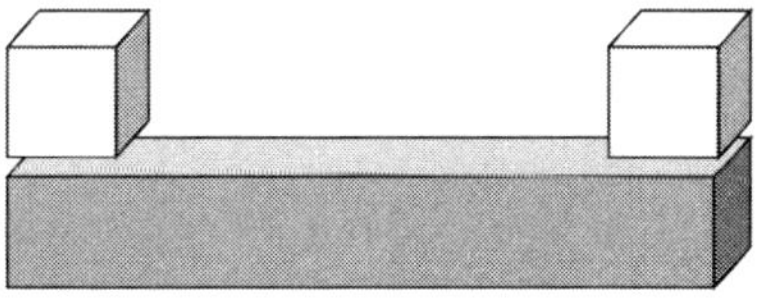

퀴즈네르 막대를 사용할 수 있다면, 이 질문은 수학에서 고전을 면치 못하는 학생들에게 더욱 적합한 질문이 될 것이다. 둘레의 길이가 10, 즉 세 변의 길이 합이 10인 삼각형은 꽤 간단히 만들 수 있다. 학생들은 오렌지색 10막대를 사용하여 전체 길이 합이 그 10막대와 같도록 다양한 3개의 막대를 선택한 후, 이 선택된 막대로 삼각형을 만들려고 할 수도 있다.

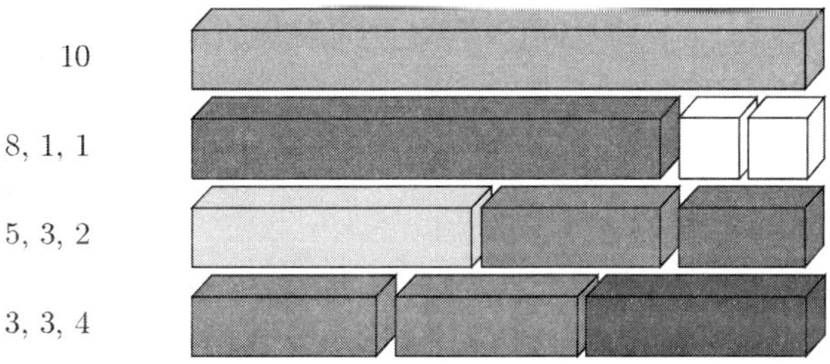

학생들 사이에 나타난 수학적 차이를 통해 학생들에게 몇 가지 조합은 시도할 가치조차 없다는 개념을 일반화할 수 있는 능력이 있는지(예, 긴 변 한 개와 매우 짧은 변 두 개), 가능한 모든 조합을 고려하였는지를 결정하는 능력이 있는지 알 수 있을 것이다.

이렇게도 할 수 있어요! 이 질문을 변화시키는 한 가지 방법은 사용할 막대를 명시하지 않는 것이다(따라서 더 이상 길이가 10으로 제한되지 않는다). 대신 15cm까지의 띠를 사용할 수 있다. 그 대신에 학생들에게 사각형을 만들어 보게 하거나 문제에 추가적인 조건, 예를 들어 삼각형의 변이 이등변이라는 조건을 더 제시할 수도 있다.

짧은 빨대와 긴 빨대가 같은 크기로 각각 2개씩 있을 때 어떤 도형을 만들 수 있는가?

* CCSS: 기하: 3.G, 4.G, 5.G
수학적 관행: 1, 2, 5

학생들이 2개의 짧은 빨대와 긴 빨대를 받았을 때, 일부는 다각형만 고려하는 데 반해, 다른 학생들은 다각형뿐만 아니라 다른 종류의 도형을 만들 것이다.

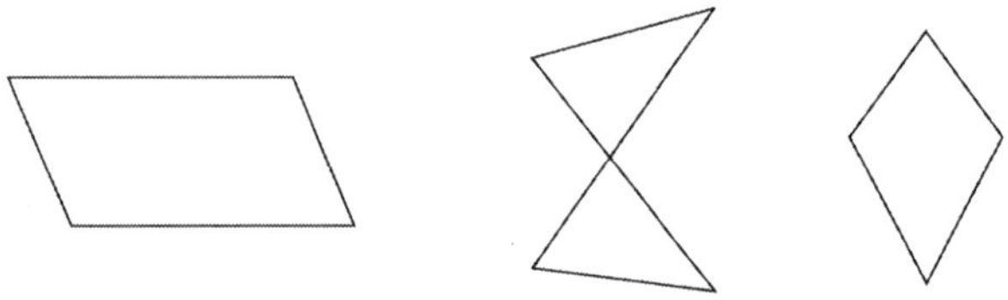

일부 학생들은 주어진 빨대 길이만 가지고 할 수 있는 것을 생각할 것이다. 예를 들어, 10cm와 12cm 길이의 빨대가 주어졌을 때, 학생들은 특정 차원의 평행사변형을 만들 것이다. 그러나 또 다른 학생들은 두 쌍의 변의 길이에 따라 나타나는 것을 일반화하려고 할 수도 있다. 일부 학생들은 빨대 4개를 모두가 사용해야 한다고 생각할 것이며, 빨대 중에 3개만 사용하거나 심지어 빨대 2개만 사용하는 각을 만드는 가능성을 고려하는 학생들도 있을 것이다. 교실의 모든 학생들은 여러 수준에서 문제를 해결할 것이다.

이렇게도 할 수 있어요! 빨대의 수를 다르게 한다든지, 크기가 같은 빨대의 쌍을 다르게 제시함으로써 문제를 변화시킬 수 있다.

삼각형을 표현하기 위해 다양한 낱말을 사용할 수 있다. 예를 들면, **예각**, **둔각**, **직각**, **등변**, 이등변, **부등변**이라는 낱말을 사용할 수 있다. 하나의 삼각형을 어떤 두 낱말의 조합으로 표현할 수 있는가?

* CCSS: 측정과 자료: 4.MD
기하: 4.G, 5.G
수학적 관행: 1, 2, 3, 6

이 질문은 어떤 조합이 가능한지를 묻고 있으며, 가능한 조합을 모두 답하도록 요구하고 있지 않기 때문에 이해력이 우수한 학습자와 다소 부족한 학습자 모두에게 적합하다. 예를 들어, 이 문제를 힘들어하는 학생들은, 삼각형 하나를 그려서 직각이고 이등변이라는 것을 발견하고, 가능한 하나의 조합을 찾을 수 있다. 다른 학생들은 모든 가능한 조합들을 생각해 볼 수 있을 것이다.

후속 질문으로 학생들에게 어느 조합이 가능하지 않은지, 왜 그런지에 대해 물어볼 수 있다.

어떤 도형에는 변이 6개 있으며 90°인 각이 2개 있다. 어떤 모양인가?

* CCSS: 측정과 자료: 4.MD
기하: 3.G, 4.G
수학적 관행: 1, 2, 5

몇 가지 가능한 모양이 아래에 제시되어 있다.

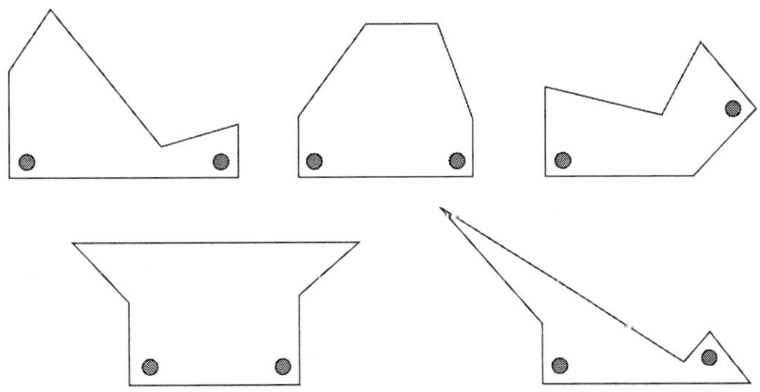

어떤 학생들은 한 선분의 양쪽 끝에 직각을 위치하도록 하여 시작한 후, 모두 6개의 변이 되는지 확인하는 방법에 초점을 둘 것이다. 반면에 다른 학생들은 직각이 도형의 같은 변에 위치하지 않아도 된다는 생각을 떠올릴 수 있을 것이다. 이 문제는 학생들에게 다양하게 시도해 볼 수 있는 기회를 제공해주며, 정형화된 답들을 줄일 수 있게 한다.

'만약 변이 4개였다면 어떻게 될까?'라는 후속 질문을 교사는 할 수 있다. 이 질문의 경우에는 도형의 모양이 아주 많이 제한된다는 것을 발견할 수 있을 것이다.

이렇게도 할 수 있어요! 이 질문은 변의 수, 주어진 각의 수 또는 각의 크기에 대한 조건을 변화시켜 다양하게 만들 수 있다.

이 도형이 대칭임을 증명하시오. 투명 거울이나 자를 사용할 수 있다.

* CCSS: 기하: 4.G
수학적 관행: 1, 2, 3, 5

대칭을 증명하기 위해 자를 사용하는 것은 투명 거울을 사용하는 것보다 발달상으로 더 힘든 과제라는 것이 알려진 바 있다(Small, 2007). 자를 사용할 때 학생들은 대칭축을 기준으로 어느 한 쪽에 위치한 임의의 점에서 대칭축까지의 수직 거리와 각 점에 대응하는 점으로부터 대칭축까지의 수직 거리가 같다는 것을 이해할 수 있어야 한다.

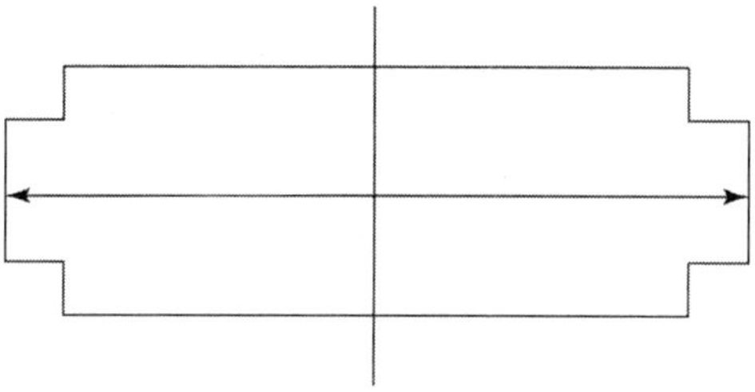

학생들에게 도구를 선택하게 함으로써 서로 다른 발달 단계에 있는 학생들의 요구를 충족할 수 있다.

정확히 세 변의 길이가 같다. 그 도형은 어떤 모양인가? 어떻게 알았는가?

* CCSS: 기하: 3.G, 4.G, 5.G
수학적 관행: 1, 2, 3, 5

이 질문에 간단하게, 또는 좀 더 복잡한 방법으로 응답할 수 있다. 몇몇 학생들은 확실히 정답인 정삼각형을 즉시 떠올릴 것이다. 그 밖의 학생들은 단지 세 변의 길이가 동일한 더 많은 변을 가진 도형을 떠올릴 것이다. 몇몇 가능한 도형이 아래에 제시되어 있다.

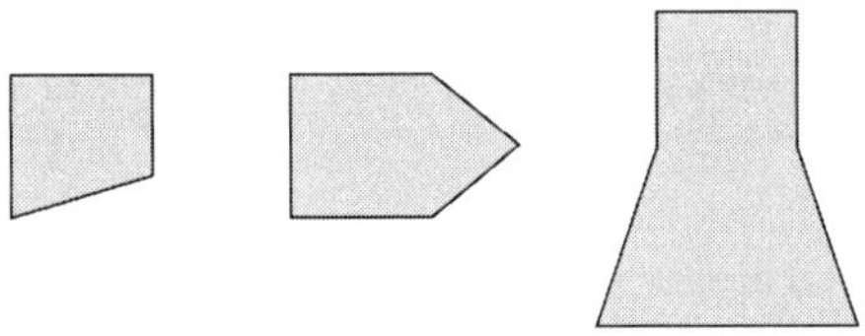

이 활동의 중요한 부분은 토의이다. 토의의 논점은, 학생들이 모양을 어떻게 만들었는지, 그리고 어떻게 더도 덜도 아닌 정확히 세 변의 길이가 같음을 단언하여 말할 수 있는지이다. 학생들에게 평행사변형이나, 연 모양 또는 정육각형과 같은 특정 모양은 왜 제외시켰는지 질문할 수 있다.

이렇게도 할 수 있어요! 길이가 같은 변의 수를 바꿀 수 있다. 또는 길이가 같지 않은 변의 수를 조건으로 제시할 수 있다.

한 입체도형의 모서리가 정확히 12개이다. 그 도형은 어떤 모양인가? 왜 그렇게 생각하는가?

* CCSS: 기하: 3.G, 4.G,
수학적 관행: 1, 2, 3

학생들은 시각화 기술을 사용하여 12 모서리의 형태를 떠올린다. 조건에서 모서리의 수를 12개로 제시한 이유는, 다른 형태를 생각하기 힘든 학생들에게도 가장 대표적인 형태인 직각기둥은 떠오를 것이기 때문이다. 여기서 흥미로운 문제는 '과연 직각기둥 외의 답이 또 있을까?'하는 점이다. 답은 물론 있다.

각기둥의 밑면은, 연꼴이나 사다리꼴과 같은, 직사각형이 아닌 어떤 모양의 사각형도 될 수 있다.

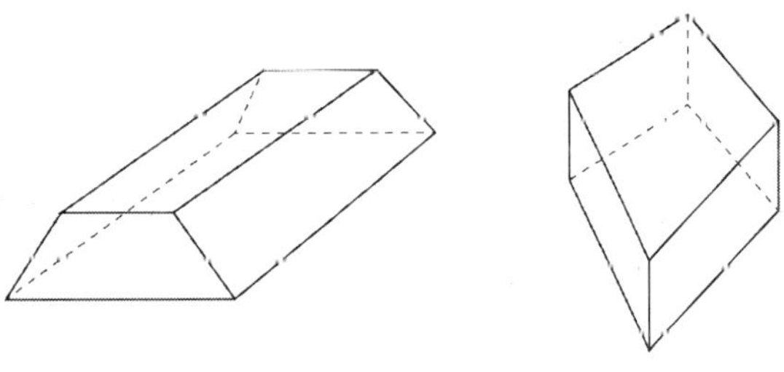

또한, 육각형이 밑면인 뿔의 형태도 가능할 것이다.

이렇게도 할 수 있어요! 모서리의 수를 제시하는 것 대신 꼭짓점이나 면의 수를 제시할 수 있다.

> 적어도 세 가지 다른 이름으로 부를 수 있는 도형이 있다. 그 도형은 무엇인가?

* CCSS: 기하: 5.G
수학적 관행: 1, 2, 6

이 학년군에서는 어떤 도형이 다른 도형의 특수한 형태라는 사실에 주목한다. 예를 들어 정사각형은 평행사변형이면서 사각형이다. (이는 또한 마름모이면서 직사각형이다.) 정삼각형은 삼각형이면서 다각형이고 정다각형이다.

이와 같은 질문은, 대부분의 도형이 많은 이름을 갖는다는 사실을 학생들이 인지하도록 돕는다.

> 한 도형의 몇 쌍의 변은 서로 수직이고 몇 쌍의 변은 서로 평행이다. 서로 평행을 이루는 변의 쌍이 더 많다. 어떤 형태일까?

* CCSS: 기하: 4.G, 5.G
수학적 관행: 1, 2, 6

이 질문은 학생들로 하여금 그들이 알고 있는 모든 도형들의 모양과 그 성질에 대해 다시 한 번 생각해보도록 하는 좋은 복습문제이다. 삼각형은 평행한 두 변을 갖지 않으므로 삼각형은 답이 될 수 없음을 학생들은 알 것이다. 직사각형은 두 쌍의 평행한 변을 갖지만 네 쌍의 수직인 변을 가지므로 역시 될 수 없다. 평행사변형이나 사다리꼴이 가능할 수 있으나, 이 경우도 서로 수직인 변을 1쌍 이상 갖는다면 가능하지 않게 된다. 정팔각형이나 정육각형이 이 기준을 충족시킨다.

이렇게도 할 수 있어요! 평행을 이루는 두 변의 개수와 수직을 이루는 두 변의 개수 사이의 관계를 바꿀 수 있다.

> 한 도형이 다른 도형보다 훨씬 더 많은 대칭선을 갖도록 두 도형을 만들어라. 각 도형이 갖는 대칭선은 몇 개인지 말하여라.

* CCSS: 기하: 4.G
수학적 관행: 1, 2, 5

처음에 학생들은 매우 단순한 도형으로 시작할 것이다. 그러나 '훨씬 더'라는 조건을 나름대로 고민하게 될 것이다. 몇몇 학생들은 대칭선의 수가 많은 원을 선택하고는, 대칭선의 수를 답할 때 어려움을 느낄 것이다(대칭선의 수는 무한이므로). 그 후, 학생들은 육각형이나 팔각형 등의 도형을 고려할 것이다.

학생들은 정다각형이 아닌 경우보다 정다각형에서 대칭선의 수가 많음을 발견할 수 있다. 이때, '도형이 대칭선을 갖기 위해서는 길이가 같은 변들이 몇 개 있어야 한다는 사실을 어떻게 알 수 있는가?'라는 질문이 도움이 될 것이다.

학생들에게 선을 따라 자르고 접어보면서 선이 대칭선임을 증명하도록 한다.

이렇게도 할 수 있어요! 학생들이 공식적으로 3차원에서의 대칭면에 대해 공부하지 않았더라도, 그들이 반사대칭(거울대칭)으로 믿고 있는 큐브를 연결한 구조물들에 대해 탐구할 수 있을 것이다.

둔각의 크기가 예각의 세 배 정도가 되도록 두 각을 그려라

* CCSS: 측정과 자료: 4.MD
수학적 관행: 1, 2, 5

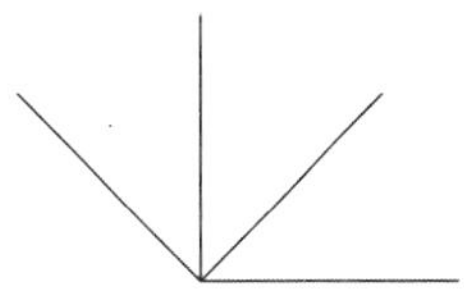

이 학년군에서 학생들은 둔각과 직각, 예각을 구분하기 시작한다. 이 질문에서는 각도에 익숙해져 있는 학생들이 그것을 이용하여 각을 만들도록 한다. 만약 그들이 예각으로 30°를 사용하고자 한다면 둔각은 약간 큰 90° 정도가 될 것이다. 또한 예각이 60° 이상인 각은 세 배가 되었을 때 둔각이 아닌 180°이상인 각이 되므로 사용될 수 없음을 알 것이다.

어떤 학생들은 예각을 먼저 만들고 나서 그 예각을 세 번 연결하여 조건에 맞는 둔각을 만들 수 있다. 만약에 그들이 만든 예각이 너무 작다면 그 전체가 둔각이 되지 못할 것이고, 이로써 학생들은 더 큰 예각, 그러나 또한 너무 크지는 않은 예각이 필요함을 배우게 될 것이다.

이렇게도 할 수 있어요! 둔각의 크기가 예각의 세 배가 된다는 것은 간단히 변형할 수 있다; 대신할 다른 요소를 선택할 수 있다. 다른 변형으로 큰 각 역시 예각이 되도록 함으로써, 처음 각이 어느 정도 작아야 하는지 생각해 볼 수 있다.

한 변의 길이가 10cm이고 다른 변은 그보다 훨씬 길며 한 각이 둔각인 삼각형을 그려라. 긴 쪽 변의 길이와 각의 크기를 먼저 정하고 삼각형을 그려라.

* CCSS: 기하: 4.G
수학적 관행: 1, 2, 5, 6

학생들에게 사용할 변과 각의 크기를 정해주는 것보다 그들이 선택하게 하는 것이 더 의미가 있다. 이와 같이 함으로써, 학생들은 문제를 덜 어렵게 하기 위해 둔각을 두 변 사이의 끼인 각으로 처리할 수도 있고, 또 다른 학생들의 경우 긴 변의 대각을 만들기 위해 고민할 수도 있을 것이다. 또 다른 이점은 학생들이 10 − 30 − 10과 같은 어떠한 길이의 조합으로는 삼각형을 만들 수 없다는 것을 발견하게 될 것이다. 더욱 중요한 것은 만들어진 삼각형의 다양함이 학급의 논의를 풍부하게 한다는 것이다.

예를 들어, 긴 변을 20cm로 하고 각을 120°로 한 학생은 다음과 같이 작도할 것이다.

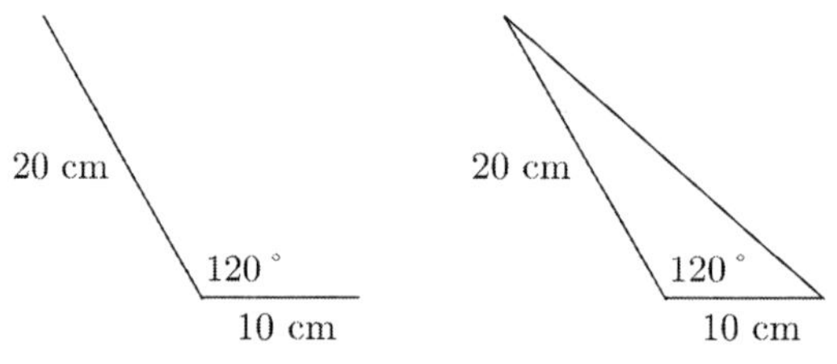

그러나 만약 긴 변의 대각을 120°로 한다면 가능한 삼각형은 다음과 같다.

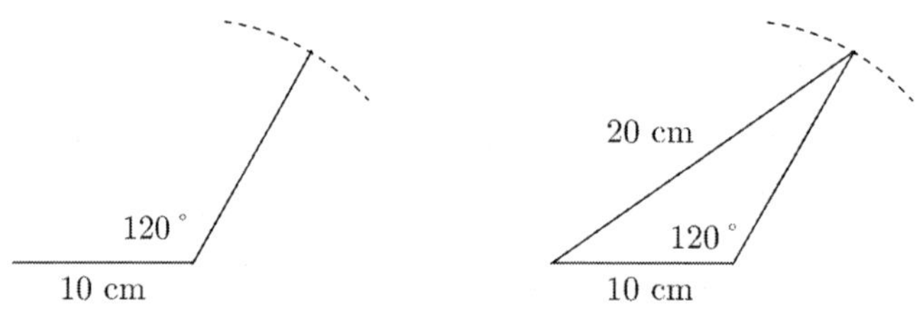

BIG IDEA. 도형을 공간에 배치하고, 수학적 과정에 따라 재배치할 수 있다.

> 이등변삼각형이 격자 좌표 위에 있다. 꼭짓점 중 하나가 (4, 5)에 위치하여 있다면 다른 꼭짓점들은 어디에 있겠는가?

* CCSS: 기하: 5.G
수학적 관행: 1, 2, 5, 6

이 수준에서 학생들은 공간에 대상을 위치시키기 위해 격자 좌표의 제1사분면을 이용하기 시작한다. 학생들에게 격자 위에 이등변삼각형을 만들도록 하는 것은 다른 기하학적 개념을 유지한 채, 좌표 그래핑하는 능력을 연습시키는 흥미로운 방법이다. 점 (4, 5)를 두 등변이 만나는 꼭짓점으로 하는 가능한 답은 여러 가지가 있다. 아래에 한 가지가 제시되어 있지만, 꼭짓점을 기준으로 좌우 동일한 양만큼씩 밑변을 쉽게 확장하여 나타낼 수도 있다.

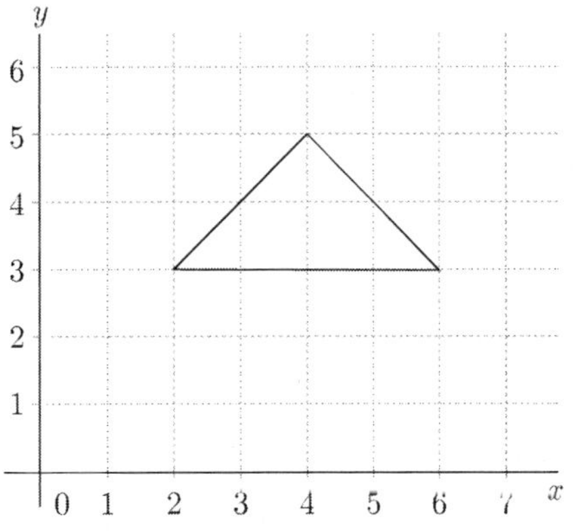

그러나 아래에서 보는 바와 같이 점 (4, 5)가 두 등변이 만나는 꼭짓점일 필요는 없다.

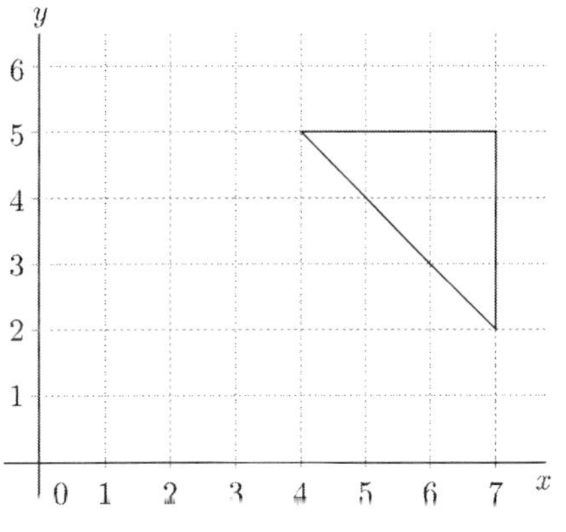

이렇게도 할 수 있어요! 이등변삼각형 대신 다른 도형을 선택할 수 있다.

6-8학년 개방형 문제

BIG IDEA 다양한 차원의 도형과 그 성질을 수학적으로 설명할 수 있다.

> 각의 크기를 정하고 작도하여라. 각도기를 사용하지 않고 같은 크기의 각과 보각을 만들려면 어떻게 해야 하는가?

* CCSS: 기하: 7.G, 8.G
수학적 관행: 1, 2, 5

보각이란 180°에서 원래 각을 제외한 나머지 각임을 인지하고 있는지 확실히 해야 할 필요도 있겠지만, 학생들은 다양한 방법으로 이 과제를 해결할 수 있다.

몇몇 학생들은 각을 그린 후, 두 반직선을 각각 연장하여, 보각과 크기가 같은 맞꼭지각을 동시에 그릴 것이다.

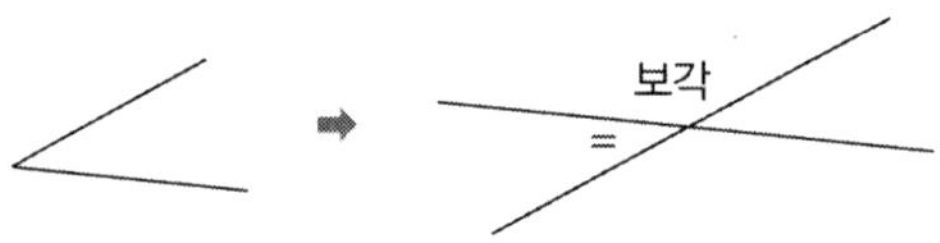

다른 학생들은 두 반직선을 연장한 후, 한 직선에 평행한 선을 추가하여, 평행한 두 직선을 가로지르는 횡단선을 만들 것이다.

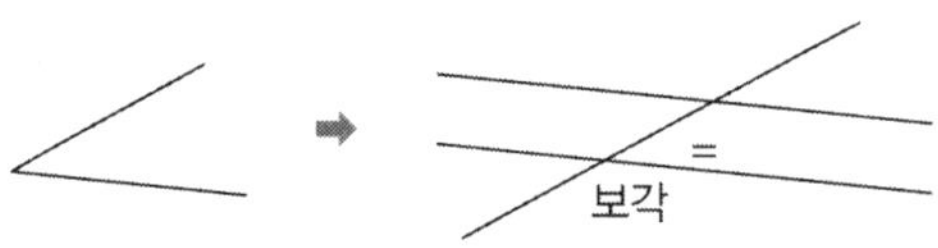

또 다른 학생들은 해당 각을 포함하는 삼각형을 만들어 그리고, 그것을 그대로 따라 그려 합동인 각을 만든 후, 삼각형의 다른 두 각을 해당 각에 연결하여 함께 그림으로써 보각을 만들 것이다.

> 한 각의 크기가 100°이고 한 변의 길이가 3cm인 다양한 형태의 삼각형을 그려라. 이 삼각형들 사이에 어떠한 공통점이 있는가?

* CCSS: 기하: 7.G
수학적 관행: 1, 2, 5

한 각이 100°가 되어야 하므로 당연히 학생들은 오직 둔각 삼각형만을 그릴 것이다. 일부학생은 바로 이 사실을 알아챌 것이나 또 다른 학생들은 실제로 그림을 그리고 눈으로 확인하는 과정이 필요할 것이다.

또 다른 각의 크기나, 변의 길이가 주어지지 않았기 때문에 학생들은 상당히 다양하게 그릴 것이다. 이 경험을 통해 학생들은 두 가지 조건만으로는 삼각형을 규정짓기에 충분치 않으며, 세 가지 조건도 그것이 어떤 종류의 조건인가에 따라 하나의 삼각형이 규성될 수도 있고 그렇지 않을 수도 있음을 알게 될 것이다.

> 두 변의 길이가 각각 6cm, 8cm인 직각삼각형이 있다. 이 삼각형과 수학적으로 닮음인 삼각형의 한 변의 길이가 24cm이다. 각 도형의 세 변의 길이는 각각 얼마인가?

* CCSS: 기하: 8.G
수학적 관행: 1, 2, 5, 6

이 질문을 흥미롭게 만드는 것은 그림이 제시되어 있지 않아 새로운 삼각형의 변의 길이인 24cm가 원래의 삼각형의 어느 변에 대응 되는지 알 수 없다는 점이다. 6cm에 대응되는 변이 24cm라면 원래 삼각형의 모든 변의 길이에 4를 곱하면 될 것이다. 그러나 8cm에 대응되는 변이 24cm가 된다면 3을 곱해야 할 것이다. 길이가 10cm($\sqrt{6^2+8^2}$)이나 $\sqrt{28}$($\sqrt{8^2-6^2}$)에 해당하는, 원래 직각삼각형의 제 3의 변이 24cm에 대응하게 될 수도 있으며 이 경우 배율은 24에서 각각의 수를 나눈 수가 될 것이다. 따라서 이 질문은 간단하게도, 복잡하게도 보일 수 있다.

제시된 삼각형이 직각삼각형이므로 피타고라스의 정리에 의해 제3의 변을 알 수 있다.

이렇게도 할 수 있어요! 24cm와 같이 원래 삼각형의 두 변의 길이의 공배수인 수 대신 한 변의 길이의 배수나 어느 변의 길이의 배수도 아닌 수를 제시할 수도 있다.

> 직각삼각형을 한 개 그리고 그 직각삼각형의 빗변을 한 변으로 갖는 도형을 그려라. 그런 다음 직각삼각형의 나머지 두 변에 당신이 그린 도형과 수학적으로 닮음인 도형을 각각 그려라. 그려진 세 도형의 넓이를 구하여라. 무엇을 알 수 있는가?

* CCSS: 기하: 8.G
수학적 관행: 1, 3, 5, 7, 8

피타고라스의 정리의 흥미로운 확장 중 하나는 직각삼각형의 세 변에 닮음인 세 도형(정사각형 뿐 아니라)을 그렸을 때 가장 큰 도형의 넓이가 나머지 두 도형의 넓이의 합과 같다는 것이다. 질문을 이와 같이 제시함으로써, 학생들은 직각삼각형의 세 변에 그릴 도형을 선택할 수 있으며 수준에 맞게 심화시키거나 또는 쉽게 도전할 수 있다.

몇몇 학생들은 주어진 직각삼각형의 세 변에 직사각형이나 직각이등변 삼각형을 그릴 것이다. 이 경우 닮은비와 넓이의 계산이 쉬워진다.

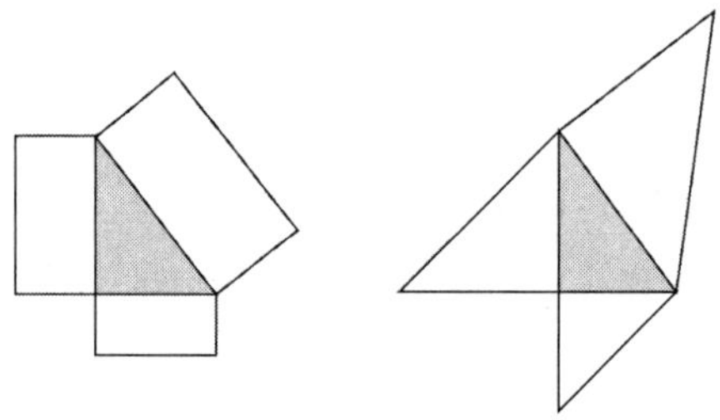

다른 학생들은 주어진 직각삼각형의 각 변에 그릴 도형으로 반원을 선택할 수도 있으며 또 다른 학생들은 더욱 도전적인 색다른 도형을 그릴 수 있다.

한 도형과 그 도형의 대부분의 크기가 제시되어있다. 그 도형의 넓이를 구하기 위해서는 피타고라스의 정리를 사용해야 한다. 그 도형은 어떤 도형이며, 이때 어떤 크기가 제시되었을까?

* CCSS: 기하: 8.G
수학적 관행: 1, 2, 3

이 질문에 답하기 위해 학생들은 사용할 도형의 종류를 시각화해야 한다. 피타고라스 정리라는 표현으로 인해 처음에는 대부분 직각삼각형을 선택할 것이다. 그러나 직각삼각형의 (빗변과 한 변이 아닌) 두 변의 길이가 제시된다면, 넓이를 구하기 위해 피타고라스의 정리가 요구되지 않는다.

준비된 학생들은 또한 다른 도형을 생각해보고자 할 것이다. 한 가지 가능한 도형은 오른쪽에 보이는 네 변의 길이가 제시된 사다리꼴이다. 피타고라스의 정리로 높이를 구할 수 있다.

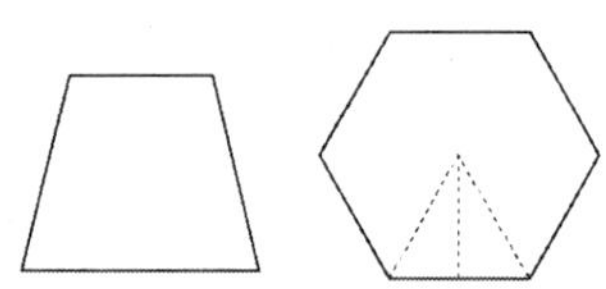

또 다른 가능한 도형은 한 변의 길이가 주어진 정육각형이다. 정육각형을 이루고 있는 6개의 삼각형의 높이를 구할 때 피타고라스의 정리를 사용할 수 있다. 이는 정육각형 내의 삼각형들이 모두 정삼각형이므로, 빗변의 길이를 파악할 수 있기에 가능하다.

학생들은 또 다른 형태의 도형들로 도전해 볼 수 있다.

BIG IDEA 주어진 도형을 다양하게 표현할 수 있다.

> 입체도형의 겉넓이를 구하기 위해 전개도를 그렸다. 전개도에는 두 가지 크기의 면만 존재한다. 이 전개도는 어떤 도형들로 이루어져 있는가?

* CCSS: 기하: 6.G
수학적 관행: 1, 2, 7

이 질문은 학생들이 입체의 겉넓이를 구하기 위해 전개도를 이용하고자 할 때, 먼저 그 전개도의 형태에 대해 집중할 수 있도록 한다.

예를 들어 그 도형이 정육면체가 아닌, 밑면이 정사각형인 사각기둥이라면 학생들은 오직 두 가지 크기의 면만 보게 될 것이다. 학생들은 정사면체가 아닌 다각뿔에서도 역시 두 가지 크기의 면만 보게 될 것이다. 학생들은 사각기둥이 아닌 경우에 대해서도, 두 가지 크기의 면만 나타나는 형태를 찾을 수 있을지 모른다.

> 삼각형을 도형의 **단면**으로 갖고 있다. 이 도형은 어떤 도형이라 할 수 있는가?

* CCSS: 기하: 7.G
수학적 관행: 1, 2

이 질문은 학생들이 단면이 무엇인지 알게 하는 데 적합하다. 어떤 학생들은 각뿔로 그러한 모양을 만들 수 있다고 가정할 것이다. 그리고는 각뿔로 삼각형 횡단면을 만들어내는 것이 생각했던 것만큼 쉽지 않다는 것을 발견하게 될 것이다. 예를 들면, 만약 삼각뿔을 하나의 밑면에 평행하게 자르거나 한 꼭짓점에서 자르는 경우에 가능하다.

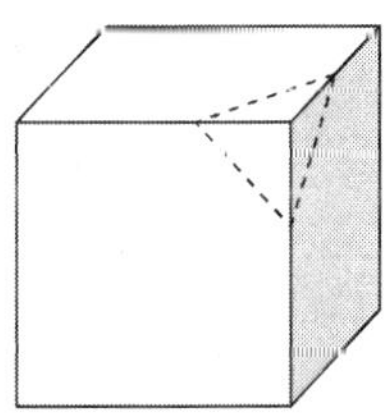

다른 학생들은 세 개의 면이 한 꼭짓점에서 만나면 언제나 자른 면이 삼각형이 된다는 것을 알게 될 것이다. 따라서 정육면체에서도 단면이 삼각형이 되도록 자를 수 있다.

이 질문은 학생들이 점토 모형을 만들어 치실을 사용하여 횡단면을 자르도록 한다면 더 넓은 그룹의 학생들에게 적합할 것이다.

> 입체도형을 선택하여, 만들 수 있는 단면을 모두 나타내어라.

* CCSS: 기하: 7.G
수학적 관행: 1, 2

학생들이 어떤 입체도형을 선택하느냐에 따라 문제는 쉬울 수도 있고 복잡해질 수도 있다. 일부 학생들은 구, 원기둥, 원뿔과 같은 곡면이 있는 도형을 선택하는 반면 다른 학생들은 정육면체나 정사각뿔, 삼각뿔을 선택할 수 있다. 만약 만들어진 재료가 치실로 자를 수 있는 것이라면, 학생들은 조작을 통해 보다 구체적으로 파악하여 그림으로 그리거나 단순히 시각화하는 것보다 더 명료하게 이해할 수 있다.

BIG IDEA. 주어진 도형들을 결합하거나 분해하여 새로운 도형을 만들 수 있다.

어떤 도형을 하나 이상의 그와 닮은 도형으로 등분할 수 있는가?

※ CCSS: 기하: 8.G
수학적 관행: 1, 2, 5, 6, 7, 8

이 문제에 접근하기 위하여, 학생들은 닮은 도형이란 주어진 도형을 확대 또는 축소한 (또는 동일한) 도형이라는 것을 이해할 필요가 있을 것이다. 어떤 학생들은 원과 같은 단순한 도형으로 시작하여 등분해 본 후, 원을 더 작은 원으로 등분하는 것이 가능하지 않다는 것을 알게 될 것이다.

만약 학생들이 정사각형으로 시도해 본다면, 하나 이상의 방법으로 더 많은 사각형들을 등분할 수 있다는 것을 알게 될 것이다.

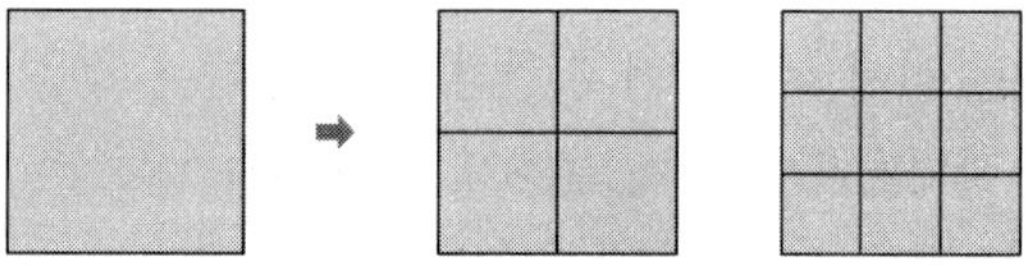

어떤 학생들은 여기에서 멈추겠지만 다른 학생들은 어떤 형태의 도형이 이러한 종류의 분할이 가능한지 또는 가능하지 않은지 알기 위해 더 깊게 탐구해 볼 것이다. 정사각형과 같은 단순한 도형으로 해결 방법을 제시하여 교실 내의 모든 학생들이 이해하도록 할 수 있다.

BIG IDEA. 도형을 공간에 배치하거나, 수학적 과정에 의해 재배치할 수 있다.

어떤 도형이 **1사분면**에 있다. **평행이동** 후 그 도형은 어느 사분면에 있는가?

* CCSS: 기하: 8.G
수학적 관행: 1, 2, 5

어떤 학생들은 하나의 도형으로 한 가지 평행이동을 해보고, 한 가지 답을 찾아낼 것이다. 예를 들면, 정사각형을 그려서 위 혹은 오른쪽으로 이동시킨 후, 정사각형이 여전히 1사분면에 있다는 것을 찾아낼 것이다. 다른 학생들은 도형을 충분히 왼쪽으로 옮기면 2사분면에 있게 되고, 충분히 아래로 옮기면 4사분면에 있게 되며, 충분히 왼쪽과 아래쪽으로 옮기면 4사분면에 있게 된다는 것을 발견할 것이다. 또 다른 학생들은 도형이 1개, 2개, 3개, 심지어 4개의 사분면 모두로 이동할 수 있는 조합들을 모두 찾아낼 것이다.

이렇게도 할 수 있어요! 이 질문은 변환(회전이동, 선대칭, 확대)을 바꾸거나 특정 도형을 제시함으로써 유사한 문항을 만들 수 있다.

격자 좌표 위에 여러 개의 다각형을 이용하여 그림을 완성하여라. 단, 길이가 3칸 격자, 5칸 격자, 10칸 격자인 선분이, 각각 그림 내 어딘가에 나타나도록 하여라.

* CCSS: 기하: 6.G, 8.G
수학적 관행: 1, 5

이 질문은 격자 좌표에서 수직과 수평 거리를 측정하는 방법에 대한 학생들의 이해의 정도를 알아보기 위해 제작되었다. 물론 준비가 되어 있는 몇몇 학생들은 격자 위의 두 점 사이의 거리를 자를 이용하여 측정하거나, 피타고라스의 정리를 이용하여 해결할 수 있을 것이다. 이 질문은 또한 학생들이 그리는 도형을 간단하게도, 좀 더 복잡하게도 학생 임의로 선택할 수 있도록 제시되었다.

어떤 삼각형의 한 꼭짓점이 (1, 2)에 있다. 삼각형을 반사시키면, 한 꼭짓점은 (5, 8)에 있나. 처음 삼각형과 대칭 후 삼각형의 세 꼭짓점의 좌표를 나타내어 보시오.

* CCSS: 기하: 8.G
수학적 관행: 1, 2, 5

어떤 학생들은 대칭축을 수평 혹은 수직으로 쉽게 잡을 수 있을 것이다. 이 질문이 제시되는 방법은 제한 조건이 있음에도 학생들이 잘 해결할 수 있도록 하였다.

예를 들면, 처음 삼각형은 (1, 2), (1, 8), (3, 8)에 꼭짓점을 위치하도록 하고, 새로운 삼각형은 (5, 2), (5, 8), (3, 8)에 꼭짓점을 둘 수 있다.

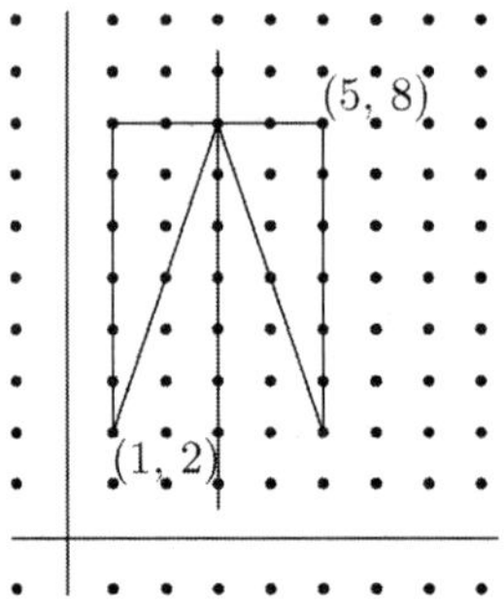

다른 학생들은 (1, 2)가 (5, 8)로 이동되었다고 가정할 수 있다. 그들은 이 과제를 해결하기 위해 “대각선” 대칭축을 찾을 것이다. 실제로 그들은 그러한 직선을 사용하여 (1, 2), (3, 5), (6, 3)의 처음 꼭짓점을 (5, 8), (3, 5), (6, 3)으로 옮길 수 있다.

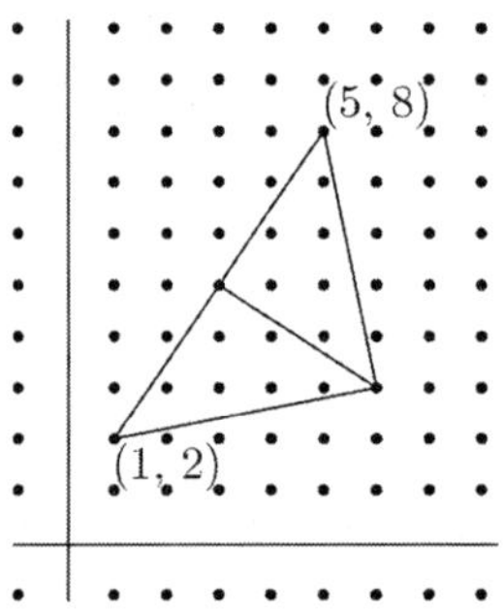

또 다른 학생들은 이보다 더 많은 가능성이 있다는 것을 발견할 것이다. 예를 들면, 처음 삼각형의 꼭짓점을 (1, 2), (0, 3), (−2, 1)에 두어 (5, 8), (6, 7), (7, 10)으로 이동할 수 있을 것이다.

> 격자 좌표 위에 도형을 하나 그린다. 도형을 회전시킨 후 회전된 모양을 그린다. 회전의 중심이 되는 단서를 지우고도 다른 누군가가 그것이 회전된 도형임을 보여야만 한다면, 어떤 식으로 입증할 수 있을까?

* CCSS: 기하: 8.G
수학적 관행: 1, 2, 3

학생들이 변환에 대해 학습할 때, 이러한 변환의 효과에 초점을 두어야 한다. 학생들은 선의 길이와 면의 넓이 그리고 각의 크기뿐 아니라 선분 사이의 평행 관계나 수직 관계 또한 변하지 않는다는 것을 이해하여야 한다.

회전의 경우, 학생들이 회전의 과정을 보는 것도 중요하지만, 그보다는 대응점의 쌍들이 그리는 원들의 중심으로 파악할 수 있는, 회전의 중심이 존재한다는 사실을 알아야 한다.

이러한 성질을 이용해, 각도나 선분의 길이를 측정하여 변화가 없음을 입증할 수 있다. 또는 대응점 간에 거리가 같은 한 점인 회전의 중심을 그려 입증할 수도 있다.

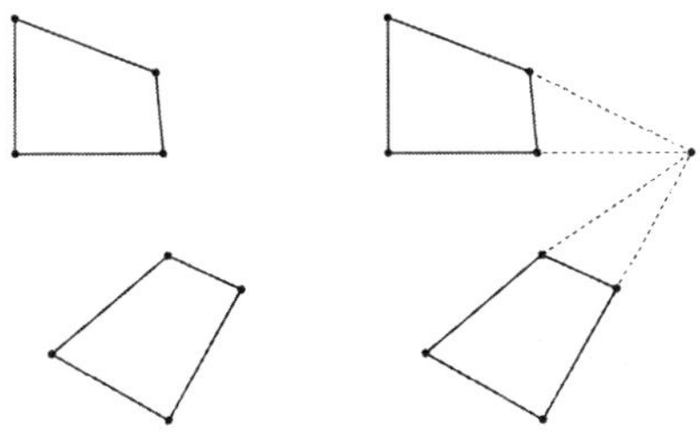

이 질문의 열린 측면은 학생들이 도형, 회전의 중심 그리고 회전의 정도를 직접 선택하여 과제의 난이도를 조절할 수 있음에 있다.

이렇게도 할 수 있어요! 회전 대신 반사를 이용할 수 있다.

> 원하는 도형을 하나 그려라. 그 도형을 그대로 복사하여 그려라. 평행이동, 회전, 반사의 일련의 변환 과정을 통해 첫 번째 위치의 도형에서 두 번째 위치의 도형을 얻을 수 있음을 증명하여라.

* CCSS: 기하: 8.G
수학적 관행: 1, 2, 3, 5

일부 학생은 반사하거나 회전하기 쉬운 매우 간단한 도형을 선택할 수 있고, 또 다른 학생들은 더 복잡한 도형을 선택할 수 있다. 세 가지 변환이 모두 허용되기 때문에 학생들은 이 과정에서 성공을 경험할 것이다. 그러나 첫 번째 위치에서 두 번째 위치로 옮길 때 반사만을 이용하려는 학생들에게는 도전적인 과제가 될 것이다. 몇몇 학생들은 그 이상을 사용하여 해결할 수도 있으나, 사실상 세 번 이하의 반사로도 이 과제는 항상 해결이 가능하다.

두 사례가 아래에 제시되어 있다. 첫째, 등변사다리꼴을 반사한 후 평행이동하였다.

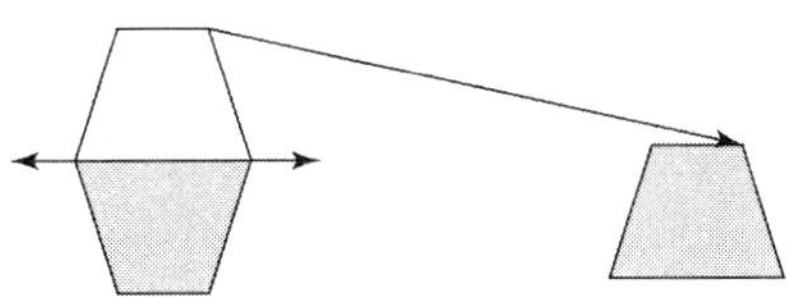

둘째, 삼각형을 회전한 후 평행이동하였다.

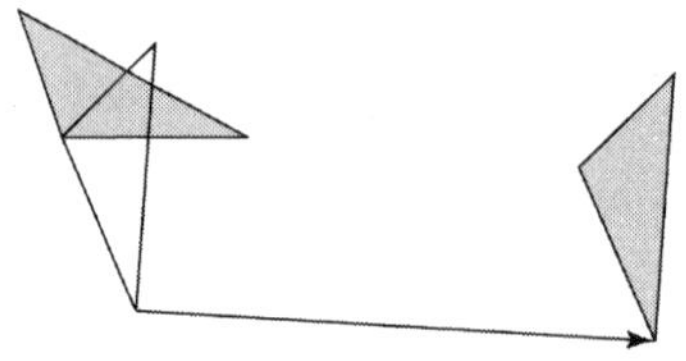

유치원-2학년 유사/선택 문제

> 유사/선택 문제는 핵심 아이디어와 관련된 문제이지만 학습자의 발달 단계에 맞도록 2개 이상으로 구성되어 있다. 이 문제는 모든 학생들이 후속 토론에 참여할 수 있도록 한 앞의 개방형 문제와 상황이 유사하다.

BIG IDEA 다양한 차원의 도형과 그 성질을 수학적으로 설명할 수 있다.

여러분이 가장 비슷하다고 생각하는 두 모양은 무엇이며, 그 이유는 무엇인지 말해보시오.

선택1:

선택2:

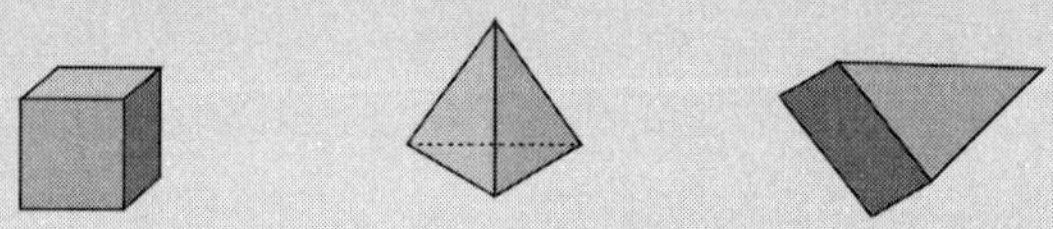

* CCSS: 기하: K.G, 1.G
수학적 관행: 1, 2, 3

이 문제에서 학생들은 다양한 모양을 선택하기보다 학생들의 발달 수준 이하의 것을 선택한다.

어떤 학생들은 모양에서 유사점을 볼 수 있어 선택2를 더 선호할 것이다: 모두 다면체이고(물론 학생들은 이 단어를 사용하지 않을 것이다), 또는 모두 다각형인 면들로 둘러싸인 도형이다. 학생들은 두 번째와 세 번째 모양은 둘 다 삼각형인 면을 가지고 있다거나, 첫 번째와 세 번째 모양은 둘 다 사각형인 면을 가지고 있다는 등 면에 초점을 맞출 수도 있다.

반면에 다른 학생들은 두 둥근 모양을 발견하고는 선택1을 더 선호할 것이다. 또 다른 학생들은 정사각형과 타원형을 둘 다 평면이기 때문에 더 비슷한 것이라고 생각할 수도 있다.

계속되는 토의에서 선택1과 선택2에 상관없이, 학생들이 선택한 모양과 이유를 물어보는 것 이 외에도 교사는 모든 단계의 학생들의 활발한 의사소통을 이끌기 위해 그들에게 추가적인 관찰을 요구할 수 있다.

TEACHING TIP. 교사는 학생들이 어떤 것을 선택하는지 관찰함으로써 학생들을 진단하는 중요한 정보를 얻을 수 있다.

선택1: 두 가지 다른 형태를 만들기 위해 2차원 도형을 선택하시오. 당신이 만든 두 형태에 대해 설명하시오.

선택2: 두 가지 다른 형태를 만들기 위해 3차원 도형을 선택하시오. 당신이 만든 두 형태에 대해 설명하시오.

* CCSS: 기하: K.G, 1.G
수학적 관행: 1, 5

2차원 도형이나 3차원 도형을 가지고 문제를 해결하는 선택을 제공함으로써 더 많은 학생들이 더 쉽게 문제에 다가갈 수 있도록 도와준다. 도형의 모양에 대한 어떠한 규칙도 없기 때문에 학생들이 어떤 도형을 어떻게 만드는지에 대하여 최대한 허용을 한다.

학생들이 어떤 선택을 하든지 다음과 같이 질문할 수 있다.

- 여러분이 사용한 도형의 이름은 무엇인가요?
- 각각의 도형을 몇 개씩 사용하여 만들었나요?
- 그 형태를 구성하는데 왜 그 도형이 적합하다고 생각했나요?
- 한 도형 옆에 배치할 다음 도형을 선택하는 기준은 무엇이었나요?

BIG IDEA. 주어진 도형을 다양하게 표현할 수 있다.

다음 도형들 중 하나를 선택하고, 여러분이 할 수 있는 다양한 방법으로 선택한 도형을 표현해 보시오. 그림, 언어, 숫자, 물체를 사용할 수 있다.

정육면체 정사각형 원기둥 육각형

* CCSS: 기하: K.G, 1G, 2G
수학적 관행: 1, 5

이러한 유사/선택 문제를 제시할 때, 교사는 찰흙, 그리기 재료, 자르거나 둥글게 말 수 있는 종이, 패턴 블록, 3차원 모델, 빨대와 커넥터, 그리고 **폴리드론**(서로 연결하여 3차원 도형을 만들 수 있는 플라스틱 도형)과 같은 다양한 재료를 가지고 있어야 한다. 교실에서 찾을 수 있는 다른 아이템도 추가될 수 있다; 예를 들어, 학생들은 정사각형의 모델로 앞표지가 정사각형 모양인 책을 사용할 수 있다. 이 문제에서 어떤 학생들은 3차원 모양을 선택하는 반면, 몇 명의 다른 학생들은 그 영역에서 학습할 수 있는 2차원을 선택함으로써 보다 편안함을 느낄 수 있다.

정육면체를 선택한 학생들은 교실에서 정육면체 모델(예, 주사위)을 발견하고, 정육면체 그림을 그리거나 정육면체의 각각의 모든 면을 그린다. 육각형을 선택한 학생들은 다양한 유형의 육각형이 있다는 점(모든 육각형이 **정육각형**은 아니다)을 처음에는 알지 못하지만 6개의 변으로 이루어진 물체를 찾아냄으로써 그 사실을 깨닫게 된다. 원기둥을 선택한 학생들은 원기둥을 만들기 위해서 종이를 둥글게 말며, 이 활동에 의하여 원기둥의 겉넓이를 탐구하는 데 유용하게 사용될 앞으로의 연결고리를 마련한다.

선택1: 꼭짓점의 수가 같은 각기둥과 각뿔이 있다. 어떤 모양이 될지 그리거나 만들어 보시오.
선택2: 모서리의 수가 같은 각기둥과 각뿔이 있다. 어떤 모양이 될지 그리거나 만들어 보시오.

* CCSS: 기하: 2.G
수학적 관행: 1, 2, 5

꼭짓점을 표현하기 위해 작은 찰흙 공이나 마시멜로를, 모서리를 표현하기 위해 빨대나 젓가락을 제공함으로써 학생들은 그러한 도형의 뼈대를 만들어 볼 수 있다.

선택1을 고른 학생들은 각기둥을 먼저 만들게 될 것이다. 일단 각뿔의 맨 꼭대기에 꼭짓점이 한 개 있다는 것을 알고 나면, 정확하게 밑면에 몇 개의 꼭짓점이 있어야 하는지 알게 될 것이다. 예를 들어, 어떤 학생이 꼭짓점이 6개인 삼각기둥을 먼저 만들었다면 각뿔의 밑면은 **오각형**이 되어야 한다는 것을 깨닫게 될 것이다. 만약 각기둥보다 각뿔을 먼저 만든다면 각뿔의 꼭짓점 수가 짝수이어야 한다는 사실을 알지 못하는 한 이 문제는 더욱 어려운 문제가 될 것이다.

선택2를 고른 학생은 각기둥이나 각뿔에서 시작하게 된다. 각기둥의 모서리 수는 항상 밑면의 변의 수의 3배이고, 각뿔의 모서리 수는 밑면의 변의 수의 2배라는 것이 알려져 있기 때문에 학생들은 모서리의 수가 3과 2의 공배수일 때만 문제를 해결할 수 있다는 것을 발견할 것이다.

두 과제는 모두 도전적이지만 해결할 만하며, 선택1에 비해 선택2가 확실히 더 복잡한 과제이다.

어떤 과제가 선택되더라도 학생들은 질문을 받게 될 것이다.

- 각기둥과 각뿔에 어떤 이름을 붙일 것인가?
- 모서리의 수를 어떻게 셀 수 있는가?
- 도형의 많은 모서리 또는 꼭짓점의 수를 어떻게 예상했는가?

BIG IDEA. **주어진 도형을 결합하거나 분해하여 새로운 도형을 만들 수 있다.**

선택1: 이 도형을 8등분하시오.

선택2: 이 도형을 12등분하시오.

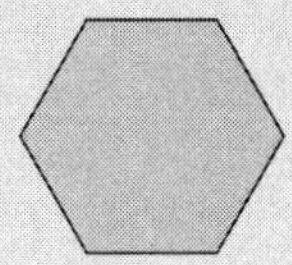

* CCSS: 기하: 1.G, 2G
수학적 관행: 1, 2, 5

많은 학생들은 육각형보다 직사각형을 나누는 것이 더 쉽다는 것을 발견할 것이다; 학생들은 직사각형을 접는 것에 관해 생각할 수 있지만 육각형을 접는 것은 더 복잡하다는 것을 발견할 수 있다. 반면, 육각형 문제는 학생들이 육각형으로 처음에 6개의 삼각형을 만들고 각각을 이등분할 수 있다는 것을 깨달을 수 있기 때문에 아주 어려운 문제는 아니다. 학생들이 패턴 블록을 가지고 학습했던 이전 경험을 가지고 있다면 이 가능성을 알아차리는 것은 더욱 쉬워진다.

두 문제는 도형을 더 작은 도형으로 나눌 수 있다는 아이디어에 중점을 두고 있다. 두 문제의 후속 학습으로는 학생들에게 도형을 나누는 대안적인 방법에 대해 물어보는 것을 포함한다.

이렇게도 할 수 있어요! 이 문제는 다른 도형을 제시하거나 나눌 부분의 수를 다르게 함으로써 바꿀 수 있다.

탱그램을 사용하시오.

선택1: 탱그램 조각으로 주어진 모양을 채워보시오.

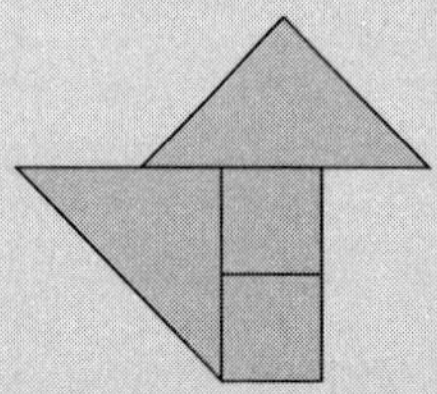

선택2: 탱그램 5조각을 사용하여 사각형을 만들어 보시오.

선택3: 주어진 모양을 만들어 보시오.

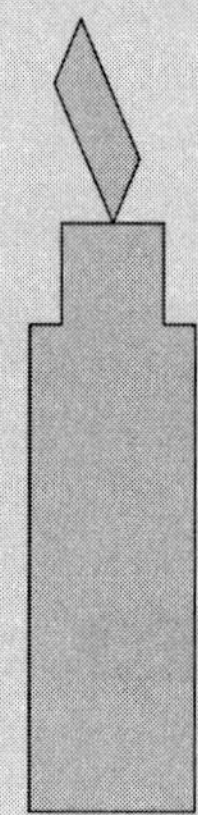

* CCSS: 기하: K.G, 1.G, 2.G
수학적 관행: 1, 2, 5

선택1은 기하 개념이 덜 발달한 학생에게 가장 적합한 과제이다. 만약 그림의 조각들이 실물 크기라면 학생들은 각각의 위치에 조각을 시험 삼아 간단히 채워 보고, 또 조각을 바꾸어서도 시도할 수 있다. 활동의 결론을 논의할 때, 학생들은 어떻게 그 모양에 맞게 채울 수 있었고, 어떠한 근거에 의해 모양을 채웠는지 등을 이야기 할 수 있다.

선택3은 내부에 선을 제시하지 않기 때문에 선택1보다 수학적으로 더 복잡한 활동이 된다. 또한 그 복잡성은 도형의 그림이 실물 크기인지 아닌지에 따라 달라질 수 있다. 실물 크기의 그림은 학생들이 탱그램 조각을 윤곽에 맞추어 놓을 수 있기 때문에 활동하기에 더 쉽다. 오른쪽 그림은 내부에 탱그램 조각의 윤곽이 있는 양초를 보여준다.

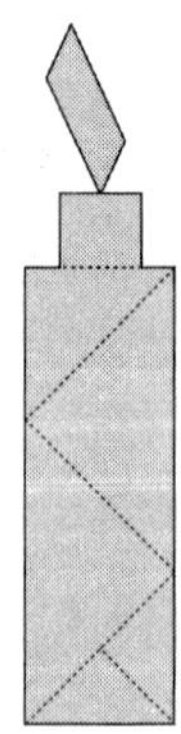

선택2는 가장 개방적이다. 매우 간단하게 만든 몇 가지 답을 보여주면서 원하는 수의 탱그램 조각을 사용하여 사각형을 만들어 보게 한다면 더욱 개방적인 과제가 될 것이다. 정확히 5조각을 사용하여 사각형을 만들게 함으로써, 가장 단순한 형태보다는 학생들에게 조금 더 도전적인 과제가 된다. 오른쪽 그림은 5개의 탱그램 조각으로 만든 사각형을 윤곽이 보이도록 나타낸 것이다.

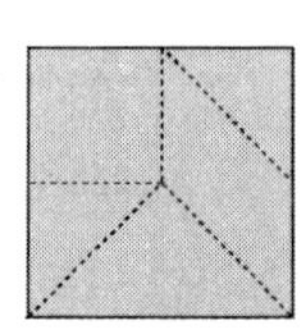

어떤 과제를 선택했든, 후속 논의에서 학생들이 어떻게 그 문제를 해결했는지

설명하게 할 수 있다.

이렇게도 할 수 있어요! 선택1은 내부 선이 보이지 않는 실물 크기의 그림을 사용하여 다소 어렵게 조정할 수 있다.

3-5학년 유사/선택 문제

BIG IDEA 다양한 차원의 도형과 그 성질을 수학적으로 설명할 수 있다.

여기 놓인 두 점은 도형의 모서리에 있다.
선택1: 이 모서리를 이용하여 정사각형 한 개를 만드시오.
선택2: 이 모서리를 이용하여 평행사변형 한 개를 만드시오.
선택3: 이 모서리를 이용하여 이등변 삼각형 한 개를 만드시오.

* CCSS: 기하: 3.G, 4G
수학적 관행: 1, 2, 5, 6

어떤 학생들은 점을 한 개만 추가하면 되는 선택3을 선호할 것이다. 하지만, 선택3도 삼각형의 두 변의 길이가 같아야 하기 때문에 적절히 도전적인 문제가 된다.

선택1을 택한 학생들은 변들을 수평과 수직이 되도록 하기 위해 대각선의 끝에 점들을 오도록 할 것이다. 다른 학생들은 사각형이 비스듬히 놓일 수 있음을 깨닫고, 한 변의 끝점들로 그 점들을 이용할 것이다.

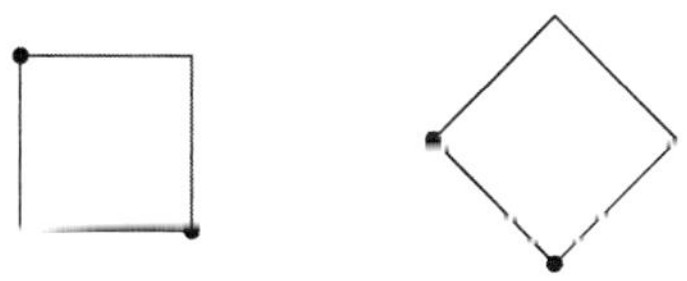

또 다른 학생들은 선택2에 제시된 평행사변형을 만들기 위해서 두 끝점들을 잇는 선분의 기울기를 알아채고, 수평선을 이용할 것이다.

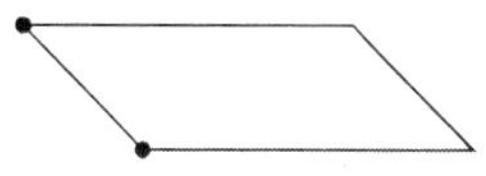

학생들이 어떤 과제를 선택하든지 다음과 같이 질문할 수 있다.

- 자신이 만든 도형에 대해 말해보시오.
- 자신이 만든 도형을 무엇이라고 이름 붙이겠는가?
- 자신이 표현한 도형이 맞는지 어떻게 알 수 있는가?

선택1: 길이가 같은 변을 두 쌍 갖고 있는 서로 다른 두 도형을 만들어라. 두 도형의 같은 점과 다른 점을 말하여라.

선택2: 서로 평행인 변을 두 쌍 갖고 있는 서로 다른 두 도형을 만들어라. 두 도형의 같은 점과 다른 점을 말하여라.

* CCSS: 기하: 4.G, 5.G
수학적 관행: 1, 2, 3, 5, 6

각 과제를 해결할 수 있는 방법은 다양하다. 첫째 과제에서는 직사각형과 평행사변형, 집 모양의 오각형과 연 모양, 또는 정오각형이 아닌 오각형과 정칠각형이 아닌 칠각형을 그릴 수 있다.

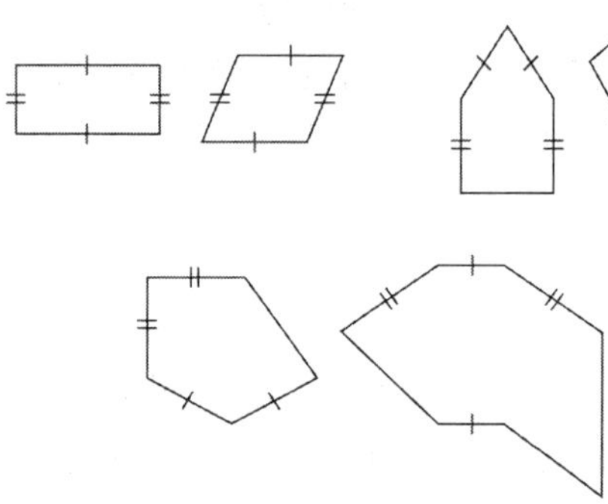

두 번째 과제에서는 평행사변형과 직사각형, 칠각형과 정사각형, 또는 마름모와 긴 평행사변형을 그릴 수 있다.

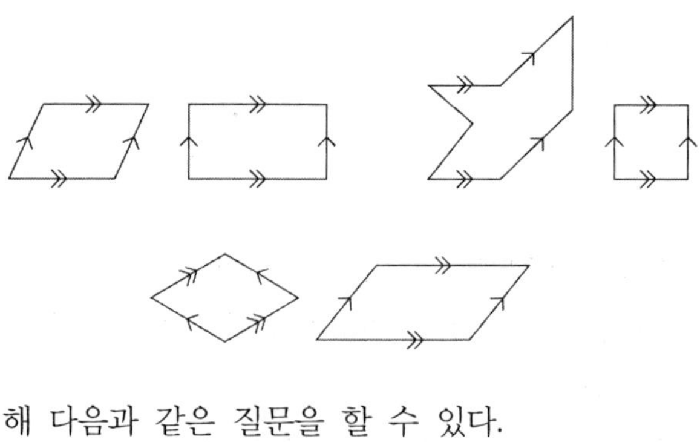

두 과제에 대해 다음과 같은 질문을 할 수 있다.

- 두 도형에 어떤 이름을 붙일 것인가?
- 두 쌍의 변이 평행하다는 것(또는 길이가 같다는 것) 외에, 두 도형의 유사한 점은 무엇인가?
- 두 도형의 가장 큰 차이점은 무엇인가?

> **선택1:** 평행한 두 직선을 그릴 수 있는 서로 다른 두 전략을 설명하고 적용해보아라. 두 직선이 평행이라는 것을 어떻게 입증할 수 있는가?
> **선택2:** 서로 수직인 두 직선을 그릴 수 있는 전략을 설명하고 적용해보아라. 두 직선이 서로 수직이라는 것을 어떻게 입증할 수 있는가?

* CCSS: 기하: 4.G
수학적 관행: 1, 2, 3, 5

학생들은 수직, 평행 중 개인적으로 쉽다고 여겨지는 것에 따라 문제를 선택할 것이다. 해결 과정은 물건을 대고 따라 그리기, 직각자와 컴퍼스 이용하기, 탐구형 기하소프트웨어 사용하기 또는 투명 거울을 사용하기와 같은 다양한 방법들을 적용할 수 있다.

이 논의에서 중요한 점은 학생들이 그 직선들이 수직이거나 평행이라는 것을 어떻게 입증하는가 하는 것이다. 교사는 학생들에게 '그렇게 보여요.'와 같은 대답보다는 더 확실한 증거를 요구할 수 있다. 제시할 증거에는 아마도 거리 재기, 각도 측정하기의 과정이 포함될 것이다. 예를 들어, 두 직선이 평행이라는 것은 두 직선에 수직인 한 직선을 그리고, 그 사잇각을 직접 재어 알 수 있다. 두 직선이 수직임을 확인하기 위해서는, 한 직선을 기준으로 다른 직선을 대칭시켜 대칭인 직선의 양쪽 부분이 서로 완전히 포개어지는지 알아본다.

BIG IDEA. 주어진 도형을 결합하거나 분해하여 새로운 도형을 만들 수 있다.

> **선택1:** 직사각형을 그려라. $\frac{1}{4}$의 네 영역으로 나누어라. 이 과정을 서로 다른 방법으로 두 번 더 시행하여라.
> **선택2:** 직사각형을 그려라. $\frac{1}{4}$의 네 영역으로 나누되, 나누어진 각 부분이 모두 똑같은 모양이 되지 않도록 하여라.

* CCSS: 기하: 3.G
수학적 관행: 1, 2, 5

각 선택은 학생들에게 흥미로운 도전이 된다. 선택1의 경우, 학생은 수평으로 두 번, 수직으로 두 번 접거나, 수평과 수직으로 접어 네 영역을 만들 것이다. 몇몇 학생들은 선택2까지 어떻게 비슷하게 해결할 수도 있겠지만, 그렇게 쉽게 되지는 않을 수 있다. 선택2의 경우, 학생들은 익숙한 방법이 아닌 다른 방법을 고민해 보아야 할 것이다. 아래에 몇 개의 보기가 있다.

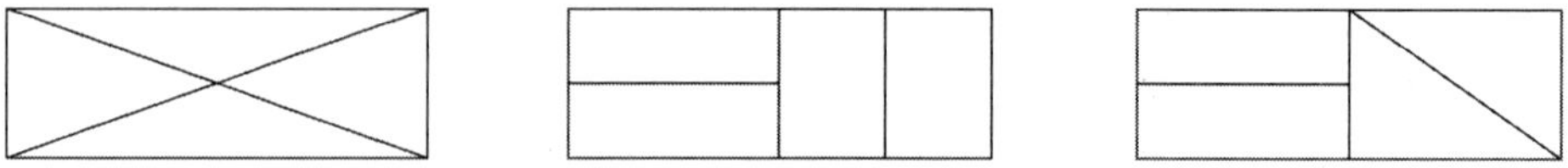

교사는 다음과 같이 질문할 수 있다.

- 왜 각 부분이 $\frac{1}{4}$이 되는가?
- 같은 넓이라고 어떻게 확신할 수 있는가?
- 어떤 과정을 사용했으며, 그것이 왜 좋다고 생각하는가?

선택1: 세 개의 사각형으로 마름모를 만드는 방법을 보여라. 사용한 도형의 이름을 정하여라.
선택2: 세 개의 사각형으로 직사각형을 만드는 방법을 보여라. 사용한 도형의 이름을 정하여라.

* CCSS: 기하: 3.G, 4.G
수학적 관행: 1, 2, 5, 6

이 활동의 초점은 도형을 분해하는 데에 있지만, 동시에 학생들은 서로 다른 다양한 형태의 사각형에 대해 생각하게 된다. 그들이 사용한 사각형의 이름을 말하는 과정에서 교사는 특정 사각형을 지칭하는 이름이 많이 있음을 짚어주고, 학생들과 함께 사각형의 종류에 대해 탐구할 수 있다. 학생들이 직사각형을 훨씬 더 친숙하게 여기므로, 선택2의 과제가 더 쉽게 생각될 수 있다.

선택1의 응답으로, 학생은 마름모를 만들기 위해 세 개의 평행사변형(또는 두 개의 마름모와 하나의 평행사변형)을 사용하거나, 한 개의 사각형(V자 모양)과 두 개의 사다리꼴을 사용할 수 있다.

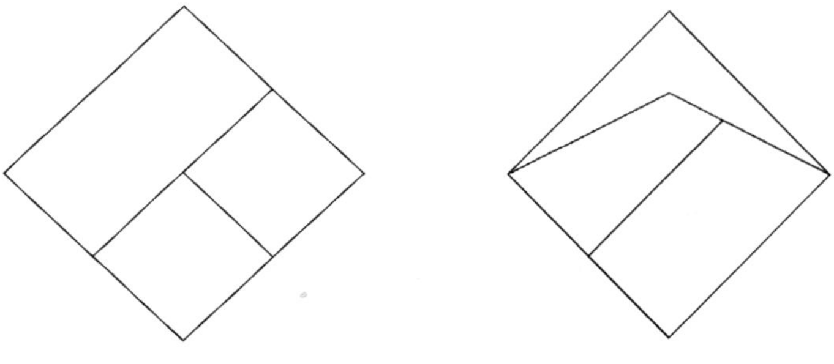

선택2의 응답으로, 학생은 세 개의 작은 직사각형을 사용하거나 한 개의 정사각형과 두 개의 직사각형을 사용할 수 있다.

다음은 두 과제에 적합한 질문이다.

- 세 개의 사각형에 어떤 이름을 붙일 것인가?
- 원래의 도형을 쪼개는데 어떤 전략을 사용하였는가?
- 사각형으로 쪼개는 또 다른 가능한 방법들이 있는가? 그것을 어떻게 알 수 있는가?

BIG IDEA 도형을 공간에 배치하고, 수학적 과정에 따라 재배치할 수 있다.

> **선택1:** (1, 5)와 (3, 5)에 두 꼭짓점을 둔 직사각형이 격자 좌표 위에 있다. 다른 두 꼭짓점은 어디에 있겠는가?
> **선택2:** (1, 5)와 (3, 5)에 두 꼭짓점을 둔 마름모가 격자 좌표 위에 있다. 다른 두 꼭짓점은 어디에 있겠는가?

* CCSS: 기하: 5.G
수학적 관행: 1, 2, 5

이 학년군의 학생들에게 격자 좌표는 처음 도입된다. 이때, 다른 기하 개념을 적용하여 격자 좌표를 활용하도록 하는 것은 좋은 방법이 된다. 위의 경우에는, 학생들이 도형의 속성에 대한 학습과 격자의 활용을 동시에 하고 있다. 즉, 학생들이 다른 꼭짓점들의 위치를 알아내기 위해서는 직사각형이 무엇이고 마름모가 무엇인지를 알아야 한다.

학생들에게 다음과 같이 질문할 수 있다.

- 왜 도형을 큰 것 아니면 작은 것 두 종류밖에 만들 수 없나요?
- 도형들이 다른 방향으로 위치할 수 있나요?
- 도형의 대칭축이 어디에 있는지 확실히 알고 있나요?

TEACHING TIP 선택 문제를 제시할 때는 더 쉬운 문제를 어떤 때는 1번으로, 어떤 때는 2번으로 제시해야 한다. 문제의 난이도를 미리 예상할 수 없도록 해야 학생들이 문제를 선택할 때 두 가지 모두에 대해 고려할 것이다.

선택1: 정사각형의 변의 길이와 면적 사이의 관계를 그래프로 나타내어라. 무엇을 알 수 있는가?

선택2: 세로가 10인 직사각형에서, 가로의 길이와 둘레의 길이 사이의 관계를 그래프로 나타내어라.

* CCSS: 기하: 5.G
수학적 관행: 1, 2, 5

두 과제 모두 변수들 사이의 관계를 보이는데 사용할 수 있는 데카르트 격자의 가능성을 맛보게 한다. 선택1의 경우 그래프는 직선이 아니나, 선택2는 직선이 된다. 두 그래프는 모두 기하와 측정을 통합할 기회를 제공한다.

학생들에게 다음과 같이 질문할 수 있다.

- x좌표는 무엇을 나타내는가? y좌표는 무엇을 나타내는가?
- 그래프 위에 어떤 좌표 순서쌍들이 있는가?
- 그래프는 어떤 형태인가? 왜 그런 형태가 되는가?

6-8학년 유사/선택 문제

BIG IDEA 다양한 차원의 도형과 성질을 수학적으로 설명할 수 있다.

선택1: 삼각형의 한 각의 크기가 40°보다 작고, 다른 한 내각의 크기가 그 각의 2배이다. 삼각형의 세 각의 크기는 무엇인가? 어떤 종류의 삼각형인가?

선택2: 삼각형의 한 각의 크기가 40°보다 작고, 한 외각의 크기가 그 각의 2배이다. 삼각형의 세 각의 크기는 무엇인가? 어떤 종류의 삼각형인가?

* CCSS: 기하: 8.G
수학적 관행: 1, 2, 3, 6

이 학년군에서 학생들은 삼각형의 내각의 합이 180°임을 배우며, 외각의 합이 360°라는 것까지 배울 수 있다. 일부 학생들은 내각보다 외각을 사용한 문제의 해결을 어려워할 수 있다. 그런 학생들을 위해 유사한 선택 문제가 학생들에게 제시된 것이다. 두 문제에서 내각, 외각으로 제시하는 수준의 범위는 동일하다.

선택1에서, 30°와 60°의 두 각을 선택하면 직각삼각형이 될 것이다. 39°와 78°인 두 각을 선택하면(나머지 한 각은 63°), 예각삼각형이 될 것이다. 그 삼각형은 둔각삼각형은 될 수 없는데, 학생들은 그 이유에 대해 논증해볼 필요가 있다.

선택2에서, 한 내각을 30°, 한 외각을 60°(내각은 120°)로 선택하면 남은 각은 30°가 되어 이등변인 둔각삼각형이 될 것이다. 사실상 예각삼각형이나 직각삼각형은 나올 수가 없다.

모든 학생들에게 그들의 풀이 전략과 내각과 외각의 측정치에 대해 질문할 수 있다.

선택1: 그림의 두 직선은 서로 평행하며, 한 각이 주어졌다. 각도기를 사용하지 않고 그림에 나타난 모든 각의 크기를 구하시오.

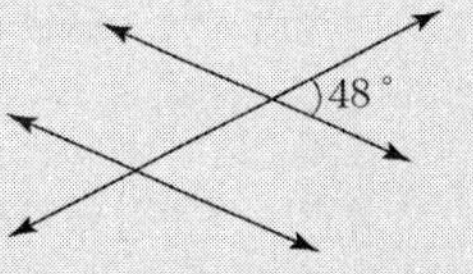

선택2: 그림의 두 직선은 서로 평행은 아니지만, 거의 평행하다. 한 각이 주어졌을 때, 각도기를 사용하지 않고 그림에 나타난 모든 각의 크기를 추정하시오.

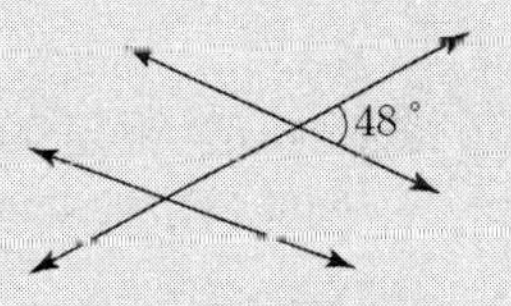

* CCSS: 기하: 7.G, 8.G
수학적 관행: 1, 2

많은 학생들은 한 쌍의 평행선과 그것을 가로지르는 횡단선의 사잇각을 측정하는 이유 중 하나가 바로 두 선의 평행 여부를 판별하기 위한 것임을 잘 알지 못한다. 한 쌍의 평행선을 횡단선으로 가로질렀을 때 생기는 각들 사이의 관계를 학생들이 이해한다면, 선택1은 해결할 수 있을 것이다. 반면 선택2는 타당한 각도를 답하기 위해 사고를 더 확장할 필요가 있다는 점에서 흥미롭다.

학생들에게 다음과 같이 질문할 수 있다.

- 어떤 각을 먼저 구했는가? 왜 그것을 먼저 구했는가?
- 그림에서 어떤 각들이 같아야 하는가? 같을 수 없는 각들은 무엇인가?
- 모든 각도가 옳음을 확신할 수 있는가? 왜 그런가? 왜 그렇지 않은가?

선택1: 두 삼각형의 닮음을 증명하고 싶다. 첫째 삼각형의 변의 길이와 각을 알고 있다. 둘째 삼각형에서 알아야 할 최소한의 측정치는 몇 가지인가? 어떻게 알 수 있는가?

선택2: 두 직사각형의 닮음을 증명하고 싶다. 첫째 직사각형의 변의 길이와 각을 알고 있다. 둘째 직사각형에서 알아야 할 최소한의 측정치는 몇 가지인가? 어떻게 알 수 있는가?

* CCSS: 기하: 8.G
수학적 관행: 1, 2, 3, 7

이 문제의 목적은 '두 삼각형의 닮음 여부를 판별하기 위해서는 두 개의 각도가 필요하며, 두 직사각형의 닮음 여부를 판별하기 위해서는 각도가 아닌 변의 길이가 필요하다는 것'을 이끌어 내는 데 있다. 물론 삼각형의 길이도 사용될 수 있지만 중요한 점은 그것은 필수적인 것은 아니라는 점이다.

학생들에게 다음과 같이 질문할 수 있다.

- 둘째 도형과 관련된 측정치는 몇 개인가?
- 어떤 측정값들을 알면 자동으로 알 수 있는 측정값들이 있는가? 어떤 것들인가?
- 두 도형을 모두 측정해야 하는 이유는 무엇인가?
- 반드시 필요하다고 판단한 측정치들은 어떤 것들이었는가? 그 이유는 무엇인가?

TEACHING TIP. 학생들에게 본인이 수행할 과제를 선택하도록 할 때, 선택의 여지가 없을 때보다 과제를 인내하며 지속적으로 하는 경향이 있다.

BIG IDEA. 주어진 도형을 다양하게 표현할 수 있다.

선택1: 두 변의 길이가 4, 6이고, 한 각의 크기가 60°인 삼각형을 그려라.
선택2: 한 변의 길이가 4이고 그 양 끝 각이 40°, 60°인 삼각형을 그려라.

* CCSS: 기하: 7.G
수학적 관행: 1, 2, 5

선택1에서는 60°인 한 각이 길이가 4인 변과 6인 변의 사잇각일 수도 있고 그렇지 않을 수도 있기 때문에 삼각형이 하나로 정의되지 않는 반면, 선택2에서는 단 하나의 삼각형만 그릴 수 있다는 점이 두 과제의 차이점이다.

두 경우 모두 학생들은 주어진 조건에 맞는 삼각형을 그리기 위해 연습할 것이다. 그러나 둘 중 하나의 경우는 추가로 합당한 사례를 더 탐구해 보아야 할 필요가 생긴다. 논의를 통해 어떻게 어떤 조건들은 하나의 삼각형을 결정짓는 요인이 되고, 어떤 조건들은 그렇지 못하는지에 대해 다룰 수 있다.

학생들에게 다음과 같이 질문할 수 있다.

- 제시된 과제의 어떤 부분을 가장 먼저 이용하여 문제를 해결하였는가? 그 이유는 무엇인가?
- 삼각형의 나머지 측청치들은 무엇인가?

• 다른 삼각형도 가능하였을까? 왜 그렇게 생각하는가? 왜 그렇게 생각하지 않는가?

> **선택1**: 삼각형 2개, 직사각형 3개인 입체의 겉넓이가 100 m^2~200 m^2이다. 입체를 그리고 그 크기를 표시하시오. 전체 겉넓이가 주어진 범위 내에 있는지 확인하시오.
>
> **선택2**: 삼각형 4개, 직사각형 1개인 입체의 겉넓이가 100 m^2~200 m^2이다. 입체를 그리고 그 크기를 표시하시오. 전체 겉넓이가 주어진 범위 내에 있는지 확인하시오.

* CCSS: 기하: 6.G
수학적 관행: 1, 2, 5

겉넓이를 구하는데 전개도를 활용하는 것은, 학생들이 각 면을 빠뜨리지 않고 확인할 수 있다는 점에서 효과적인 접근법이다. 선택1에서 학생들은 도형이 삼각기둥이라는 것을 알아차려야 하며, 그러한 경우 그들은 삼각형들은 서로 크기가 같고 직사각형들은 서로 다를 수 있다는 사실을 인지해야 한다. 선택2의 도형은 같은 삼각형 면들의 쌍으로 이루어진 직사각뿔일 수 있다. 학생늘은 알고 있는 삼각형 넓이 계산법도 적용해야 한다.

질문의 초점은 3차원 도형이 어떤 형태일지 어떻게 알았는지, 어떤 면들이(있기는 하다면) 서로 크기가 같아야 한다고 생각했는지, 어떤 측정치들을 우선적으로 구했으며, 왜 그렇게 했는지에 맞출 수 있다.

BIG IDEA **도형을 공간에 배치하고, 수학적 과정에 따라 재배치할 수 있다.**

> **선택1**: 도형 A를 B의 위치로 이동시키기 위해 세 번의 변환을 이용하시오.
>
> 
>
>
> **선택2**: 도형 A를 B의 위치로 이동시키기 위해 가능한 한 많은 변환을 이용하시오.
>
> 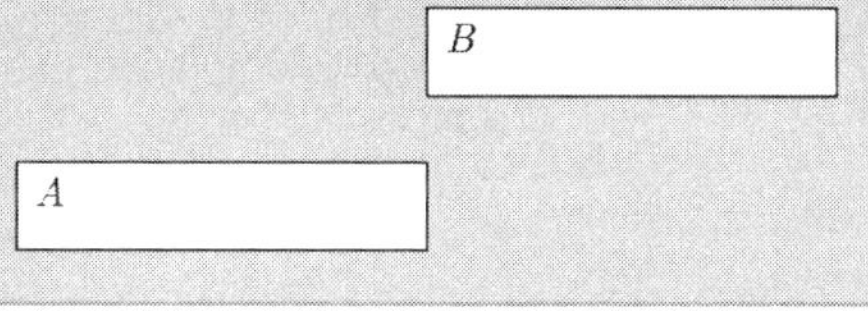
>

* CCSS: 기하: 8.G
수학적 관행: 1, 2, 5

두 문제 모두 학생들에게 변환을 이용하도록 한다. 선택1은 이용되어야 할 변환의 수를 규정하여 문제가 더 복잡해지도록 하고 있다. 첫 번째 과제를 해결하기 위해서는 선대칭 이동을 세 번 해야 한다. 아래의 그림과 같이 첫 번째는 원래 도형에서 한 위치로 선대칭 이동을 하고, 다음 두 번도 선대칭 이동을 하면 요구하는 결과를 얻게 된다.

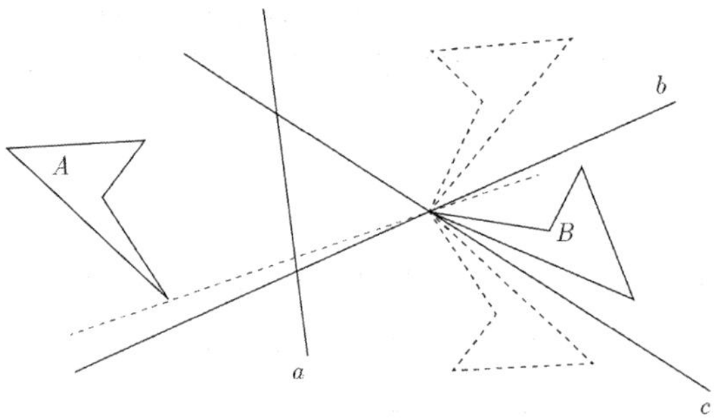

어떤 문제를 선택하든지, 후속토론에서 학생들은 자신이 어떤 변환을 시도해야 하는지를 어떻게 알았는지, 어떻게 자신의 예상을 점검했는지에 대해 이야기할 수 있다. 더욱이, 적절한 수학적 언어를 사용하여 자신이 행한 변환을 서술할 수 있다.

요약

나만의 개방형 문제와 유사/선택 문제

수업 목표 학년:

제시된 규준

핵심 아이디어의 바탕

개방형 문제

유사/선택 문제

선택 1:

선택 2:

기억해야 할 원리

- 모든 개방형 문제는 다양한 단계에서 올바른 반응들을 위해 허용되어야 한다.
- 유사/선택 문제는 어려워하는 학생들이 성공할 수 있고 능숙한 학생들이 도전할 수 있도록 변화된 형태로 만들어야 한다.
- 질문과 문제들은 모든 학생들이 후속논의에 참여할 수 있도록 만들어야 한다.

이 장에서는 기하학에서 학습을 뒷받침하는 네 가지 핵심 아이디어에 대해서 개방형 문제와 유사/선택 문제, '이렇게도 할 수 있어요'의 57가지 예를 통해서 탐구해 보았다. 제시된 교육용 예들은 세 개의 학년군(유치원-2학년, 3-5학년, 6-8학년)을 대상으로, 다른 발달 단계에 있는 학생들을 위한 수준별 교육을 돕기 위해 설계되었다.

어떤 학생은 때때로 수와 연산을 힘겨워 하지만 기하학을 잘 할 수 있고, 또 그 반대일 수도 있다. 수와 연산에서 어떤 학생들은 비계를 필요로 하고, 또 어떤 학생들은 그렇지 않다고 하기보다는 교사가 그들의 수행에 근거하여 학생들이 적절한 수준에서 학습할 수 있도록 하기 위해 제시된 것처럼 수준별 문제를 이용할 수 있다.

이 장에서 제시된 예들은 기하학에서 수준별 교육을 하기 위해 이용 가능한 문제들을 단지 수박 겉핥기식으로 알아보았을 뿐이다. 또 다른 문제들을 만들 수 있도록 제시된 예의 도형의 수를 다르게 하고, 다른 변형을 적용하고, 다른 작도 소선을 요구하는 것이 가능하다. 여기에 제시된 양식은 자신만의 개방형 문제와 유사/선택 문제를 만들어내는 데 간편한 견본으로 이용할 수 있다. 부록에는 전체 크기의 기입 양식과 자신이 원하는 교수 자료 설계를 위해 이를 이용하는 방법에 대한 조언이 포함되어 있다.

4 측 정

측정 영역에서 수준별 학습 활동은 NCTM의 과정 규준인 문제해결, 추론과 증명, 의사소통, 연결성을 적용하고, 아래에 제시된 NCTM 기하 규준의 내용 목표를 나타내는 것으로부터 제시되었다.

- 측정 가능한 대상의 속성, 측정 단위, 측정 체계, 측정 과정을 이해할 수 있다.
- 측정값을 결정하기 위해 적절한 기법, 도구, 공식을 적용할 수 있다.

주제

학생들이 일반적으로 다른 측정들을 배우기 전에 길이를 학습하지만, 대부분의 측정 유형을 가르치는데 있어서 같은 종류의 발달 안에서 이루어져야 한다: 특정 속성을 기반으로 한 비교로부터 비표준화된 단위, 표준화된 단위의 사용, 다음으로 간단한 측정 계산을 위한 공식의 사용. 각 학년 수준에 맞춘 수학 내용을 제안한 공통 핵심 성취기준(2010)은 학년 수준에 맞는 측정 수준을 살펴보는 데 유용하다. 이 지침은 교사들이 학생들의 학습이 측정에서 일반적인 앞, 뒤 학습과 관련되어 있다는 것을 일깨워 줄 수 있다.

□ 유치원-2학년

이 학년군에서 학생들은 먼저 직간접적으로 길이를 비교하고 다음으로 길이 측정에 비표준화되고 비미터하된 단위를 사용하여 길이를 측정하는 것에 중점을 둔다. 단위를 사용할 때, 더 큰 단위는 측정에서 더 작은 수의 값을 초래한다는 것을 인식하기 시작한다. 속성에 따라 물체를 비교하고 순서를 제시하기도 한다.

□ 3-5학년

이 학년군에서 학생들은 길이와 둘레를 측정함에 있어 분수 단위를 사용하기 시작한다. 학생들은 넓이의 의미를 배우고, 넓이를 측정하기 시작한다. 직사각형과 같은 단순도형의 넓이 공식을 개발하고 사용하기 시작하며, 넓이를 측정하고 설명하는 데 표준단위를 사용한다.

또한, 학생들은 3차원 물체의 부피와 겉넓이에 대해 배우고, 단순도형의 부피와 겉넓이를 계산하고 어림하는 것을 배운다.

□ 6-8학년

이 학년군에서 학생들은 길이, 넓이, 부피를 포함한 문제를 계속 해결한다. 학생들은 각기둥, 각뿔, 원뿔과 구의 겉넓이와 부피, 원의 넓이와 원주에 대한 공식을 개발하고 사용한다.

이 학년군의 학생들은 유사한 도형들의 측정사이 관계를 인식하기 시작한다. 또한 직각삼각형의 변의 길이 측정을 단순화하기 위해 피타고라스 정리를 사용한다.

공통 핵심 규준과의 관련성은 6－8학년을 위한 기하학의 제목 아래에 있다는 것을 알 수 있다. 이 장에서 항목은 기하학의 측정 측면에 초점을 맞추고 있다.

측정의 핵심 아이디어

NCTM 내용 규준과 과정 규준(NCTM, 2000)에 부합하고 수준별 수업을 지원하는 측정 영역에서의 일관된 교육과정은 아래의 핵심 아이디어에 따라 구조화될 수 있다.

- 측정은 어떤 물체의 크기와 다른 물체의 크기를 비교하는 것이다.
- 동일한 물체도 다양한 측정 방법으로 설명할 수 있다.
- 측정값은 측정 단위와 관련이 있다.
- 다양한 단위와 도구를 사용하여 정밀한 측정을 할 수 있다.
- 표준 측정 단위의 사용은 물체 크기에 대한 의사소통을 원활하게 한다.
- 기준의 크기를 아는 것은 측정에 도움이 된다.
- 측정공식을 사용하면 더 간단한 수치를 이용하여 알기 복잡한 수치를 계산할 수 있다.

측정을 가르치면서 학생들의 아이디어를 발전시킬 수 있는 과제와 질문이 선별된다. 다음은 3개 학년군에 걸친 핵심 아이디어 안에서 수준별 수업의 개발에 도움이 되는 개방형 문제와 유사/선택 문제를 적용할 수 있는 많은 예들을 제시한다.

유치원 – 2학년 개방형 문제

개방형 문제은 다양한 발달수준의 학생들로부터 의미 있는 반응을 이끄는 광범위한 질문이다.

BIG IDEA. 측정은 어떤 물체의 크기와 다른 물체의 크기를 비교하는 것이다.

교실에서 여러분의 팔 길이만큼 긴 것은 무엇이 있는가?

* CCSS: 측정 및 자료: K.MD, 1.MD
수학적 관행: 1, 2, 4, 5

이런 질문은 학생들이 길이 비교에 대해 알고 있는지 확인할 수 있게 한다. 학생들이 자신의 팔과 물체를 비교할 수 있는지 살펴봄으로써 학생들이 길이를 비교하는 데 기준선이 필요함을 이해하고 있는지를 알 수 있다. 약이라는 용어의 사용은 성공적으로 답을 하는 데 어려움을 겪는 학생들에게도 충분한 여지를 준다.

TEACHING TIP. 학생들이 길이를 비교할 때, 이용 가능한 실 꾸러미나 색 끈을 사용하는 것은 유용하다

이렇게도 할 수 있어요! 이 과제는 길이가 비슷한 물체를 찾는 대신 길이가 더 짧거나 더 긴 물체를 찾게 할 수 있다. 비교를 기본으로 한 이 항목 또한 변화 시킬 수 있다.

한 길이는 다른 것보다 짧아 보이지만, 실제로는 그렇지 않다. 이것은 어떻게 가능한가?

* CCSS : 측정 및 자료 : K.MD, 1.MD
수학적 관행 : 1, 2, 3

길이 비교에서 중요한 것은 비교하기 전에 똑바로 펴야 한다는 것을 아는 것이다. 예를 들어, 똘똘 감겨있는 아주 긴 끈은 실제로는 더 짧지만 곧게 펴져있는 끈보다 짧아 보인다.

감겨있는 끈과 곧게 펴져있는 끈을 비교하는 문제 대신 위에 제시되어 있는 것 같은 개방형 문제들은 학생들에게 여러 각도로 접근하게 하여 가능한 시나리오를 상상하게 한다. 예를 들어, 감겨있는 끈이 더 짧다는 생각을 하지 못한 학생들은 단지 보이는 부분의 모퉁이가 접혀있는 물체를 상상할 수 있다.

> 집에 있는 아주 긴(really long) 몇 가지 물건에 대해 생각해보아라. 그것들의 길이가 얼마나 된다고 생각하는가? 왜 그렇게 생각하는가?

* CCSS : 측정 및 자료 : K.MD, 1.MD, 2.MD
수학적 관행 : 1, 2, 3, 4, 5

'아주 긴(really long)'이라는 표현을 통해 학생들은 자신들이 하는 길이의 비교에 대해 조금 더 깊게 생각하게 된다. 또한 자신의 물건들에 대해 생각하며 그 중에서 문제의 답을 찾는다는 점이 학생들의 참여율을 높인다. 학생들은 선택한 물건의 길이를 임의 단위 또는 표준 단위 중 하나의 방법으로 비교하며 설명할 수 있다; 이와 같이 하였을 때 보다 다양한 수준의 학생들에게 적용 가능해진다. 정원 호스, 소파, 침대, 차도 등과 같은 물건들이 제시될 것이다.

이렇게도 할 수 있어요! 이 문제는 아주 긴 물건에 대해 묻는 대신 많은 양을 넣을 수 있는 물건, 넓은 공간을 덮는 물건 또는 특히 짧은 물건에 대해 물을 수 있다.

TEACHING TIP. 종종 '아주 긴'과 같은 애매한 단어를 사용하는 것이 특정한 값을 사용하는 것보다 학생들에게 더 친숙하게 다가가는 수학 문제가 된다.

> 친구에게 여러분의 연필이 얼마나 긴지 설명하려고 한다. 친구에게 연필을 보여 줄 수는 없어 말로 설명해야 한다. 친구가 그 길이를 이해하기 쉽도록 하기 위해서는 어떻게 해야 하는가?

* CCSS : 측정 및 자료 : K.MD, 1.MD, 2.MD
수학적 관행 : 1, 2, 3, 4

이 질문은 학생들이 이미 알고 있는 측정을 다른 측정과 어떻게 관련짓는지 알아보기 위해 설계되었다. 예를 들어, 만약 한 학생이 이 연필은 몇 인치인가라고 말한다면 그 학생은 1인치와 그것을 비교하고 있는 것이다. 만약 그것이 손의 길이 정도라고 설명한다면 손과 비교를 한 것이다. 실제로 비교하여 측정하는 방법은 측정을 의미 있게 설명하는 유일한 방법이다.

이 질문은 물체를 설명하는 것이 전적으로 학생들에게 달려있는 개방형 문제이다.

비교가 이뤄지는 개념을 강조하기 위해, 교사들은 명쾌하게 질문할 수 있다: 그 얘기를 할 때 너는 어떤 측정 비교를 하고 있니?

BIG IDEA. 동일한 물체도 다양한 측정방법으로 설명할 수 있다.

호박을 어떻게 측정할 수 있을까?

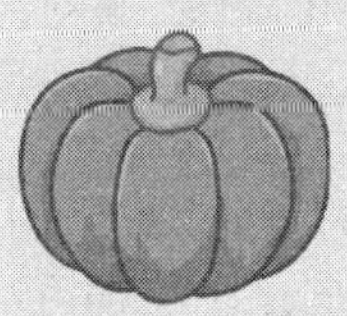

* CCSS : 측정 및 자료 : K.MD, 1.MD, 2.MD
수학적 관행 : 1, 2, 4

학생들은 넓이, 높이, 무게, 성장하는 데 걸리는 시간, 얼마나 많은 과육이 있는지 등으로 호박을 측정할 수 있는 다양한 방법들을 생각해낼 수 있다. 문제를 개방된 형태로 두는 것은 학생들에게 스스로 관심을 갖는 측정을 선택하도록 유도한다.

학생들이 사용했던 여러 가지 종류의 측정에 관한 교실 내 논의를 통해 학생들은 물체를 측정하는 다양한 방법이 있다는 사실을 인식할 것이다.

이렇게도 할 수 있어요! 호박보다는 다른 흥미 있는 물체가 선택될 수 있다. 예를 들면, 학생들이 팝콘 봉지나 차, 또는 그릇을 측정하고 싶어 할 수 있다.

TEACHING TIP. 측정할 물건은 수업의 다른 주제 영역이나 특별한 상황, 또는 휴일과 관련된 주제에 기초하여 선택할 수 있다.

> 한 물체가 어느 한 면에서는 크지만 다른 면에서는 작다. 이 물체를 어떻게 볼 것인가?

* CCSS : 측정 및 자료 : K.MD, 1.MD
수학적 관행 : 1, 2, 4

이 과제는 학생들에게 2차원 도형인지 3차원 도형인지를 고려하게 하고, 가능한 비교 유형에서 최고의 융통성을 보장한다.

어떤 학생들은 어떤 물체가 다른 물체와 비교할 때는 크지만 또 다른 물체와 비교할 때는 작다는 조건을 설정할지도 모른다. 예를 들어, 연필은 각다귀(gnat)보다는 크지만 복도의 길이보다는 작다. 다른 학생들은 같은 물체의 다른 속성을 떠올릴지도 모른다. 예를 들어, 매우 길고 매우 얇은 실린더는 높이의 측면에서는 크지만 너비의 측면에서는 작다. 또 다른 학생들은 측정의 다른 유형을 떠올릴지도 모른다. 예를 들어, 어떤 물체는 매우 무겁지만(예, 무게의 측면에서는 크지만) 너비나 길이, 높이는 매우 작다.

교사들은 학급회의를 통해 물체의 크기를 설명할 때 물체의 속성을 확실히 하는 것이 중요함을 명확히 주장해야 한다.

BIG IDEA. 측정값은 측정 단위와 관련이 있다.

> 거인의 한 걸음은 아기의 몇 걸음이나 될까?

* CCSS : 측정 및 자료 : 1.MD, 2.MD
수학적 관행 : 1, 2, 4, 5

이전 학년에서, 학생들은 비표준 단위를 이용하여 측정한 것을 설명하기 위해 단위를 어떻게 사용하는지 이해하기 시작했다. 거인 걸음을 측정하기 위해 아기 걸음의 단위를 사용하는 것은 학생들에게 매우 의미 있는 일이다. 가능한 정답이 매우 다양하므로, 비표준 단위에 초점을 두는 것은 학생들에게 표준 단위의 유용성에 가치를 둘 기회를 제공해준다.

단기적으로 이 질문은 어떤 학생들이든 실행하기 쉽다. 또한 학생들은 그들이 원하는 방식으로 아기의 걸음과 거인의 걸음을 설명할 수 있으므로 어느 정도의 융통성을 가진다.

이렇게도 할 수 있어요! 이 질문은 두 크기와 관련된(예, 큰 컵에 물을 가득 채우려면 아기 컵으로는 몇 컵이 필요한가요?) 다른 유사한 측정을 사용하여 다양하게 변화시킬 수 있다.

BIG IDEA. 다양한 단위와 도구를 사용하여 정밀한 측정을 할 수 있다.

> 신발보다 더 가벼운 사물을 3가지 말하시오. 그것이 신발보다 가볍다는 것을 어떻게 아는지 말하시오.

* CCSS : 측정 및 자료 : K.MD, 1.MD, 2.MD
수학적 관행 : 1, 2, 4, 5

신발보다 가벼운 항목을 묻는 것은 학생들에게 많은 자유를 준다: 그들은 아주 가벼운 항목을 생각할 필요가 있다. 몇몇 학생들은 음식 중에서 생각할 것이고, 다른 학생들은 교실에 있는 물건이나 옷 같은 것, 그리고 장난감과 같은 다른 항목들을 생각할 것이다.

그 항목이 신발보다 가벼운지 어떻게 아는지 묻는 문제에서 학생들이 무엇을 골랐는지는 중요하지 않다. 무게를 비교하기 위해 천칭이나 저울의 눈금을 이용하는 것을 이해했는지의 여부를 알 수 있다.

이렇게도 할 수 있어요! 이 문제는 신발이 아닌 다른 항목을 제시하거나, 가벼운 것이 아닌 더 무거운 항목을 찾아보라고 함으로써 변화시킬 수 있다.

> 아날로그 시계를 보고 있다. 두 개의 시계 바늘이 서로 겹쳐지지는 않은 채 매우 가까이 있다. 몇 시인가?

* CCSS : 측정 및 자료 : 2.MD
수학적 관행 : 1, 2

이 학년군의 학생들은 엄밀성의 수준은 다양하지만, 기본적으로 아날로그 시계 읽는 법을 배운다. 이러한 문제는 학생들로 하여금 가능한 다양한 시간들을 떠올리도록 하여, 시간 읽기 연습을 상당히 시킨다. '서로 겹쳐지지는 않은 채'의 표현은 시침의 위치에 대한 오개념(예, 6 : 30일 때 시침이 정확히 6에 있다는 생각)을 양산하지 않기 위해서이다. 6 : 30이라고 답하는 학생이 정답이다. 이때, 교사는 이 경우 시침과 분침이 가깝기는 하지만 어떻게 정확히 겹쳐지지는 않는 것인지에 대해 설명해 줄 수 있다. 학생들이 6 : 35이라고 응답할 수도 있는데, 이 또한 정답일 수 있다. 적절한 정답은 많으며, 따라서 많은 학생들이 성공의 경험을 하게 될 것이다.

이 막대들을 다양하게 조합하여 만들 수 있는 길이는 얼마인가?

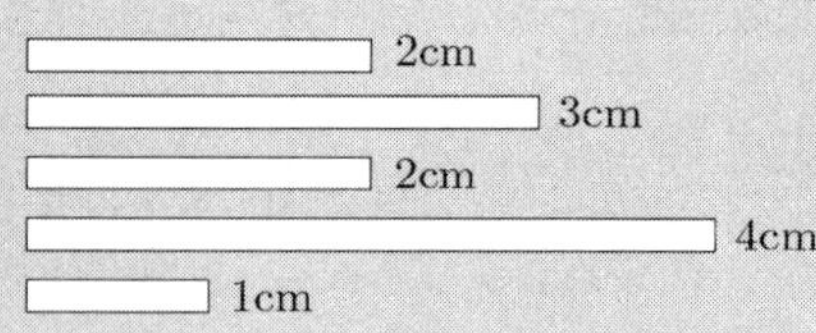

* CCSS : 측정 및 자료 : 2.MD
수학적 관행 : 1, 2, 5

이 개방형 문제는 수와 연산 영역과 명백한 관련이 있다. 개방형 문제를 유지하고 얼마나 많은 조합이 필요하고, 얼마나 많은 길이가 조합되어야 하는지 명시하지 않음으로써 학생들은 이해의 수준에 따라 대답할 수 있다. 몇몇 학생들은 두 길이의 아주 간단한 조합(예, $2+3$ 혹은 $2+2$)을 선택할 수도 있는 반면 다른 학생들은 아주 많은 가능한 조합을 찾을지도 모른다. 심지어 몇몇 학생들은 지그재그 길의 막대 조합이나 전체 길이 대신 막대가 포함하는 수직 공간의 측정에 대해 생각할지도 모른다.

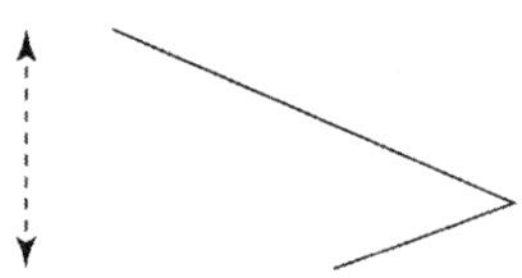

3–5학년 개방형 문제

BIG IDEA. 측정은 어떤 물체의 크기와 다른 물체의 크기를 비교하는 것이다.

넓이가 4제곱 단위 정도 되는 문자를 그려라.
다른 글자를 그리고 그것의 넓이를 어림해 보아라.

* CCSS : 측정 및 자료 : 3.MD
수학적 관행 : 1, 2, 5

학생들이 나타낼 수 있는 반응은 많이 있다. 어떤 학생은 매우 작거나 매우 큰 문자를 선택할 수 있고, 문자 E와 매우 가까운 크기의 어떤 문자를 그리려고 노력할 수도 있다. 어떤 학생은 E를 옆으로 돌려서 W라고 말할 수도 있다.

학생들에게 문자를 그리고 그 크기를 선택하게 함으로써, 학생들이 오류를 범할 위험이 훨씬 줄어든다. 그럼에도 불구하고 학생들은 넓이가 뜻하는 것이 무엇인지를 그들이 이해한 것에 적용시킨다.

TEACHING TIP 개별 지도는 일부 학생들이 선택하는 것이 무엇인가에 달려있다. 이런 개별화된 활동 안에서 학생은 E와 비교하기 위한 문자를 선택할 수 있다.

광고와 뉴스가 모두 들어있는 신문의 한 페이지를 보시오. 광고의 넓이와 뉴스의 넓이 중 어느 것이 더 넓은가?

* CCSS : 측정 및 자료 : 3.MD, 4.MD
수학적 관행 : 1, 2, 4, 5

넓이는 3－5학년에서 매우 중요한 주제이다. 다른 측정들처럼 단위들을 사용하는 것보다는 물체를 직간접적으로 비교함으로써 넓이 공부를 시작하는 것이 이해하기 쉽다. 이런 개방형 문제에서 학생들은 그들이 원하는 모든 방법으로 물체를 비교할 선택권을 갖는다. 누군가는 페이지를 잘라 여러 부분을 겹칠 수도 있다. 다른 이는 독립적으로 몇 개의 측정 단위를 사용하여 아이디어를 나타낼 수도 있다.

학생들은 대화를 통해 다른 사람의 문제 접근 방법을 배울 것이다. 이런 방법으로 모든 학생들이 넓이 개념에 대한 그들의 생각을 확장시키는 것이 쉬워진다.

이렇게도 할 수 있어요! 학생들은 신문의 부분을 비교하기보다 그들에게 흥미로울 수 있는 것, 예를 들면 다른 색깔들이 있는 보드 게임의 부분을 비교하고 싶어할 수 있다.

스냅 큐브를 사용하여 두 개의 구조물을 만든다. 그것들의 부피는 거의 비슷하지만, 정확하게 일치하지는 않는다. 하나가 다른 것보다 폭이 훨씬 넓다. 어떤 모양일까? 부피는 얼마일까?

* CCSS : 측정 및 자료 : 5.MD
수학적 관행 : 1, 2, 5

학생들은 우선적으로, 물체의 부피란 그 물체를 만드는 데 사용된 단위 부피의 개수로 나타낼 수 있음을 배운다. 위와 같은 문제는 그러한 개념을 강조한다.

학생들은 부피를 크세든, 작세든 자유롭게 선택할 수 있다. 두 부피를 어느 정도 비슷하게 만들지도 자유롭게 선택할 수 있다. 너비가 훨씬 넓다는 표현의 의미도 임의로 해석할 수 있다. 그들은 직각기둥의 형태로만 만들고, 부피를 구하기 위해 공식적으로 또는 비공식적으로 부피 계산 공식을 활용할 수 있다. 아예 공식을 사용하지 않을 수도 있다.

가능한 한 가지 방법은 10개의 단위 부피와 11개의 단위 부피를 이용하여 두 개의 구조물을 만드는 것이다. 첫 번째 구조물은 낮고 넓으며, 두 번째 구조물은 높고 좁을 것이다.

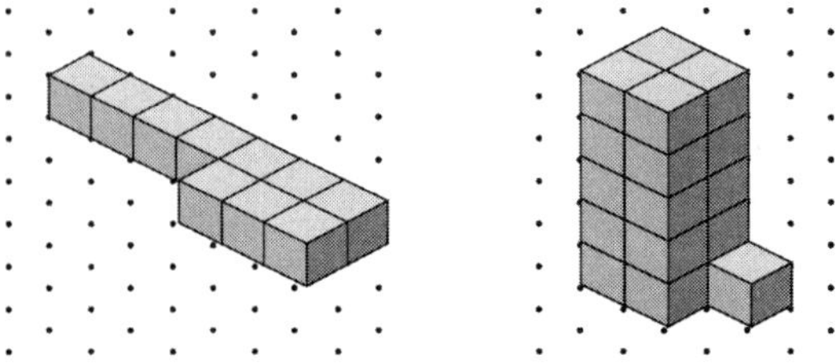

또 다른 학생은 부피의 값을 곱셈으로 계산하여, 밑넓이가 20×2이고 높이가 1인 각기둥과, 밑넓이가 1×3이며 높이가 13인 각기둥을 떠올릴 수 있다.

이렇게도 할 수 있어요! 문제의 조건을 변경할 수 있다. 예를 들어, 하나의 부피가 다른 것의 정확히 2배일 수 있다.

BIG IDEA 동일한 물체도 다양한 측정 방법으로 설명할 수 있다.

햄스터 우리 바닥에 맞는 카페트를 측정하려고 한다. 그것을 측정하기 위해 필요한 것은 무엇이며 어떻게 측정할 수 있는가?

* CCSS : 측정 및 자료 : 3.MD
수학적 관행 : 1, 2, 3, 4

제시된 상황은 대부분의 학생들이 쉽게 관련시킬 수 있는 상황이며, 다양한 답이 나올 수 있다. 몇몇 학생들이 우리의 공간(혹은 면적)의 크기에 대해 생각하는 반면, 다른 학생들은 길이 측정, 예를 들어 그 우리가 얼마나 길고, 얼마나 넓은지를 생각할 것이다.

학생들은 자기가 원하는 우리의 크기나 모양을 상상할 수 있고, 우리에 딱 맞거나 아니면 조금 더 긴 카페트를 떠올릴 수 있기 때문에 융통성을 가진다. 학생들이 어떤 결정을 하든지, 우리의 크기는 측정을 사용하여 설명될 수 있음을 유념해야 한다.

두 도형의 넓이는 거의 같지만, 둘레는 매우 다르다. 이 도형들은 무엇인가?

* CCSS : 측정 및 자료 : 3.MD, 4.MD
수학적 관행 : 1, 2, 3

학생들에게 같은 둘레를 가진 두 직사각형의 넓이를 비교하거나, 같은 넓이를 가진 두 직사각형의 둘레를 비교하도록 하는 것은 보기 드문 일이 아니다. 질문에서 도형을 분명하게 제시하지 않고 같은 도형이라고 언급하지 않음으로써, 학생들은 그들 자신이 선택한 도형으로 탐구할 더 많은 자유를 가진다. 넓이가 정확하게 같다고 하기보다 거의 비슷하다고 한다면 추가적인 융통성을 발휘할 수 있게 된다.

문제에서 요구하는 도형을 만들어보도록 했을 때, 학생들은 둘레나 넓이를 계산하는 많은 연습을 할 것이다. 한 가지 해결방법은 다음과 같다:

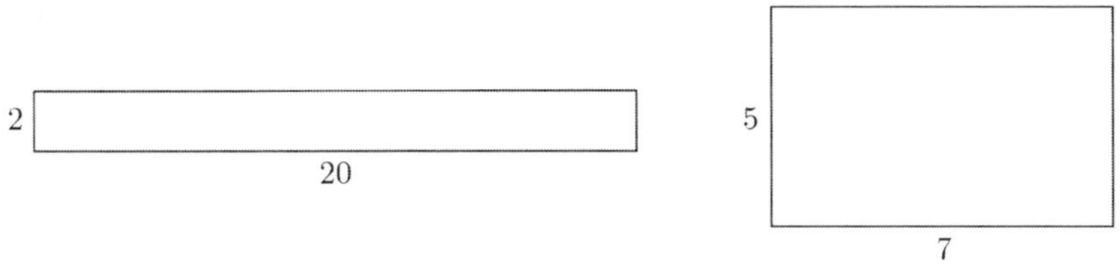

넓이가 200cm^{2}인 도형이 있다. 이 도형의 가로와 세로는 얼마인가?

* CCSS : 측정 및 자료 : 4.MD, 5.MD
수학적 관행 : 1, 2, 5

이 문제는 어떤 도형인지 분명히 밝히지 않음으로써 특정 도형을 제시한 경우보다 더욱 개방적인 문제가 된다. 몇 명의 학생들은 정사각형을 사용하기로 결정할 것이다. 이들은 200이 제곱수가 아니므로 문제를 다소 힘들어 하겠지만, 정사각형의 가로와 세로가 약 14cm임을 알게 될 것이다. 다른 학생들은 가로 10, 세로 20의 직사각형을 이용하는 좀 더 간단한 전략을 선택할 것이다. 또 다른 학생들은, 특히 그림을 그려볼 수 있는 모눈종이가 제공된다면 더 많은 변을 가진 도형을 선택할 수도 있다. 다양한 공식을 사용하거나 다양한 방법으로 도형을 만들도록 하기 위해서 학생들에게 한 가지 이상의 답을 찾도록 격려해야 한다.

이렇게도 할 수 있어요! 넓이를 바꾸거나 허용할 수 있는 도형의 종류에 조건을 추가함으로써 이 문제를 변화시킬 수 있다. 예를 들어, 도형이 4개 이상의 변을 가져야 한다거나, 최소한 2개의 변은 합동이어야 한다는 조건을 제시할 수 있다.

이 질문을 바꾸는 또 다른 방법은 넓이가 아닌 부피를 제시하는 것이다.

TEACHING TIP. 도형의 넓이를 제시하고 모양에 대한 추가적인 정보를 분명하게 밝히지 않음으로써, 학생들은 자유롭게 자신들에게 친숙한 넓이 공식을 활용할 수 있다. 후속 토론을 진행하는 동안 학생들은 그들이 덜 친숙하게 생각하는 공식도 접하게 될 것이다.

BIG IDEA. 측정값은 측정 단위와 관련이 있다.

같은 색깔을 가진 **패턴 블록** 몇 개를 골라보자.

- 어떻게 하면 빈 공간이 없도록 한 점 주위에 패턴 블록을 배치할 수 있는가?
- 패턴 블록이 모여 이룬 각의 크기가 말하는 것이 무엇인가?

* CCSS : 측정 및 자료 : 4.MD
수학적 관행 : 1, 2, 3, 7

각에 대한 많은 수업이 표준 단위와 함께 도입된다. 하지만 각이 얼마인지 조사하는 활동 전에 각 측정의 개념을 이해시키는 비표준 단위에 관해 생각해 볼 필요가 있다. 이번 과제에서 제시된 것처럼, 같은 각을 가지는 많은 도형들을 배치하는 것은 학생들에게 비표준 단위로서 각에 대해 생각하는 데 도움을 준다.

학생들에게 그들이 사용하는 모양을 선택하도록 유도하는 것은 학생들로 하여금 단순한 각(정사각형에 있는 직각 같은)이나 더 복잡한 각(예: 사다리꼴 각의 하나)을 만들 기회를 제공한다. 각들의 연결 또한 이루어진다. 학생들은 3개의 정육각형을 모아놓고 $360° \div 3 = 120°$라는 각을 측정할 수 있고, 6개의 정삼각형을 모아놓고 $360° \div 6 = 60°$라는 각을, 4개의 정사각형을 모아놓고 $360° \div 4 = 90°$라는 각을 측정할 수 있다는 것을 알아낼 것이다. 또는 각 크기의 정도에 따라 3개나 6개의 마름모를 사용할 수도 있다. 작은 각이 사용된 12개의 얇은 연꼴을 배치하고, $360° \div 12 = 30°$라는 각 측정을 할 수 있다.

BIG IDEA 기준의 크기를 아는 것은 측정에 도움이 된다.

> 그릇은 4리터를 담을 수 있다. 다른 방법으로 그릇의 크기를 기술하시오.

* CCSS : 측정 및 자료 : 3.MD
수학적 관행 : 1, 2, 4

일부 학생들은 친숙하고 잘 알려진 그릇을 4리터와 관련지음으로써 문제에 답할 것이다. 예를 들어, 집에 있는 주전자가 1리터를 담는다는 것을 안다면, 4배를 담는 다른 그릇을 상상할 수 있다. 다른 학생은 이 크기의 그릇을 설명하기에 적당한 넓이, 깊이, 또는 높이에 대한 측정을 통해 문제에 대한 답을 할 것이다.

문제에 대한 여러 가지 접근을 논의하는 것은 한 물체의 크기를 앎으로써 다른 물체의 크기를 결정하는데 어떤 도움을 주는지 학생들이 이해할 수 있게 할 것이다.

BIG IDEA 측정공식을 사용하면 더 간단한 수치를 이용하여 알기 복잡한 수치를 계산할 수 있다.

> 도형의 둘레가 한 선분의 길이의 세 배보다 약간 더 길다. 어떤 도형인가? 그것을 그리고 크기를 나타내어라.

* CCSS : 측정 및 자료 : 3.MD, 4.MD
수학적 관행 : 1, 2, 5

학생들은 이 문제를 서로 다른 방법으로 접근할 수 있다. 일부 학생들은 모양에서 - 직사각형, 삼각형 또는 그 외의 도형이 될 수 있다. - 부터 시작하여 해당 조건에 맞는 형태를 만들어 나갈 것이다. 반면에 또 다른 학생들은 한 변의 길이를 먼저 선택한 후, 그것의 세 배를 구하여 둘레의 길이가 해당 값과 같게 나오는 형태를 찾을 것이다.

예를 들어, 삼각형을 선택한다면 두 변의 길이가 같고 한 변의 길이는 다른 두 변의 길이보다 약간 긴 도형을 만들어 조건을 만족시킬 수 있다. 혹은, 직사각형을 선택하여 가로의 길이가 세로 길이의 반 보다 약간 더 길게 만들 수 있다(예, 세로의 길이가 10, 가로의 길이가 6이면 둘레는 32가 되며, 3×10보다 약간 더 길다).

또 다른 방법으로, 육각형의 한 변의 길이를 10, 둘레의 길이를 약 31로 정한 후, 그에 맞추어 아래의 그림과 같은 형태를 만들 수 있다.

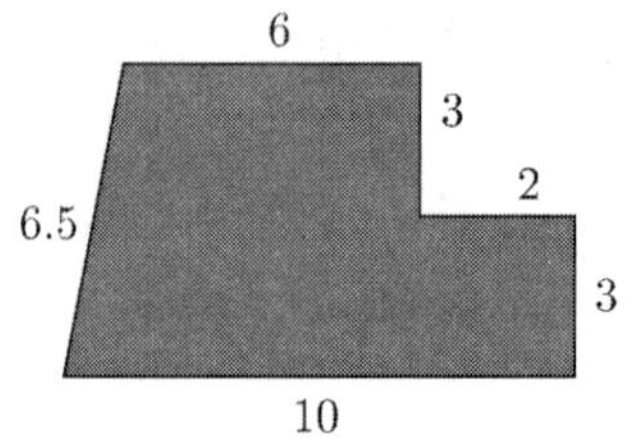

이때 만드는 형태는 간단하게도, 복잡하게도 만들 수 있다는 점에서 이 문제의 개방성이 드러난다.

이렇게도 할 수 있어요! 둘레의 조건을 달리하여 문제를 변화시킬 수 있다. 예를 들어, 둘레가 한 변의 길이의 4배보다 조금 더 짧아지도록 요구할 수 있다.

> 직사각형 모양으로 분할하여 넓이를 구할 수 있는, 특이한 도형을 만드시오.

* CCSS : 측정 및 자료 : 3.MD, 4.MD
수학적 관행 : 1, 2, 3, 5

학생들은 특이한 도형 만드는 것을 즐긴다. 아래의 왼쪽 도형과 같이 단순하게 만들 수도 있고, 오른쪽 도형과 같이 더 복잡하게 할 수도 있다.

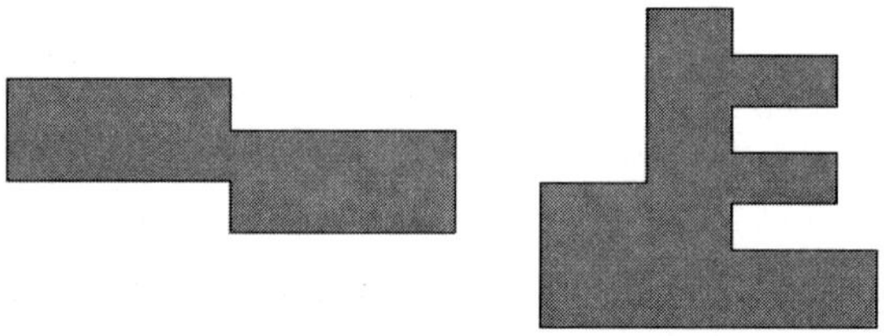

학생들은 본인이 알고 있는 직사각형의 넓이 구하는 공식을 이용하거나, 도형 위에 투명 격자를 겹쳐 각 부분의 넓이를 파악한 후 그것을 합산할 수 있다.

이 문제의 흥미로운 점은 학생들이 넓이 구한 방법에 대해 이야기하면서, 계산 과정에서 어떠한 틈이나 겹쳐지는 부분은 없었는지에 관해 확인하는 과정에 있다.

6-8학년 개방형 문제

BIG IDEA. 동일한 물체도 다양한 측정 방법으로 설명할 수 있다.

3차원 도형의 **전개도**를 만들고 그 넓이를 계산하시오. 그리고 난 후 이 전개도를 접어 3차원 도형을 만들고, 부피를 계산하시오.

예를 들어 이 전개도의 넓이는 16개의 단위넓이로 이루어져있고, 부피는 4개의 단위부피로 이루어져 있다.

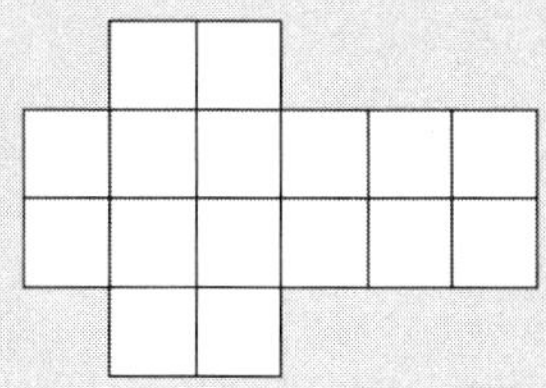

• 일반적으로 넓이와 부피 중에서 어느 것이 더 큰가?
• 왜 이러한 사실이 성립하는가?

* CCSS : 기하 : 6.G
수학적 관행 : 1, 2, 3, 5, 7

이 개방형 질문은 학생들에게 추측을 하도록 요구한다. 아마도 몇 명의 학생들은 또 다른 도형 한 가지에 대해 생각해 볼 것이고, 일부 학생들은 더 많은 도형에 대해 생각할 필요가 있다고 인식할 것이다. 학생들 중 몇몇은 문제를 해결하기 위해 대수적 사고를 적용할지도 모른다. 답이 왜 성립하는지를 알기 위해 학생들은 여러 가지 상황을 시각화하거나 이해를 도울 수 있는 공식을 사용할 필요가 있다.

학생들은 각기둥에서 길이가 1인 모서리가 있을 때 겉넓이가 부피보다 항상 더 큰 값을 갖는다는 것을 안다. 만약 그렇지 않다면 두 값 중 어느 것이라도 더 클 수 있다. 예를 들어, $10 \times 10 \times 20$ 각기둥의 부피는 2,000개의 단위부피이지만, 겉넓이는 단지 1,000개의 단위넓이이다. $3 \times 4 \times 5$ 각기둥의 부피는 60개의 단위부피이지만, 겉넓이는 94개의 단위넓이이다.

BIG IDEA. 기준의 크기를 아는 것은 측정에 도움이 된다.

한 물체의 부피는 1m^3이다. 그 물체는 무엇인가?

* CCSS : 기하 : 6.G, 7.G, 8.G
수학적 관행 : 1, 2, 4

학생들에게 몇 가지 친숙한 물체의 부피를 생각해 보도록 격려함으로써, 교사는 학생들이 다른 물체의 부피를 측정하는 것을 더 쉽게 만들 것이다. 예를 들어, 학생들이 1m^3는 큰 TV를 담을 수 있는 박스의 부피라고 알고 있다면, 학생들은 방의 부피를 측정하는 데 더 나은 입장에 있을 것이다.

이 질문은 학생들 자신이 원하는 어떤 물체에 대해서도 자유롭게 생각할 수 있다는 점에서 개방적이다. 일부 학생들은 낙엽더미 또는 자동차나 트럭의 내부 공간을 생각할 수 있다; 또 다른 학생들은 m 자를 사용하여 교실에서 공간을 측정할 수도 있다.

우리 학교에 적절한 사람 수는 몇 명이라고 생각하는가?

* CCSS : 기하 : 6.G, 7.G
수학적 관행 : 1, 2, 3, 4

이 질문은 매우 개방적이다. 학생들은 사람들이 얼마나 가까이 있을 수 있는지, 어떻게 학교의 크기를 측정하는지, 학교 안에 고려해야 할 가구가 있는지 없는지, 그리고 사람들이 큰지 작은지를 선택할 수 있다. 이러한 자유를 부여하면 이 문제에 대한 토의는 점점 더 흥미로워진다.

학생들은 자신들 교실의 작은 넓이를 기준으로 사용할 것이며, 이 때 전체 학교라는 큰 공간을 생각하기 위해 이 작은 넓이를 어떻게 활용할지 결정해야 한다. 체육관이나 복도와 같은 다른 유형의 장소도 고려하면서 교실이 몇 개인지 세는 체계적인 방법으로 접근하는 학생이 있는가 하면, 다소 덜 포괄적으로 생각하는 학생도 있을 것이다. 단지 어림짐작을 요구하는 과제이므로 가능한 답의 범위는 넓다.

BIG IDEA 측정공식을 사용하면 더 간단한 수치를 이용하여 알기 복잡한 수치를 계산할 수 있다.

오른쪽 도형과 같은 넓이를 가진 도형이 있다.
그 도형에서 변의 길이는 얼마가 될 수 있는가?

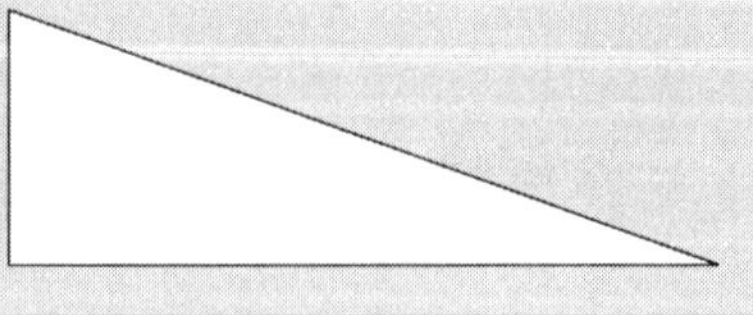

* CCSS : 기하 : 6.G
수학적 관행 : 1, 2, 3, 7

학생들은 다양한 방법으로 삼각형의 넓이를 자유롭게 계산할 수 있다. 몇 명의 학생들은 밑변과 높이를 측정하고 넓이를 구하기 위해 공식을 사용할 것이다; 다른 학생들은 격자판 위에 삼각형을 얹어 놓고, 넓이를 계산할 수도 있다.

몇 명의 학생들은 전혀 측정할 필요가 없다는 것을 깨닫게 될 것이다. 그들은 단순히 삼각형을 따라 그리고, 그 삼각형을 두 조각으로 나누어서 새로운 모양을 만들기 위해 이 조각들을 재배치할 것이다.

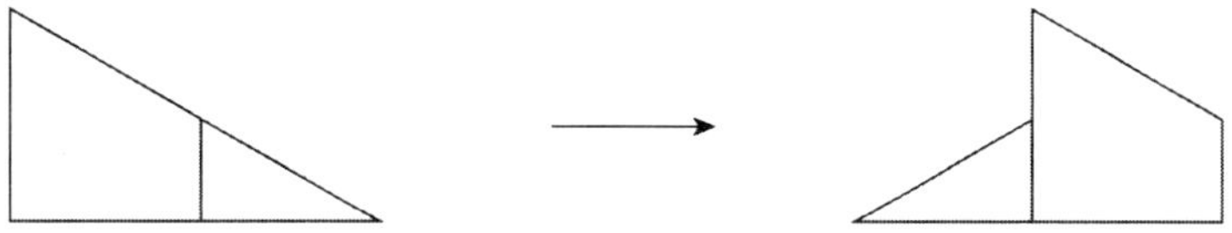

다른 학생들은 좀 더 대수적으로 생각하여 측정할 필요가 없다는 것을 알게 될 것이다. 그들은 공식 $A = bh \div 2$를 생각해 내어 간단히 밑변을 두 배로 늘리고 높이를 반으로 줄이면, 결국 같은 넓이를 얻을 수 있다는 것을 깨닫게 될 것이다.

공식의 사용에 대한 토의를 하는 동안, 교사는 격자판을 사용하여 삼각형의 넓이를 구하는 것과 비교해서, 밑변과 높이를 알면 얼마나 간단히 넓이를 구할 수 있는지를 강조할 수 있다. 이와 같이 강조하면 학생들은 측정 공식의 힘을 더 강하게 느낄 수 있다.

평행사변형에서 밑변의 길이를 줄인 만큼 높이를 늘인다면 넓이는 어떻게 변화하는가?

* CCSS : 기하 : 6.G
수학적 관행 : 1, 3, 5, 7

이 문제에 답하기 위해 몇몇 학생들은 공식을 사용할 것이다. 예를 들어, 공식 $A = bh$를 분명히 알고 있는 학생은 어떤 결과가 나타나는지 보기 위해 b와 h에 다양한 수를 조합하여 문제 해결을 시도할 것이다.

b	4	3	2	1
h	3	4	5	6
A	12	12	10	6

위의 표에서, 학생들은 b와 h의 차가 점점 커질수록 넓이가 줄어드는 것을 볼 수도 있지만, 다른 수의 조합을 시도할 수도 있다.

다른 학생들은 단순히 격자판에 평행사변형을 그리고, 넓이의 변화에 대하여 판단할 것이다.

어떤 학생들은 일정한 양만큼 높이를 늘리고 밑변을 줄이는데 반해, 또 다른 학생들은 늘리고 줄이는 양을 다르게 시도할 수도 있다. 어떤 학생들은 높이보다 훨씬 긴 밑변을 가지거나 밑변보다 훨씬 긴 높이를 갖는 평행사변형에서 시작하는가 하면, 밑변과 높이 차가 얼마 나지 않는 평행사변형에서 시작하는 학생도 있을 것이다. 학생들이 몇 가지 예를 시도해 보았는지, 사용한 방법이 무엇인지에 관계없이 모든 학생들은 넓이를 측정하는 연습을 할 것이고, $b-h$의 값에 따라서 어떤 변화가 나타날 수 있다는 것을 배우게 될 것이다.

사각형의 모든 변에 접하여 원이 놓여 있다. 원은 사각형 넓이의 어느 정도를 차지하고 있는가?

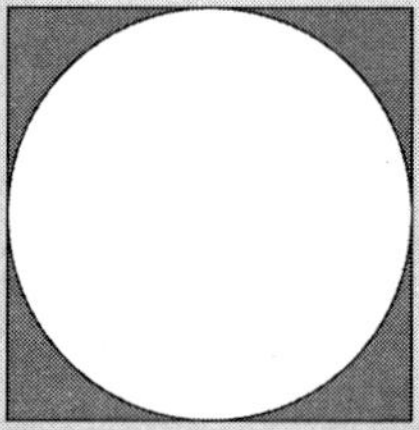

* CCSS : 기하 : 7.G
수학적 관행 : 1, 2, 5

이 질문은 다양한 접근을 허용한다는 점에서 개방적이다. 몇몇 학생들은 원과 사각형의 넓이를 알기 위해 공식을 사용한다. 그들은 πr^2과 $(2r)^2$를 비교하여 두 도형의 비가 $\frac{\pi}{4}$ 또는 약 $\frac{3}{4}$이라는 것을 깨닫게 될 것이다. 다른 학생들은 제시된 도형과 같은 도형을 잘라 그것을 격자판 위에 옮긴 후 정사각형 칸의 수가 몇 개인지 셀 수도 있다. 또 다른 학생들은 각 모퉁이에 있는 조각들이 사각형 전체 넓이의 $\frac{1}{4}$처럼 보인다고 어림하여 원의 넓이는 전체 넓이의 $\frac{3}{4}$이라고 추측한다.

학생들은 분수, 소수 또는 백분율로 비를 설명한다. 학생들은 많은 원과 사각형을 가지고 위 문제를 시도한 후, 한 사례에서 참인 것이 좀 더 일반적인 경우에도 참이 된다고 생각할 수도 있다.

TEACHING TIP. 측정치를 비교하도록 하는 문제는 오직 하나의 측정과 관련된 문제보다 학생들에게 더욱 의미가 있다. 학생들은 두 배의 연습을 하게 되며, 비교하는 것으로서 측정 개념을 더 잘 이해할 수 있게 된다.

유치원-2학년 유사/선택문제

유사/ 선택 문제는 두 개 이상의 같은 핵심 아이디어지만 다른 발달 수준에 있는 학생들의 필요성에 적합하도록 설계된 과제이다. 과제는 모든 학생들이 후속 토의에 참여할 수 있는 상황에 충분할 만큼 유사하다.

BIG IDEA. 측정은 어떤 물체의 크기와 다른 물체의 크기를 비교하는 것이다.

어느 것이 더 긴지 결정하시오.
선택1: 여러분의 어깨에서 손목까지의 길이 또는 머리 둘레 길이
선택2: 여러분의 팔꿈치부터 손목까지의 길이 또는 발 길이

* CCSS: 측정 및 자료: K.MD, 1.MD, 2.MD
수학적 관행: 1, 2, 4, 5

선택2는 학생들이 말 그대로 발부터 위로 이동하여 그들의 팔까지의 길이를 비교할 수 있지만, 선택1은 길이를 비교하기 위한 간접적인 방법을 사용할 필요가 있다(예, 자를 사용하여)는 점에서 위의 과제들은 다르다. 어떤 과제를 선택하든, 학생들에게 다음과 같은 질문을 할 수 있다.

- 어느 것이 더 긴지 바로 보고 결정할 수 있는가?
- 확인하기 위해 무엇을 할 것인가?
- 서로 다른 길이를 쉽게 비교할 수 있는 것은 무엇인가?
- 어떤 묘안이 있는가?

TEACHING TIP. 선택에 번호가 붙여져 있을 때, "더 쉬운" 선택은 어떤 때는 선택1로, 또 어떤 때는 선택2로 제시되어야한다. 예측이 불가능하도록 하는 것은 학생들이 과제를 선택할 때 양쪽에 대한 가능성을 열어놓고 생각하도록 할 것이다.

BIG IDEA 동일한 물체도 다양한 측정 방법으로 설명할 수 있다.

선택1: 오른쪽에 제시된 도형의 크기를 구하기 위해 여러분이 할 수 있는 방법은 무엇인가?

선택2: 오른쪽에 제시된 도형의 크기를 구하기 위해 여러분
이
할 수 있는 방법은 무엇인가?

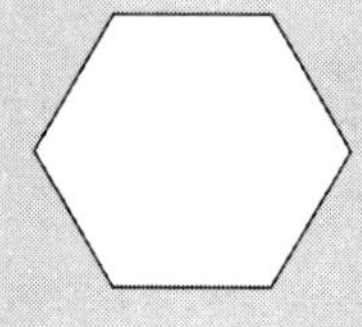

* CCSS: 측정 및 자료: K.MD, 1.MD, 2.MD
수학적 관행: 1, 2

어떤 학생들은 평면 도형의 크기를 구하는 것을 좀 더 쉽게 생각하지만, 다른 학생들은 입체 도형의 크기를 구하는 것을 좀 더 쉽게 생각할 것이다. 육각형의 경우에, 학생들은 대각선의 너비(폭), 높이, 길이, 차지하고 있는 공간이나 각 변의 길이를 생각할 것이다. 원기둥의 경우에, 학생들은 높이, 너비, 둘레, 심지어 속이 비어 있는 것처럼 보이는 경우에는 원기둥의 두께까지도 생각할 것이다. 학생들이 어떤 선택 과제를 선택하든지, 다음과 같은 질문은 유의미하다.

- 크기가 크다, 작다, 혹은 둘 다 아니다 중 무엇이라고 생각하는가?
- 여러분이 알고 있는 다른 도형과 이 도형의 크기를 어떻게 비교할 것인가?
- 여러분이 선택한 도형이 다른 도형보다 크거나 작다는 것을 어떻게 알 수 있는가?

이렇게도 할 수 있어요! 이 질문은 다른 도형을 구체화함으로써 다시 사용할 수 있다: 하나의 입체도형과 다른 평면도형을 제시하거나 두 개의 평면도형(하나의 평면도형과 그것보다 좀 더 복잡한 평면도형을 제시)을 제시할 수 있다.

선택1: 작지만 무게가 더 많이 나가는 도형을 말해보시오.
선택2: 길이는 매우 길지만, 너비는 매우 좁은 도형을 말해보시오.

* CCSS: 측정 및 자료: K.MD, 1.MD
수학적 관행: 1, 2, 4

이와 같은 모든 과제들은 학생들이 각각의 도형을 한 가지 이상의 방법으로 측정할 수 있도록 하는 것을 돕는다. 선택2는 오직 길이를 측정하는 방법만을 포함하지만, 선택1은 무게와 다른 측정 방법(예, 길이)을 포함한다.

오직 도형의 길이에만 초점을 맞추어 무겁거나 가볍다는 것을 시각화하는 것을 어려워하는 학생들에게 문제를 선택하게 할 수 있다.

어느 쪽 과제를 선택하든, 학생들은 질문에 답하기 위해 일상생활의 경험을 떠올릴 수 있다. 선택1의 도형은 무거운 금속 공이나 작은 바위일 수 있다. 선택2의 도형은 줄자나 리본의 길이 또는 접힌 문의 두 부분 사이의 틈을 포함할 수 있다.

어떤 문제를 선택하든 다음과 같은 질문을 학생들에게 할 수 있다.

- 여러분이 선택한 물체는 무엇인가? 어떻게 그 도형의 크기를 잴 것인가?
- 누군가에게 "나는 어떤 것이 작다고 생각해요."라고 말하고, 다른 사람에게 그것이 의미하는 것이 무엇인지 추측하게 하는 것이 왜 좋은 아이디어가 아닌가?

TEACHING TIP 학생들의 일상생활을 바탕으로 계발된 질문은 학생들이 수학적 아이디어의 이해 가치를 이해할 수 있도록 돕는다.

BIG IDEA 측정값은 측정 단위와 관련이 있다.

선택1: 방 안에서 10 cm ~ 25 cm 사이의 물건을 다섯 개 찾으시오.
선택2: 방 안에서 여러분의 연필보다 짧은 것을 다섯 개 찾으시오.

※ CCSS: 측정 및 자료: K.MD, 1.MD, 2.MD
수학적 관행: 1, 2, 5

어떤 학생들은 표준 측정 단위를 더 쉽게 생각하는 반면에 다른 학생들은 아직도 단위를 사용하는 것보다 비교를 통한 단계가 좀 더 유의미하다고 생각할 것이다. 두 개의 선택 문제는 각각의 학생 집단이 적절한 수준에서 문제를 해결하도록 한다.

비록 학생들이 처음에는 자를 사용하지 않고 어림을 하고, 그들의 어림을 확인한다고 할지라도, 선택1에서는 자를 제공할 수 있다. 이와 유사하게, 학생들은 선택2를 해결하기 위해 연필을 사용하거나 대신 어림하고 난 후, 자신이 선택한 물건으로 확인할 것이다.

다음 질문은 두 집단 모두에게 적절하다.

- 여러분이 발견한 물건은 무엇인가?
- 여러분이 선택한 물건이 맞는 확인하기 위해 자가 필요하다는 것을 어떻게 알았는가?

동전을 조합해서 다음의 돈을 나타내어 보시오.
선택1: 100원 **선택2**: 500원

* CCSS: 측정 및 자료: 2.MD
수학적 관행: 1, 2, 4, 5

수학 수업에서는 모든 학생에게 과제 하나를 제시하는 경우가 많다. 예를 들어 여러 개의 동전으로 250원을 나타내는 과제를 생각해 볼 수 있는데 학생 수준에 맞게 과제를 제시하여 많은 학생들이 성공하게 할 수 있다. 학생에 따라 100원과 50원짜리 동전만으로도 충분한 반면, 더 많은 종류의 동전으로 다양한 경우를 생각해보는 것이 적합한 학생도 있다.

1원짜리와 5원짜리를 사용하지 않는다고 했을 때 100원을 나타내는 방법은 오직 4가지(100원짜리 1개, 50원짜리 1개와 10원짜리 5개, 50원짜리 2개, 10원짜리 10개)가 있지만 500원을 나타내는 방법은 더 많다.

다음은 선택1과 선택2를 하는 모든 학생에게 할 수 있는 질문이다.

- 50원짜리를 사용 했는가?
- 10원짜리가 필요한가?
- 어떤 동전을 사용 했는가?
- 다른 경우도 있는가?

550원짜리 공책, 300원짜리 지우개, 420원짜리 자가 있다.
선택1: 6개의 동전으로 이들 중 하나를 살 수 있다. 어떤 것인가?
선택2: 물건 하나를 골라서 4가지 방법으로 동전을 사용해서 돈을 내 보시오.

* CCSS: 측정 및 자료: 2.MD
수학적 관행: 1, 2, 4, 5

선택1을 하는 학생은 제시한 세 가지 수를 다양한 방법으로 표현하면서 문제를 해결하게 된다. 예를 들어, 300원을 나타내려면 100원짜리 1개와 50원짜리 3개,

10원짜리 5개 모두 9개의 동전이 필요하지만 50원짜리 6개로도 나타낼 수 있다는 것을 알게 된다. 학생들은 세 개의 가격을 나타내는 모든 경우를 생각해봐야 한다.

선택2를 하는 학생은 세 가지 수 중 하나를 골라 한 개의 수를 다양한 방법으로 생각해보면 되므로 성공할 가능성이 더 크다. 예를 들어 550원 짜리 공책을 골라 500원짜리 1개와 50원짜리 1개, 100원짜리 3개와 50원짜리 5개 등으로 나타낼 수 있다.

다음은 선택1과 선택2를 하는 모든 학생에게 할 수 있는 질문이다.

- 어떤 물건을 골랐는가?
- 왜 그 물건을 골랐는가?
- 50원짜리 2개를 사용해봤는가?
- 사용한 동전은 몇 개인가?
- 어떤 동전을 사용해야 할지 어떻게 알았는가?

BIG IDEA. 기준의 크기를 아는 것은 측정에 도움이 된다.

> 탁자는 연필 5개만큼 길다.
> **선택1:** 탁자의 길이를 구하기 위해 종이집게는 몇 개가 필요한가?
> **선택2:** 탁자는 몇 cm인가?

* CCSS: 측정 및 자료: 1.MD, 2.MD
수학적 관행: 1, 2, 5

연필은 학생들에게 친근한 물건이다. 그래서 그것은 의미 있는 기준으로 여겨진다. 어떤 학생들은 종이집게와 같은 비표준화된 다른 단위의 기준으로 쉽게 비교하는 반면에 다른 학생들은 cm와 같은 표준화된 단위로 길이를 비교하는 것을 쉽게 생각할 것이다. 또한, 두 가지 중에서 선택하게 한 것은 많은 학생들의 요구를 충족시켜 줄 것이다.

학생들이 어떤 선택 과제를 선택하든 다음과 같은 질문을 할 수 있다.

- 탁자는 긴가? 짧은가?
- 어떻게 알았는가? 탁자의 길이를 재기 위해 사용할 단위를 어떻게 결정하였는가?
- 그 수는 5보다 더 큰가? 작은가? 왜 그렇게 생각하는가?

3-5학년 유사/선택 문제

BIG IDEA. 측정은 어떤 물체의 크기와 다른 물체의 크기를 비교하는 것이다.

이 점판을 이용하시오.

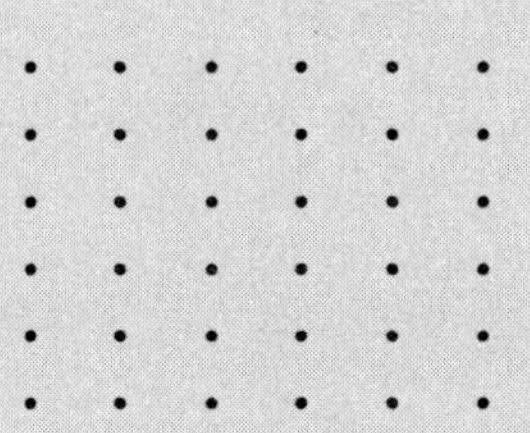

선택1: 점판에 넓이가 12인 도형을 가능한 한 많이 만드시오. 이때 각 도형의 모서리는 점 위에 있어야 한다.

선택2: 점판에 넓이가 12인 직사각형을 가능한 한 많이 만드시오. 이때 각 직사각형의 모서리는 점 위에 있어야 한다.

* CCSS: 측정 및 자료: 3.MD, 4.MD
수학적 관행: 1, 2, 5

모든 학생들은 이 과제에서 넓이를 고려해야 한다. 둘 다 개수를 정해주는 것이 아니라 학생들이 가능한 한 많은 도형을 만들도록 허용하므로 1개 또는 2개의 도형만 찾을 수 있는 학생들도 성취감을 느낄 수 있을 것이다.

일부 학생들은 합동인 도형을 사용하지 않고 과제를 해결할 수도 있다. 예를 들면, 4×3 직사각형을 만든 후에 3×4 직사각형을 만들지 않는 것이다. 이런 학생들은 그들의 공간감각을 더 기를 수 있도록 장려해야 한다.

어떤 학생들은 선택1을 쉽게 해결할 수도 있다. 왜냐하면 그들이 만들 수 있는 도형이 자유롭기 때문이다. 그들은 12개의 사각형으로 도형을 만들어 간단히 연결할 수 있다. 하지만 가능한 한 많은 도형을 만드는 것은 어려울 것이다. 다른 학생들은 선택2에서 요구하는 직사각형이 4×3 직사각형이라는 것을 인식할 것이다. 그리고 이 직사각형을 배치하는 데에 집중할 것이다.

학생들에게 할 수 있는 질문:

- 첫 번째 도형은 어떻게 만들었는가?
- 다른 도형을 만들기 위해 첫 번째 도형을 어떻게 활용했는가?
- 그 도형의 넓이가 12라는 것을 어떻게 아는가?
- 넓이가 12인 다른 도형이 있는가? 어떻게 아는가?

BIG IDEA 동일한 물체도 다양한 측정방법으로 설명할 수 있다.

선택1: 둘레가 44 cm 인 직사각형이 있다. 가능한 도형 5개를 그리시오.
선택2: 둘레가 44 cm 인 다각형이 있다. 가능한 도형 5개를 그리시오.

* CCSS: 측정 및 자료: 3.MD, 4.MD
수학적 관행: 1, 2, 5

선택2는 선택1보다 분명히 더 많은 선택의 기회를 제공한다. 어떤 학생들은 44 cm의 끈 하나만 있으면 된다는 것을 인식하고, 그것으로 여러 가지 다각형을 만들 것이다. 직사각형만으로 문제를 해결한 다른 학생들은 더 쉽게 느낄 것이다. 그들이 둘레에는 가로와 세로가 각각 2번씩 들어 있다는 것을 깨닫고 나면 '세로+가로= 22'가 되어야 하므로, 직사각형을 만드는 계산법을 간단히 활용할 수 있다.

모든 학생들에게 할 수 있는 질문:

- 도형의 둘레가 44단위임을 안다는 것은 무슨 의미인가??
- 첫 번째 도형은 어떻게 선택했는가?
- 당신이 만든 것의 둘레가 44 cm라는 것을 어떻게 아는가?
- 당신이 만든 첫 번째 도형은 다른 도형을 찾는 데에 어떤 도움이 되었는가?

각 퍼즐에서 빈 칸에 들어갈 숫자들이 <보기>에 나와 있다. 각각의 빈칸에 들어갈 숫자를 찾으시오.

선택1: 시리얼 상자는 높이 ____ cm, 두께 ____ mm, 그리고 너비 ____ cm이다. 여기에는 시리얼 ____조각이 담겨집니다.
<보기> 19 30 73 950

선택2: 제트기는 한 시간에 ____ km를 날 수 있다. 이것은 자동차가 고속도로에서 한 시간 동안 달리는 거리의 ____배입니다. 제트기는 하늘에서 약 ____ km의 높이로 날 수 있다. 이것은 거의 63빌딩 ____개의 높이입니다.
<보기> 7 9 25 550

* CCSS: 측정 및 자료: 4.MD
수학적 관행: 1, 2, 4

3–5학년 유사/선택 문제

이 과제들은 학생들이 균형 잡힌 사고를 하도록 요구한다. 선택1은 더 일상적인 과제이기 때문에 많은 학생들이 더 쉽게 생각할 수도 있다; 일상생활에서의 경험으로부터 시리얼 상자의 크기를 더 쉽게 상상할 수 있고, 그것을 더 잘 활용할 수 있는 반면에 cm를 mm로 바꾸는 측정 단위의 변환을 포함한다. 하지만 선택2는 새로운 정보를 제공하기 때문에 학생들이 더 흥미를 가질 수도 있다.

선택1의 정답은 30, 73, 19, 950이고, 선택2의 정답은 550, 9, 7, 25이다.

모든 그룹에게 할 수 있는 질문들:

- 가장 먼저 확신한 숫자는 무엇인가? 왜 그렇게 생각했는가?
- 가장 찾기 어려웠던 숫자는 무엇인가? 왜 그렇게 생각했는가?
- 빈칸에 숫자를 넣었을 때, 그것에 어떻게 확신을 가졌는가?

이렇게도 할 수 있어요! 학생들이 다양하게 측정할 수 있는 친숙한 물체를 찾는 것과 그 측정과 관련된 빈칸 채우기 질문을 만드는 것은 어렵지 않다.

BIG IDEA. 다양한 단위와 도구를 사용하여 정밀한 측정을 할 수 있다.

각 발자국의 크기를 어림하시오.

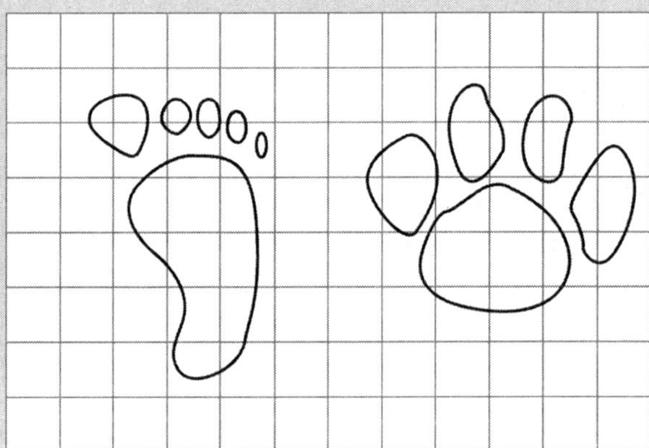

선택1: 발자국이 완전히 덮고 있는 사각형의 수를 세어보시오. 발자국이 부분적으로 또는 완전히 덮고 있는 사각형의 수를 세어보시오. 둘 사이의 중간값을 선택하시오.

선택2: 발자국이 반 이상 덮고 있는 사각형의 수를 세어보시오.

선택3: 발자국에 수족관의 자갈로 한 층을 빽빽이 채우시오. 그 자갈을 직사각형 모양으로 재배열하여 발자국의 넓이를 어림하시오.

* CCSS: 측정 및 자료: 3.MD
수학적 관행: 1, 2, 5

학생들은 3가지 선택에서 모두 넓이를 어림한다는 것이 무엇을 의미하는지 고려해야 한다. 선택3은 좀 더 힘든 과제이지만 학생들에게는 가장 편할 것이다. 왜냐하면 그것은 불규칙적인 것의 넓이를 가장 쉬운 도형인 직사각형과 관련짓기 때문이다. 선택1과 선택2는 단지 세기만을 요구한다. 선택2는 학생들이 각각의 사각형이 반 이상 덮여 있는지 아닌지를 어림하도록 한다; 많은 학생들은 이러한 반복적인 의사결정이 쉽지 않을 것이다. 선택1은 더 간단하지만 왜 두 값의 중간 값을 선택해야 하는지 의문을 가질 수도 있다.

세 그룹의 학생에게 할 수 있는 질문들:

- 격자를 보는 것만으로 어떤 발자국이 더 큰지 쉽게 답할 수 있는가?
- 당신의 어림으로 어떤 것이 더 큰지 결정할 수 있는가?
- 각각에 대한 어림값은 얼마인가?
- 그 값들이 왜 타당하다고 생각하는가?

TEACHING TIP 학생들이 규칙적인 도형뿐만 아니라 불규칙적인 도형을 측정하는 경험을 많이 하는 것은 중요하다. 실제 상황에는 두 경우가 모두 존재하기 때문이다.

BIG IDEA. 표준 측정 단위의 사용은 물체의 크기에 대한 의사소통을 원활하게 한다.

선택1: 10원짜리 동전을 1km 만큼 줄지어 놓으려면 몇 개가 필요한가?
선택2: 10원짜리 동전을 1m 만큼 줄지어 놓으려면 몇 개가 필요한가?

* CCSS: 측정 및 자료: 4.MD, 5.MD
수학적 관행: 1, 2, 4, 5

학생들은 10cm로 줄지어 놓은 10원짜리 동전이 몇 개인지를 측정한 후 이를 비교하여 실제 동전의 개수를 구할 수 있다. 이때 계산을 돕기 위해 계산기를 활용할 수도 있다. 선택2는 1,000보다 작은 수인 10과의 곱셈을 필요로 하기 때문에 훨씬 더 쉽다.

학생들에게 할 수 있는 질문들:

- 10원짜리 동전의 너비는 약 얼마인가?
- 이 정보는 유용한가? 어떻게 유용한가?
- 10원짜리 동전 1,000개를 줄지어 놓았을 때 그 길이는 약 얼마인가?

- 그것을 어떻게 아는가?
- 10원짜리 동전을 정확히 줄지어 측정하지 않고 나온 그 결과를 어떻게 확인할 수 있는가?

선택1: 제니퍼는 5,000일 살았다. 그녀의 나이를 이해하기 쉽게 나타내시오.
선택2: 레아는 5,000,000분을 살았다. 그녀의 나이를 이해하기 쉽게 나타내시오.

* CCSS: 측정 및 자료: 4.MD, 5.MD
수학적 관행: 1, 2, 4, 5

일 년을 일수로 변경하는 것이든 하루, 한 주, 한 달, 일 년을 분으로 나타내는 것이든 두 문제 모두에서 학생들은 시간 사이의 관계를 이용해야 한다. 한 상황이 다른 상황보다 다소 간단하긴 하지만 두 문제 모두 우리가 서로 다른 측정 단위를 사용하는 이유가 측정치들을 보다 유의미하게 나타낼 수 있도록 하기 위함이라는 점에 대한 이해를 돕는다. 위와 같은 경우, 정확한 나이가 주어졌지만 사용된 측정 단위로 인해 한 번에 이해하기 어렵다.

학생들이 문제를 해결할 수 있도록 계산기가 제공되어야 한다.

학생들에게 다음과 같이 질문할 수 있다.

- 소녀의 나이를 바로 말하기 어려운 이유는 무엇인가?
- 그녀가 아기라고 생각하는가? 설명하시오.
- 그 소녀가 여러분보다 더 어리다고/나이가 더 많다고 생각하는가?
- 그녀의 나이를 설명하기 위해 어떤 단위를 사용할 것인가? 그 이유는 무엇인가?
- 새로운 단위로 표현된 나이는 어떻게 달라졌는가?

선택1: 서울에서 부산까지 주행거리는 384km 입니다. 몇 cm 입니까?
선택2: 대전에서 강릉까지 주행거리는 277600m 입니다. 몇 km 입니까?

* CCSS: 측정 및 자료: 5.MD
수학적 관행: 1, 2, 4, 5

교사는 사용된 측정 단위에 따라 어떻게 큰 수가 작게도, 작은 수가 크게도 느껴질 수 있는지에 대해 짚어 주면서 이 문제에 대한 논의를 시작할 수 있다. 예를 들어, 두 위치가 2km의 거리에 있다고 하면 크게 인상적으로 들리지 않지만, 2,000m의 거리에 있다고 하면 이 둘은 같은 양임에도 불구하고 훨씬 더 먼 것처럼 느껴진다.

위의 문제 중 하나는 큰 단위에서 작은 단위로의 변환이 필요하지만, 다른 하나는 학생들이 보다 어려워하는 작은 단위에서 큰 단위로의 변환이 사용된다는 점이 다르다.

학생들에게 다음과 같이 질문할 수 있다.

- 여러분의 답은 제시된 수보다 더 큰 수인가요? 더 작은 수인가요? 그 이유는 무엇인가요?
- 100배만큼 더 큰 수가 된 것인가? 더 작은 수가 된 것인가? 그 이유는 무엇인가? 1,000배만큼 더 큰 수가 된 것인가? 더 작은 수가 된 것인가? 그 이유는 무엇인가?
- 수의 크기를 어림해 보시오.
- 계산을 어떻게 할 것인가?

6-8학년 유사/선택 문제

BIG IDEA 동일한 물체도 다양한 측정 방법으로 설명할 수 있다.

> 직육면체에서 모서리의 길이는 자연수이다.
>
> **선택1**: 겉넓이가 126, 부피가 90인 직육면체가 있다. 직육면체의 각 모서리의 길이는 얼마인가?
>
> **선택2**: 부피가 48, 가로가 4인 직육면체가 있다. 직육면체의 각 모서리의 길이는 얼마인가?

* CCSS: 기하 : 6.G, 7.G
수학적 관행: 1, 2, 5

선택2는 세 모서리의 길이 중 한 가지가 제시되어 있기 때문에 많은 학생들은 선택1보다 선택2를 더 쉽게 해결할 것이다. 선택2를 택한 학생들은 세로와 높이의 곱이 12임을 인지하고, 몇 가지 목록을 쉽게 만들 수 있다. 선택1에 도전하려면 학생들은 겉넓이와 부피에 관한 공식을 동시에 적용해야 한다.

학생들이 어떤 문제를 선택했느냐에 관계없이 다음과 같은 질문은 의미가 있다.

- 변의 길이와 부피 사이에 어떤 관계가 있는가?
- 부피는 도형에 대하여 무엇을 말해 주는가?
- 부피만 주어진 경우 가능성이 더 있는 이유는 무엇인가?
- 더 이상 가능한 모서리의 길이가 없다고 확신할 수 있는가?

선택1: 한 원이 다른 원보다 넓이가 더 크다. 원주도 더 큰가?
선택2: 한 직사각형이 다른 직사각형보다 넓이가 더 크다. 둘레도 더 큰가?

* CCSS: 기하 : 7.G
수학적 관행: 1, 2, 3, 5, 7

원주나 원의 넓이를 구하는 공식에 익숙하지 않은 학생들은 직사각형에 관한 선택2를 선택하기 쉽다. 그러나 흥미로운 점은 선택1의 답이 선택2보다 더 명확하다는 것이다. 한 원의 넓이가 다른 원의 넓이보다 더 크다면 그 원의 반지름이 더 크고, 결과적으로 원주도 더 크게 된다. 반면 직사각형은 넓이가 더 클 때 둘레의 길이가 더 큰 경우도 있지만, 그렇지 않은 경우도 있다. 예를 들어, 변의 길이가 6, 10인 직사각형은 변의 길이가 1, 30인 직사각형보다 넓이는 더 크고 둘레의 길이는 더 작지만, 변의 길이가 4, 5인 직사각형은 변의 길이가 1, 2인 직사각형보다 넓이도 더 크고 둘레의 길이도 더 크다.

교사는 어떤 것이든 위 문제를 해결한 학생들에게 다음과 같은 질문을 할 수 있다.

- 얼마나 많은 조합을 시도해 보았는가?
- 그만큼의 시도를 통해 나온 결과에 대해 확신하는가?
- 그림은 누군가에게 네 생각을 이해시키는 데 어떤 도움을 줄 수 있는가?
- 네가 발견한 것에 대해 어떤 예상을 했었는가?

아래의 삼각형은 모두 직각삼각형이다.

선택1: 삼각형의 넓이는 얼마인가? **선택2**: 삼각형의 둘레의 길이는 얼마인가?

* CCSS: 기하 : 8.G
수학적 관행: 1, 2, 5

학생들이 삼각형의 밑변과 높이를 설명하는데 삼각형이 놓인 방향은 무관하다는 것을 알고 있는 한, 1번은 필요한 모든 정보가 제시되어 있는 문제이다. 길이가 5인 변을 밑변으로, 12인 변을 높이로 볼 수도 있다. 따라서 넓이는 30이 된다. 2번 문제를 해결하려면 피타고라스 정리가 필요하다.

어떤 문제를 해결했든, 교사는 학생들에게 다음과 같은 질문을 할 수 있다.

- 여러분은 도형의 수치를 계산했다. 어떻게 계산했는가?
- 왜 그 방법이 적절하다고 생각했는가?
- 다른 수치를 계산하라고 했다면 어떻게 하겠는가?
- 똑같은 정도의 노력으로 이 문제를 해결할 수 있는가?

BIG IDEA. 측정공식을 사용하면 더 간단한 수치를 이용하여 알기 복잡한 수치를 계산할 수 있다.

원형 과녁은 흔히 다양한 색깔을 가진 원으로 이루어져 있다.

선택1: 검은색 고리의 넓이가 전체 원 넓이의 $\frac{1}{4}$일 때, 고리의 너비는 얼마인가?

선택2: 맨 안쪽 흰색 원, 가장 바깥쪽 흰색 고리, 검은색 고리의 넓이는 모두 같다. 안쪽 원의 반지름이 5일 때 흰색 고리와 검은색 고리의 너비는 얼마인가?

* CCSS: 기하 : 7.G
수학적 관행: 1, 2, 5

이 두 가지 모두에서 학생들은 원의 넓이 공식을 사용할 필요가 있다. 선택2보다 선택1에 더 많은 답이 있을 수 있다. 왜냐하면 선택1에는 특정 수치가 전혀 제시되어 있지 않고, 두 흰색 영역이 어떤 관계가 있는지 아무런 조건도 없기 때문이다. 선택1은 더 많은 답변의 가능성이 있기 때문에, 학생들이 쉽게 접근할 수 있다. 하지만, 몇몇의 학생들은 구체적인 조건이 제시되어 있는 선택2를 선호할지도 모른다.

어떤 문제를 선택하든 교사는 다음과 같은 질문을 할 수 있다:

- 어떻게 검은색 고리를 두 원 사이의 차로 생각할 수 있는가?
- 어떻게 흰색 고리를 두 원 사이의 차로 생각할 수 있는가?
- 내부의 흰색 원은 전체 원의 절반이 될 수 있는가?
- 고리의 너비가 얼마라고 생각하는가?

> 검은색 부분은 전체 사각형의 얼마인가?
>
> **선택1:** 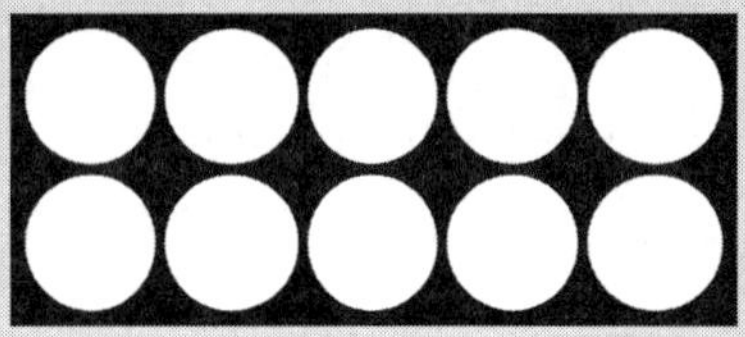 **선택2:** 

* CCSS: 기하 : 7.G
수학적 관행: 1, 2, 5

선택1을 해결하기 위해서 학생들은 원의 넓이를 어떻게 계산하는지 알아야 하지만, 선택2를 해결하기 위해서는 단지 삼각형과 사각형의 넓이만 알면 된다(실제로 선택1에서 검은색 부분은 전체의 $\frac{1}{4}$, 선택2에서 검은색 부분은 전체의 $\frac{1}{2}$이다). 각각의 경우에 모두 학생들은 문제를 해결하는 데 넓이 공식에 대한 지식을 적용할 수 있다. 다른 것이 있다면 학생들이 어떤 공식에 더 초점을 두어야 하는가이다.

어떤 과제를 선택하든 교사는 다음과 같은 질문을 학생들에게 할 수 있다.

- 검은색 부분의 넓이는 전체 넓이의 절반보다 큰가, 작은가? 왜 그렇게 생각하는가?
- 어떤 공식을 사용하는 것이 좋은가?
- 검은색 부분은 전체 사각형의 얼마쯤 된다고 생각하는가?

> 각기둥의 부피는 약 200cm^3입니다.
>
> **선택1:** 부피가 같은 여러 가지 각기둥이 있을 때, 각 각기둥의 모서리의 길이를 설명하시오.
>
> **선택2:** 부피가 같은 여러 가지 원기둥이 있을 때, 각 원기둥의 밑넓이와 높이를 설명하시오.

* CCSS: 기하 : 8.G
수학적 관행: 1, 2, 5, 7

두 문제 모두 각기둥의 부피 공식을 이해할 필요가 있지만, 선택2에서는 특히 원기둥의 부피 공식에 대한 학생들의 형식적, 또는 비형식적 이해도 필요하다. 선택1을 선택한 학생들은 (10, 20, 1), (4, 10, 5)와 같이 곱해서 200이 되는 세 수의 쌍을 찾을 것이다. 선택2를 선택한 학생들은 밑넓이가 20cm^2, 높이가 10cm인 각기둥을 먼저 생각할 것이다. 그런 다음 원은 똑같은 넓이를 가진 정사각형보다 공간이 덜 필요하다는 사실을 인지하고, 이 차이를 메우기 위해 좀 더 넓은 원기둥이 필요하다고 생각하여 밑넓이는 각기둥보다 조금 크지만, 높이는 비슷한 원기둥을 선택할 것이다.

두 그룹의 학생들 모두에게 다음 질문을 할 수 있다.

- 여러분이 제안한 길이가 주어진 조건을 만족한다고 어떻게 확신할 수 있는가? 아니라면 왜 그렇게 생각하는가?
- 높이의 최대치와 최소치가 있는가? 아니라면 왜 그렇게 생각하는가?
- 부피 공식을 알고 있는 것은 문제를 해결하는 데 도움이 되는가? 어떤 도움이 되는가?

아래 각기둥의 부피와 겉넓이는 얼마인가?

선택1:

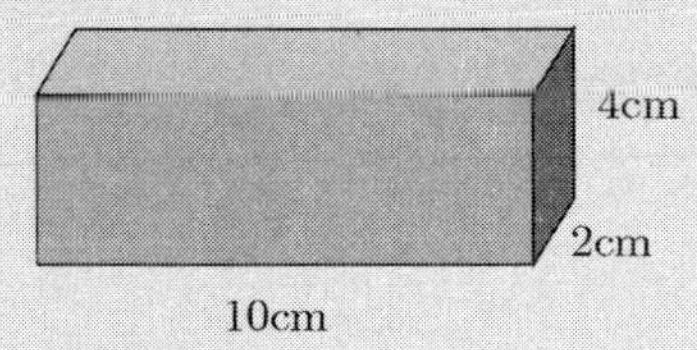

선택2:

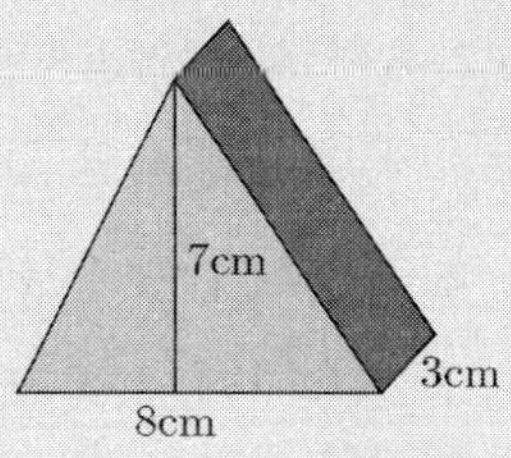

* CCSS: 기하 : 8.G
수학적 관행: 1, 2, 5

선택2를 해결하기 위해서 학생들은 부피와 겉넓이가 무엇을 의미하는지, 부피와 겉넓이를 어떻게 계산하는지를 알아야 한다. 또 옆면인 직사각형의 변의 길이를 알기 위하여 피타고라스 정리를 사용해야 한다. 선택1에서는 단지 직사각형 모양의 겉넓이와 부피를 어떻게 계산하는지 알기만 하면 된다. 선택1에서 부피와 겉넓이는 각각 $80cm^3$, $136cm^3$이며, 선택2에서 부피는 $84cm^3$, 겉넓이는 $128.4cm^2$이다.

어떤 문제를 선택하든 교사는 다음과 같은 질문을 할 수 있다.

- 어떤 면의 넓이가 가장 넓은가?
- 어떻게 알게 되었는가?
- 단지 그림으로만 봐서 어떤 도형의 부피가 가장 크다고 말하는 것은 왜 어려운가?
- 높이가 더 높은 도형이 항상 부피가 더 큰가? 또 겉넓이가 더 큰 도형은 항상 부피가 더 큰가?
- 부피를 어떻게 계산하였는가? 겉넓이는 어떻게 계산하였는가?

두 도형의 겉넓이와 부피를 비교하시오.

선택1: **선택2:**

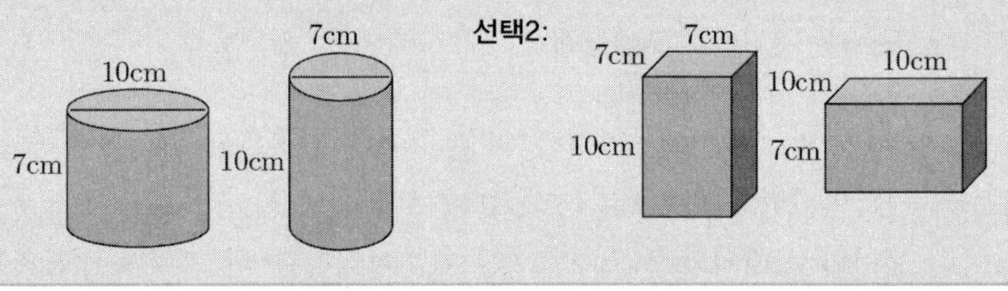

* CCSS: 기하 : 8.G
수학적 관행: 1, 2, 5

두 가지 모든 경우에서 학생들은 겉넓이와 부피를 어떻게 계산하는지 알아야 하지만, 하나는 원기둥을, 다른 하나는 직육면체를 다룰 수 있어야 한다. 많은 학생들은 선택1의 두 도형 모두에서 수 7과 10을 볼 수 있기 때문에 두 도형의 부피가 같다고 생각하지만, 실제로 그렇지 않다. 학생들은 겉넓이를 어떻게 비교하는지에 대해서는 덜 자신 있어 할지도 모른다.

실제로 선택1에서 높이가 낮은 원기둥의 부피는 $175\pi cm^3$, 높이가 높은 원기둥의 부피는 $122.5\pi cm^3$이며, 겉넓이는 각각 $120\pi cm^2$, $94.5\pi cm^2$이다. 선택2에서 부피는 각각 $490cm^3$, $700cm^3$이며, 겉넓이는 $378\pi cm^2$, $480\pi cm^2$이다.

어떤 문제를 선택하든 교사는 다음과 같은 질문을 할 수 있다.

- 부피가 같은 도형의 겉넓이는 다를 수 있는가?
- 겉넓이가 같은 도형의 부피는 다를 수 있는가?
- 여러분이 선택한 두 도형의 부피와 겉넓이는 같은가?
- 부피를 어떻게 계산하였는가?
- 겉넓이를 어떻게 계산하였는가?

요약

나만의 개방형 문제와 유사/선택 문제

수업 목표 학년:

제시된 규준

핵심 아이디어의 바탕

개방형 문제

유사/선택 문제

선택 1:

선택 2:

기억해야 할 원리

- 모든 개방형 문제는 다양한 단계에서 올바른 반응들을 위해 허용되어야 한다.
- 유사/선택 문제는 어려워하는 학생들이 성공할 수 있고 능숙한 학생들이 도전할 수 있도록 변화된 형태로 만들어야 한다.
- 질문과 문제들은 모든 학생들이 후속논의에 참여할 수 있도록 만들어야 한다.

본 장에서는 거의 50개 정도의 개방형 문제와 유사/선택 문제, '이렇게도 할 수 있어요'를 통해 측정 활동을 뒷받침하는 7가지 핵심 아이디어를 탐구했다. 제시된 수업의 예는 3개의 학년군(유치원-2, 3-5, 6-8학년)으로 구분하여, 발달 수준이 다양한 학생들에게 수준별 수업을 하는 것을 지원하기 위하여 계획되었다.

측정은 수와 연산 및 기하와 관련된 영역이다. 이 두 영역에 대한 경험이 부족한 학생들은 측정 영역을 힘들어 할 수도 있다. 측정은 학교 수학에서 매우 실제적인 부분이기 때문에, 발달상 다양한 위치에 있는 학생들에게 제시된 수업의 예를 적용한 적합한 수준별 수업을 통해 이 영역에서 학생들이 성공할 수 있는 경험을 최대화하는 것이 중요하다.

이 장에서 제시된 예는 측정에서 수준별 수업을 위해 사용할 수 있는 질문과 문제의 밑그림을 그린 것에 불과하다. 예제로 제시된 질문과 문제는 측정시의 종류나 비교하여 측정하려는 대상을 바꾸거나, 제시된 단위를 바꿈으로써 다른 질문과 문제로 만들 수도 있다. 여기 제시된 양식은 자신만의 개방형 문제와 유사/선택 문제를 만드는 데 유용한 본보기가 된다. 부록에는 전체가 빈 공간으로 된 양식이 있으며, 적합한 교수 자료를 만드는 데 이를 활용할 수 있는 몇 가지 정보 또한 제시되어 있다.

5 대 수

대수 분야에서 수준별 학습 활동은 다음의 NCTM 과정 규준인 문제 해결, 추론과 증명, 의사소통, 관계, 표현을 다음의 NCTM 대수 규준에 적용하여 이끌어 낼 수 있다.

- 패턴, 관계, 함수를 이해할 수 있다.
- 수학적 상황의 표현과 해석, 대수적 상징을 사용한 구성을 할 수 있다.
- 양적 관계 표현과 이해를 위해 수학적 모형을 사용할 수 있다.
- 다양한 문맥정황에서 해석을 변환할 수 있다.

주제

대수에서 수준별 학습을 시작하기 전에 어떻게 주제들이 학년군에 맞게 개발되는지에 대하여 교사들이 잘 아는 것은 유용하다. 최근 어떤 구성요소들이 대수적 사고를 넓히는가에 대한 생각이 대수학에 있어 매우 중요하게 여겨지기 때문이다. 사실상 공통 중핵 성취기준(CCSS)은 유치원 때부터 "연산과 대수적 사고"의 주제를 다룬다.

학생들은 대수학이 일반적 관계, 변환을 표현한다는 관념을 가지고 저학년에서 수학을 가법적으로 연관 지어 간단한 덧셈, 뺄셈 방정식을 풀고, 이후 수를 승법적으로 연관 지어 간단한 곱셈, 나눗셈 방정식을 풀고, 더 나아가 기호를 이용하여 숫자들 사이의 관계를 기술하고 좀 더 복잡한 방정식을 풀게 된다.

공통 중핵 성취기준(2010)은 교사들이 대수학에 있어 어떤 학습이 특정 학년 집단에 과제를 전형적으로 선도하고 성공하는지와 관련지어 학생들의 학습상황을 인식하는 데 유용할 수 있다.

유치원-2학년

이 학생들은 간단한 숫자와 모양 패턴을 인식하고 기술하며 확장한다. 그들은 덧셈과 뺄셈을 배우는 데 도움을 주는 패턴을 포함한 전략을 사용하며, 후에 공부할 곱셈 관계의 전조로써 뛰어 세기를 한다.

□ 3-5학년

이 학생들은 계속해서 숫자들의 패턴을 인식, 기술, 확장해 나간다. 그들은 또한 패턴 규칙, 그래프 패턴과 관계 패턴에 대해 더 명확하게 생각하기 시작한다.

□ 6-8학년

이 학생들은 좀 더 전통적 대수학으로 나아간다. 그들은 실생활 장면에서 나타나는 식, 방정식, 공식들을 사용한다. 변수를 포함한 식들의 값을 구하고 서로 다른 식들이 동치가 되어야 된다는 것을 좀 더 구체적으로 인식하는 데 변수를 사용한다. 간단한 방정식을 풀고, 관계를 드러내고 문제를 해결하기 위해 표를 사용하여 값을 나타낸다. 그들은 또한 연립일차방정식의 해를 구하며, 일차방정식을 문제 상황에 대입시킬 수 있고, 함수의 개념에 대해 보다 형식적으로 사고하게 된다.

대수의 핵심 아이디어

NCTM 내용과 과정규준에 맞고 수준별 교수학습을 지원하는 일관성 있는 대수 교육과정은 다음의 핵심 아이디어에 의해 구조화될 수 있다.

- 항들은 반복적이거나 규칙적인 요소들이 있을 때 패턴을 형성하고, 패턴 규칙으로 설명될 수 있다.
- 패턴, 대수적 표현, 관계, 방정식을 다양한 방법으로 표현할 수 있다.
- 수, 기하, 측정에 대한 아이디어들은 패턴에 기초하고 있다.
- 등식은 좌변과 우변의 값이 같은 균형의 표현이다.
- 변수는 관계를 표현할 때 사용할 수 있다.
- 패턴이나 관계를 비교하는 것은 유사한 다른 패턴이나 관계에 대한 통찰력을 제공한다.
- 같은 대수적 표현이나 등식이 서로 다른 실제 상황에 적용될 수 있다. 그 반대(역)도 마찬가지이다.
- 항상 그렇지는 않지만 때때로, 수학적 관계에 대한 제한된 정보로 그 관계에 관한 다른 정보를 예측할 수 있다.

이러한 아이디어를 강화하여, 과제를 제시하고 대수를 가르치는 동안 요구되는 문제들을 발전시켜야 한다. 다음은 세 개의 학년 집단을 가르치는 핵심 아이디어들에 있어서 수준별 교수학습의 증진을 가져오는 개방형 문제와 유사/선택 문제를 적용한 많은 예들이다.

이 장의 내용

유치원 – 2학년 개방형 문제

개방형 문제는 다양한 발달 수준의 학생들로부터 의미 있는 반응을 하는 문제이다.

BIG IDEA. 등식은 좌변과 우변의 값이 같은 균형의 표현이다.

덧셈을 포함하는 참인 세 개의 등식과 거짓인 등식을 세 개 만들어라.

* CCSS: 연산과 대수적 사고: K.OA, 1.OA
수학적 관행: 1, 3, 5.

학생들은 원하는 방식으로 자유롭게 덧셈의 조합으로 등식을 만들 수 있으나, 어떠한 방식으로 만들든지 교사는 학생들이 양변의 균형을 나타내는 등식의 의미를 이해하고 있는지의 여부를 판단할 수 있다.

어떤 학생들은 간단하게 $5+1=6$과 같이 덧셈을 이용한 등식을 만들 것이다. 그러나 교사는 준비된 학생들이 $4+2=5+1$ 또는 $4+2=7-1$과 같이 할 수 있도록 격려해야 한다.

학생들은 덧셈식이 참 또는 거짓인 이유를 설명해야 한다. 어떤 모델을 활용하여 설명할 수 있으면 더 이상적일 것이다.

이렇게도 할 수 있어요! 덧셈 대신 뺄셈을 이용하게 하여 변형할 수 있다.

> 양팔저울을 사용하라. 균형이 맞도록 양쪽에 블록들을 올려 보아라. 여러분이 한 행동을 등식으로 나타내어라.

* CCSS: 연산과 대수적 사고: K.OA, 1.OA
수학적 관행: 1, 5.

양팔저울은 등식의 개념 지도를 위한 좋은 모델이다. 양팔저울을 통하여 학생들은 좌변과 우변이 같아야 한다는 말의 의미를 직관적으로 이해할 수 있다.

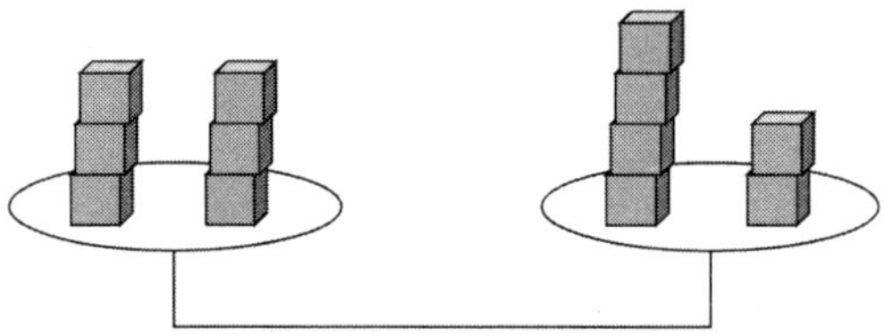

각 저울 접시에 올려놓을 블록의 수를 학생들이 정함으로써 다양한 답이 생성되어 보다 풍부한 교실 논의를 이끌 수 있다. 본인이 원하는 바에 따라 더 큰 수들을 사용할 수도 있고, 보다 단순한 수들로 문제를 해결할 수도 있다.

교사는 학생들이 발견한 사실들을 일반화시킬 수 있도록 그 반응들을 최대한 재조정, 재배치하여 제시해 줄 수 있어야 한다. 예를 들어, 학생들이 다음과 같이 답을 했다면:

- $6+3=7+2$
- $8+3=9+2$
- $4+2=5+1$

교사는 첫 숫자가 1 커지면 둘째 수는 1 작아져야 한다는 사실과 그 이유에 대한 생각을 학생들로부터 끌어낼 수 있다.

BIG IDEA 패턴이나 관계를 비교하는 것은 유사한 다른 패턴과 관계에 대한 통찰력을 제공한다.

> 두 개의 서로 다른 뺄셈식 속의 미지수를 알아내려고 한다. 각각 서로 다른 전략을 사용한다. 두 뺄셈식은 무엇이었을까?

* CCSS: 연산과 대수적 사고: 1.OA, 2.OA
수학적 관행: 1, 3, 5.

어떤 학생들은 동수 누감 전략이나 또는 예상하고 확인하기 전략을 사용하며, 다른 방법은 사용하지 않는다고 말할지도 모른다. 그러나 이러한 문제는 학생들에게 최소한 자신의 수행 과정을 되돌아보게 한다.

일부 학생들은 사용된 수에 따라 다른 전략을 사용할 것이다. 예를 들면, $9-1=?$는 9부터 뒤로 세기로 해결하고, $9-8=?$는 8부터 앞으로 세기로 해결할 것이다. 학생들이 사용하는 다양한 전략들과 다른 상황에서 다른 접근 방법을 사용하는 이유에 대해 깊이 있는 논의를 할 수 있다.

이렇게도 할 수 있어요! 이 문제를 덧셈식으로 바꾸어 생각해 보도록 할 수 있다. 또는 사용되는 연산과 상관없이 유사한 방법으로 해결하는 식들에 대해 생각해 보게 할 수 있다.

BIG IDEA 같은 대수적 표현이나 등식이 서로 다른 실제 상황에 적용될 수 있다. 그 반대(역)도 마찬가지이다.

> 방정식이 $5+\square=9$가 되는, 서로 다른 두 개의 문제 상황을 제시하시오.

* CCSS: 연산과 대수적 사고: 1.OA, 2.OA
수학적 관행: 1, 2, 4

궁극적으로 수학은 그 기본 구조를 파악하기 위해, 맥락에서 상황을 분리해서 보는 것이다. 방정식 $5+\square=9$는 사탕, 야구 카드, 사람 수 또는 돈 등의 상황으로 설명할 수 있다. 그러나 그러한 모든 상황들의 공통점은 처음에는 어떤 것이 5개 있었는데 나중에는 그것이 9개가 된다는 것이다. 문제는 몇 개가 더해지는가이다.

같은 식으로 다양한 문제를 만들어보도록 함으로써 학생들이 보아야 할 그 기본 구조를 강조할 수 있다.

학생들이 직접 문제 상황을 만들어봄으로써 보다 자신에게 잘 이해되고 유의미한 자기만의 상황을 설정할 수 있을 것이다.

이렇게도 할 수 있어요! 숫자를 바꾸거나, 덧셈식 대신 뺄셈식으로도 변형할 수 있다.

BIG IDEA 항상 그렇지는 않지만 때때로, 수학적 관계에 대한 제한된 정보로 그 관계에 관한 다른 정보를 예측할 수 있다.

> 4+3=□이 참이라면, 반드시 참인 등식에는 어떤 것이 있는가?

* CCSS: 연산과 대수적 사고: 1.OA
수학적 관행: 1, 2, 4

어떤 학생들은 간단히 방정식을 돌려서 □= 4+3이라고 말하고, 어떤 학생들은 교환법칙을 사용하여 3+4=□라고 말할 것이다. 또 다른 학생들은 좀 더 심도 있게 4+4는 □+1과 같아야 하며, 4+2는 □−1과 같아야 한다고 제안할 것이다.

또 많은 학생들은 기본적인 식 그대로를 아래와 같은 모델을 사용하여 답이 7이 됨을 보일 것이다.

비록 이런 학생들은 문제에서 요구한 새로운 등식을 제시하지는 못했지만, 그들의 답 또한 등식의 의미에 대한 바른 이해를 보여준다는 점에서 답으로 인정해줘야 한다.

TEACHING TIP 수학에서는 한 가지를 알면 그것으로 다른 많은 것들을 더불어 파악할 수 있다는 사실을 학생들이 생각할 수 있도록 하는 것은 중요하다. 어떤 면에서는 이것이 바로 수학을 한다는 것의 의미일 것이다.

3-5학년 개방형 문제

BIG IDEA 항들은 반복적이거나 규칙적인 요소들이 있을 때 패턴을 형성하고, 패턴 규칙으로 설명될 수 있다.

> 패턴은 4에서 시작한다. 이 수에 일정하게 더해줄 수를 선택한다. 패턴에 대하여 알게 된 점을 말하고, 그런 현상이 왜 나타난다고 생각하는지 말하여라.

* CCSS: 연산과 대수적 사고: 4.OA
수학적 관행: 1, 2, 3

학생들이 자유롭게 더할 수를 선택할 수 있다는 점에서 이 문제는 개방적이다. 무엇보다 이 문제에서 흥미로운 점은 패턴에 대해 학생들이 주목하는 특징들이다.

예를 들면 어떤 학생은 더하기 4를 선택하고, 그것이 4단의 구구단으로 나타남을 알아챌 것이다. 어떤 학생은 더하기 1을 선택하고, 그것이 4부터 시작하는 수 세기임을 알 것이다. 또 어떤 학생은 더하기 6을 선택하고, 모든 항들이 짝수임을 알게 될 것이다. 또 다른 학생은 더하기 10을 선택하고, 모든 항의 일의 자리가 4임에 주목할 것이다. 이 문제에서 가장 중요한 수학적인 부분은 학생들이 규칙이 나타나는 이유에 대해 탐구하고 설명하는 것이다.

어떤 패턴에 숫자 5가 있다. 이 패턴은 어떤 패턴인가?

* CCSS: 연산과 대수적 사고: 4.OA
수학적 관행: 1, 2

학생들은 원하는 대로 간단한 또는 복잡한 패턴을 만들 수 있다. 어떤 학생들은 간단히 2, 5, 2, 5, 2, 5, …와 같은 반복 패턴을 만들 것이다; 다른 학생들은 2, 4, 5, 2, 4, 5, 2, 4, 5, …와 같이 세 항씩 반복되는 패턴을 만들 것이다. 또 다른 학생들은 2, 3, 4, 5, … 같은 증가하는 패턴을 만들 수 있다.

학생들이 어떤 패턴을 만들든지 다음과 같은 질문에 답할 수 있어야 한다.

- 이것은 어떤 점에서 패턴이라고 할 수 있는가?
- 패턴을 유지한 채, 어떤 수를 바꿀 수 있는가?
- 어떻게 그렇게 할 수 있는가?

다음과 같은 패턴으로 시작하는 수가 있다. 2, 6, …
어떻게 계속되겠는가?

* CCSS: 연산과 대수적 사고: 4.OA
수학적 관행: 1, 2

학생들이 답할 수 있는 가능한 답변이 많이 있다. 몇 가지 예를 들면:

2, 6, 10, 14, 18, … 2, 6, 11, 17, 24, …

2, 6, 2, 6, 2, 6, … 2, 6, 18, 54, …

2, 6, 3, 7 , 4, 8, …

이렇게도 할 수 있어요! 처음에 주어지는 두 수를 변경하여 쉽게 적용할 수 있다.

TEACHING TIP. 처음의 세 수가 주어지는 경우와 두 수가 주어지는 경우 모두 다양한 방법으로 패턴을 계속할 수 있지만, 학생들은 세 수가 주어졌을 때 다양성을 훨씬 덜 인식하는 것으로 보인다. 예를 들어, 1, 3, 5가 주어졌을 때 대부분의 학생들은 1, 3, 5를 반복하거나 2씩 더하여 7, 9, 11의 패턴을 계속할 것이다. 그러나 1, 3이 주어지면 더 대안적인 방법을 찾는 것 같다.

BIG IDEA. 패턴, 대수적 표현, 관계, 방정식을 다양한 방법으로 표현할 수 있다.

1, 4, 9, 16, …으로 진행되는 패턴의 다음 4개 항을 추론할 수 있도록 그림으로 나타내어 보시오.

* CCSS: 연산과 대수적 사고: 4.OA
수학적 관행: 1, 2, 5

많은 학생들이 이 패턴의 표현을 그리겠지만, 이 패턴의 연속되는 항들을 추론하는데 있어서 더욱 유용한 패턴들이 있다. 이 패턴을 표현하는 두 가지 유용한 시각적 접근들을 아래에 제시하였다.

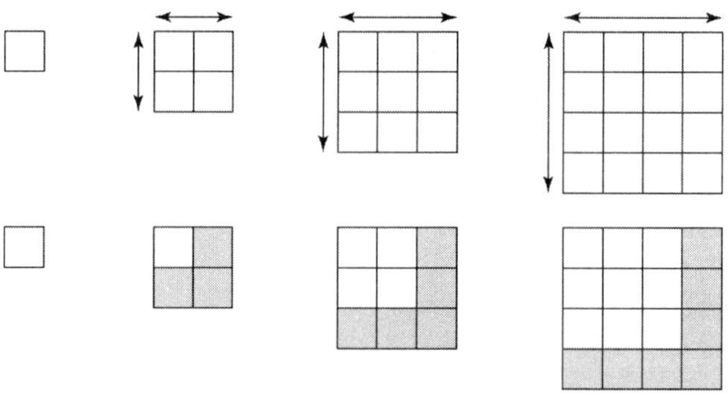

첫 번째 그림은 그 수가 같은 수를 곱하여 얻어진다는 것을 강조하는 반면, 두 번째 그림은 증가하는 홀수만큼 그 값이 늘어난다는 것을 강조한다. 이를 통해 학생들은 패턴의 다양한 표현 방법들이 다양한 측면의 패턴들을 얼마나 뚜렷하게 나타내는지 이해할 수 있다.

이렇게도 할 수 있어요! 같은 목적으로 사용될 수 있는 또 다른 패턴으로 1, 3, 6, 10, …이 있다. 또는 다른 패턴으로, 2, 5, 8, …과 같은 단순 증가 패턴이 있다. 이 패턴을 표현할 때, 어떤 학생은 마지막 묶음에서 1개가 빠진, 3개짜리 1묶음으로서 각각의 항을 나타낼 수 있고 다른 학생들은 2로 시작하여 3씩 더하는 것을 바탕으로 한 규칙을 강조하여 그 패턴을 나타낼 것이다.

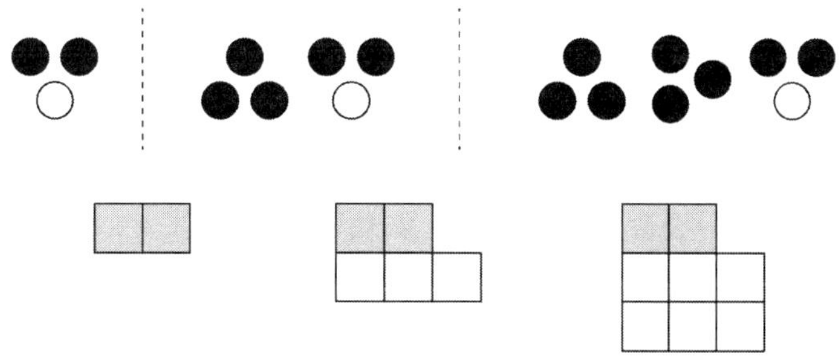

BIG IDEA 수, 기하, 측정에 대한 아이디어들은 패턴에 기초하고 있다.

덧셈표를 보고, 표에서 자신이 발견한 규칙을 가진 수 배열을 쓰시오.

+	0	1	2	3	4	5	6	7	8	9
0	0	1	2	3	4	5	6	7	8	9
1	1	2	3	4	5	6	7	8	9	10
2	2	3	4	5	6	7	8	9	10	11
3	3	4	5	6	7	8	9	10	11	12
4	4	5	6	7	8	9	10	11	12	13
5	5	6	7	8	9	10	11	12	13	14
6	6	7	8	9	10	11	12	13	14	15
7	7	8	9	10	11	12	13	14	15	16
8	8	9	10	11	12	13	14	15	16	17
9	9	10	11	12	13	14	15	16	17	18

* CCSS: 연산과 대수적 사고: 3.OA
수학적 관행: 1, 2, 5

이 개방형 문제는 학생들이 어떠한 패턴의 리스트를 작성할지에 대한 결정권을 모두 학생에게 준다. 학생들은 행이나 열을 이동할 때 1씩 증가하는 것과 같은 매우 간단한 패턴, 혹은 남서에서 북동으로 가로지르는 대각선방향의 수들이 모두 같은 수로 이루어진 좀 더 복잡한 패턴을 선택할 것이다. 일부 학생들은 심지어, 0의 개수와 18의 개수가 같고 1과 17, 2와 16, …의 개수가 같음을 인지할 것이다. 단 두 가지 패턴만을 요구하게 되면 이 문제는 학생들에게 과도하게 부담을 주는 주제가 되지는 않는다. 물론 실제 수업에서는 두 가지보다 더 많이 나올 것이다.

교사가 각각의 패턴을 설명하는 근원적인 수학에 대하여 얼마나 깊이 이야기할 수 있을지는 학생들이 발달과 배경 지식의 관점에서 얼마나 준비가 되어있는지에 달려있다.

다음 곱셈표를 보고 2가지 패턴을 찾아보시오.

×	0	1	2	3	4	5	6	7	8	9
0	0	0	0	0	0	0	0	0	0	0
1	0	1	2	3	4	5	6	7	8	9
2	0	2	4	6	8	10	12	14	16	18
3	0	3	6	9	12	15	18	21	24	27
4	0	4	8	12	16	20	24	28	32	36
5	0	5	10	15	20	25	30	35	40	45
6	0	6	12	18	24	30	36	42	48	54
7	0	7	14	21	28	35	42	49	56	63
8	0	8	16	24	32	40	48	56	64	72
9	0	9	18	27	36	45	54	63	72	81

* CCSS: 연산과 대수적 사고: 3.OA
수학적 관행: 1, 2, 5

이 문제에서는 0의 열과 행을 포함한 곱셈표가 사용되었다. 많은 교사들이 1로 시작하는 곱셈표보다는 이러한 곱셈표를 사용한다.

이 개방형 문제를 통해 학생들은 어떤 패턴을 나열할지를 결정하게 된다. 열과 행에 따라 수가 늘어난다는 것을 알아채는 단순한 패턴을 선택하거나, 모든 줄은 모두 짝수이거나 절반이 짝수라는 것을 알아채는 좀 더 복잡한 패턴을 선택할 수 있다.

TEACHING TIP. 표나 도표에 있는 많은 패턴은 수학적으로 설명할 수 있다. 학생들 스스로 그 설명을 찾도록 하는 것은 가치 있는 일이다.

BIG IDEA. 패턴이나 관계를 비교하는 것은 유사한 다른 패턴과 관계에 대한 통찰력을 제공한다.

패턴 하나를 선택하여 첫 번째부터 5개의 숫자들을 열거하라. 패턴의 규칙을 설명하라. 그리고 처음의 패턴과 다르지만 유사한 규칙을 사용하여 둘째 패턴을 만들어라. 한 패턴의 30째 수를 이용하여 다른 패턴의 30째 수를 예측할 수 있는가?

* CCSS: 연산과 대수적 사고: 5.OA
수학적 관행: 1, 2, 3

두 패턴을 비교하도록 하는 것은 학생들의 패턴의 속성에 대한 이해도를 판단할 수 있는 효과적인 방법이다. 예를 들어, "4에서 시작하고 2씩 더해가는" 패턴 규칙인 4, 6, 8, 10, 12, …를 토대로, 이와 유사한 패턴을 만드는 방법은 증가도를 유지시키면서 첫 수를 바꿀 수도 있고, 또는 첫 수는 그대로 하고 증가도에 변화를 줄 수 있다.

패턴의 30째 수를 앎으로써 다른 패턴의 30째 수를 보다 수월하게 유추할 수 있기도 하다. 예를 들어 규칙이 아래와 같다면:

- 4, 8, 12, 16, …와 5, 9, 13, 17, … 학생들은 첫째 패턴의 항에 1을 더하여 둘째 패턴의 해당 항의 값을 얻을 수 있다.
- 2, 4, 6, 7, …와 4, 8, 12, 16, … 학생들은 첫째 패턴의 항을 두 배하여 둘째 패턴의 해당 항의 값을 얻을 수 있다.

어떤 학생들은 보다 난이도 있는 것을 선택할 수 있다. 예를 들면,

- 4, 8, 12, 16, …와 6, 12, 18, 24, … 학생들은 첫째 패턴의 항에 $\frac{3}{2}$을 곱하여 둘째 패턴의 해당 항의 값을 얻을 수 있다.
- 4, 8, 12, 16, …와 4, 7, 10, 13, … 학생들은 첫째 패턴의 항에 $\frac{3}{4}$을 곱한 후 1을 더하여 둘째 패턴의 해당 항의 값을 얻을 수 있다.

> 한 패턴의 각 항들은 항상 다른 패턴의 해당 항을 두 배한 수보다 1이 더 크다. 이 두 패턴은 어떤 것인가? 이들의 그래프를 각각 그리고 비교해 보아라.

* CCSS. 연산과 대수적 사고. 5.OA
수학적 관행: 1, 2, 3

학생들은 패턴을 만들 때, 수의 크기를 자유롭게 정할 수 있다. 1, 2, 3, 4, 5, …나 3, 5, 7, 9, 11, …와 같은 단순한 패턴을 만들거나 보다 큰 수들의 패턴을 선택할 수 있다. 또는 심지어 소수들의 패턴, 예를 들면 4.5, 5, 5.5, 6, 6.5, …와 10, 11, 12, 13, 14, …같이 만들 수 있다.

첫째 패턴이 일정하게 증가하는 등차의 형태라면, 두 패턴의 그래프를 비교해 보았을 때, 어떤 항을 비교해 보아도 첫째 패턴보다 둘째 패턴의 기울기가 더 클

것이다. 학생들은 또한 둘째 패턴의 증가율이 항상 첫째 패턴의 두 배라는 것에 주목할 수 있다.

학생들에게 다음과 같이 질문할 수 있다.

- 짝수를 포함할 수 있는 패턴은 어느 것인가? 그 패턴만 가능한 이유는 무엇인가?
- 어떤 패턴이 더 급격히 증가하는가? 어떻게 알 수 있는가?

6-8학년 개방형 문제

BIG IDEA 패턴, 대수적 표현, 관계, 방정식을 다양한 방법으로 표현할 수 있다.

어떤 수 패턴을 관계표로 기술할 수 있다. 첫 번째 수는 패턴에서 그 수의 위치를 나타내고 두 번째 수는 값을 나타낸다. 예를 들면, 2, 4, 6, 8, …은 다음과 같이 나타낼 수 있다.

1	2	3	4	5	6
2	4	6	8	10	12

또한 표의 값들을 그래프로 나타낼 수 있다. x좌표는 위치수이고 y좌표는 각 항의 값이다. 어떤 패턴을 나타내는 그래프가 (2, 3)을 통과한다고 한다. 어떤 패턴이 될 수 있는가?

* CCSS: 식과 방정식: 6.EE, 8.EE
비와 비율 관계 : 7.RP
수학적 관행: 1, 2, 5

이 문제는 어떤 패턴을 목록, 표, 그래프로 나타낼 수 있다는 개념을 강화시킨다. 동시에 다양하게 답할 수 있는 기회를 제공한다. 예를 들면, 어떤 학생의 패턴은 3, 3, 3, 3, …일 수 있고, 다른 학생은 1, 3, 5, …가 될 수 있으며, 또 다른 학생은 5, 3, 1, −1, …이 될 수 있다.

TEACHING TIP 학생들이 감소하는 패턴을 경험할 수 있도록 하는 것이 중요하다. 주로 증가하는 패턴에 초점이 맞춰져 있다.

BIG IDEA 수, 기하, 측정에 대한 아이디어들은 패턴에 기초하고 있다.

100까지의 수 배열표에서 대문자를 나타내도록 정사각형들을 색칠하시오. 그 문자로 덮어진 숫자들을 더하면 합이 100과 120 사이에 있다고 한다. 그 문자가 될 수 있는 것은 무엇인가? 어디에 그 문자를 배치할 수 있는가?

1	2	3	4	5	6	7	8	9	10
11	12	13	14	15	16	17	18	19	20
21	22	23	24	25	26	27	28	29	30
31	32	33	34	35	36	37	38	39	40
41	42	43	44	45	46	47	48	49	50
51	52	53	54	55	56	57	58	59	60
61	62	63	64	65	66	67	68	69	70
71	72	73	74	75	76	77	78	79	80
81	82	83	84	85	86	87	88	89	90
91	92	93	94	95	96	97	98	99	100

* CCSS: 식과 방정식: 6.EE, 7.EE
수학적 관행: 1, 2, 5

학생들은 I와 같이 단순한 문자를 사용하거나 T와 같이 좀 더 복잡한 문자를 사용할 수 있다. 어떤 학생들은 대수적으로 이 문제를 해결할 것이다. 예를 들면, I를 나타내는 4칸 높이의 공간을 n, $n+10$, $n+20$, $n+30$이라고 할 수 있다. 또는 계산 기술을 더 많이 활용하는 학생도 있을 것이다.

학생들이 그들의 해결방법을 논의하는 동안 변수를 사용하지 않았던 학생들은 변수를 사용하여 설명하는 친구로부터 배울 수 있는 기회를 갖게 될 것이다.

BIG IDEA 변수는 관계를 표현할 때 사용될 수 있다.

세 가지 종류의 도형 조각들이 격자판 위에 놓여 있다. 각각의 도형들은 다른 양의 값을 지니고 있다. 하나의 열과 하나의 행에 대한 총량이 주어져 있다. 각각의 도형의 값은 얼마인가?

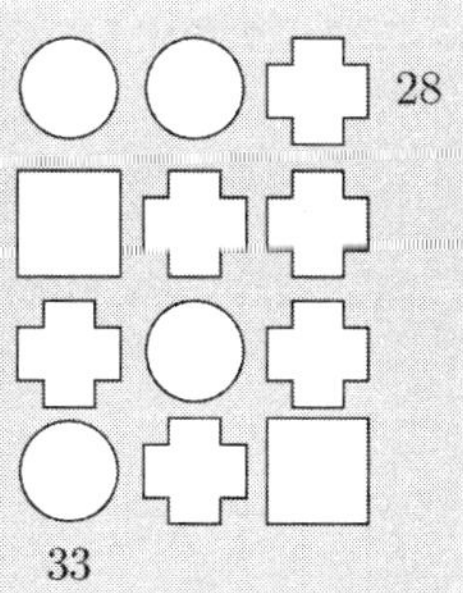

* CCSS: 식과 방정식: 6.EE, 7.EE, 8.EE
수학적 관행: 1, 2, 3, 5

대수적 사고는 학생들이 정사각형이 왜 5의 값을 갖는지를 이해할 수 있도록 하지만, 다른 값을 가질 수도 있다는 융통성을 가질 수 있도록 한다. 예를 들면, 원의 값은 10, 십자형의 값은 8이 될 수 있고 또는 원의 값은 6, 십자형의 값은 16이 될 수 있다.

만약 모든 열과 행의 값이 주어졌다면 단 한 가지의 해결 방법이 존재하여 이 문제는 덜 개방적일 것이다. 이 상황에서는 더 넓은 범위의 학생들을 위한 개방형 문제를 만드는 데 있어서 몇 가지 제한조건이 있기는 하지만 상당한 융통성이 존재한다.

변수 k를 포함한 어떤 식에서 $k=4$일 때, 그 값이 10이 된다. 어떤 식이 될 수 있는가?

* CCSS: 식과 방정식: 6.EE, 7.EE,
수학적 관행: 1, 2, 3, 7

이 문제는 아주 단순한 답에서부터 아주 복잡한 단계에 이르기까지 많은 답을 고려해야 하는 개방형 문항이다. 조건을 만족하는 식은 $k+6$, $2k+2$, $14-k$, $10k \div 4$, $2k^2-5k-2$ 등이 있다. 이 질문은 학생들이 어떤 경우에만 같은 값을 갖는 식(예: $k+6$과 $14-k$)과는 달리, 실제로 동일한 식들을 확인하는 데도 유용할 것이다.(예: $k+6$과 $2+k+4$)

이렇게도 할 수 있어요! 이 질문은 변수의 값, 식의 값 또는 두 값 모두를 변화시켜 적용할 수 있다.

TEACHING TIP 식에서 주어진 변수의 값을 구하는 문제가 주로 학생에게 제시된다. 학생들이 변수의 값/식의 값 조합에 대하여 식을 만들도록 하는 문제는 수준별 수업에 아주 적합하다.

$s=4$이고 $t=5$인 경우, 다음과 같은 식은 참이다.

$3(s+t)=27$ $2s+3t=23$ $2t-2s=2$

p와 q의 값을 선택하여라. 그 변수들을 사용하여 참이 되는 식을 3개 쓰시오.
자신이 정한 p와 q의 값을 짝이 알아낼 수 있는지 알아보시오.

* CCSS: 식과 방정식: 6.EE, 7.EE,
수학적 관행: 1, 2, 5

학생들은 p와 q의 값을 선택할 수 있고 식을 만들 수 있으므로, 다소 어려워하는 학생들도 잘 참여할 수 있을 것이다. 그 학생들은 $p=1$, $q=2$와 같은 값을 선택할 수 있고, $p+q=3$, $q-p=1$, $p-1=0$과 같은 식을 사용할 수 있다.

만들어진 문항을 짝에게 주고 p와 q의 값을 구하도록 하면, 짝은 어느 식에서 시작하면 제일 좋을지를 결정할 필요가 있다. 예를 들어, 위의 단락에 제시된 학생의 문제에서 살펴보면, 하나의 변수만을 포함하고 있는 마지막 식에서 시작하는 것이 가장 쉽다.

> 변수를 사용하여 항상 참인 방정식을 2개 만들어 보시오. 그리고 난 후 변수를 사용하여 어떤 경우에만 참이 되는 방정식을 2개 만들어 보시오.

* CCSS: 식과 방정식: 6.EE, 7.EE, 8.EE
수학적 관행: 1, 2, 7, 8

이것은 방정식이 다른 방식으로 사용될 수 있다는 것을 학습하는 데 매우 중요하다. 간혹 방정식은 매우 구체적인 관계를 표현할 때 사용하기도 한다: 예를 들어, $5+n=10$은 $n=5$일 때만 참이다. 또 다른 경우에 방정식은 더 넓은 관계를 나타내기도 한다: 예를 들어, $n+5=5+n$은 n의 모든 값에 대해 참이며 수의 기본적인 특성을 나타낸다.

위의 개방형 문제는 다양한 점수의 획득을 허용한다. 항상 참인 방정식을 만들 때 학생들은 $n=n$나 $2\times n=n+n$ 같이 아주 단순한 방정식을 쓰기도 하고 $(2\times n)+(3\times n)=5\times n$같이 더 복잡한 방정식을 쓰기도 한다.

BIG IDEA 패턴이나 관계를 비교하는 것은 유사한 다른 패턴과 관계에 대한 통찰력을 제공한다.

> 직선은 아니나 거의 직선인 함수가 있다. 이 함수값들을 표로 나타내어라.

* CCSS: 함수: 8.F
수학적 관행: 1, 2, 3, 5

이 문제는 학생들이 선형 함수를 만드는 요인에 대해, 여러 가지 방법으로 논의하는 기회를 제공하기 위해 제작되었다. 어떤 학생들은 직선을 그린 후, 그것을 약간 변형하여 해당 수치들을 표에 기록할 수 있다. 다른 학생들은 선형 함수는 x값의 변화량에 대한 y값의 증가 또는 감소량이 일정하다는 것을 파악하고, 선형 함수에 맞는 표를 작성한 후, 몇 개의 수치를 조정할 수 있다.

y값이 정수가 아니면 선형함수가 나올 수 없다고 생각하는 학생들도 있을 수 있다. 물론 이것은 참이 아니다. 그러나 이 문제를 통해 이러한 오개념을 다루어 줄 수 있다.

BIG IDEA 항상 그렇지는 않지만 때때로, 수학적 관계에 대한 제한된 정보로 그 관계에 대한 다른 정보를 예측할 수 있다.

> 양수인 미지수 x, y가 있다. 두 미지수에 대한 정보는 $2x+y=9$뿐이다. 이것으로 알 수 있는 것에 대해 말하여 보아라.
>
> - 확실히 참임을 알 수 있는 것은 무엇인가?
> - 확실히 거짓임을 알 수 있는 것은 무엇인가?
> - 확실히 알 수 없는 것은 무엇인가?

* CCSS: 식과 방정식: 6.EE, 7.EE, 8.EE
수학적 관행: 1, 2, 7

이것은 연립 일차방정식의 활용에 대한 간단한 도입 활동이다. 학생들은 주어진 것과 같이 두 변수 사이에 어떤 관계가 있을 때, 이것만으로 두 값이 정해지지는 않지만 그로 인해 파악할 수 있는 사실들이 있음을 알 수 있다.

예를 들면, 학생들은 $2x+y$가 10이 아니라는 것과 $2x+y+1=10$이라는 것을 확실히 알 수 있다. 만약 y가 범자연수라면 그 값은 홀수가 된다는 것도 확실히 알 수 있다. 그러나 학생들이 확실히 알 수 없는 것은 x와 y가 어떤 특정값인지, 어떤 값이 더 크고 어떤 값이 더 작은지에 관한 사실들이다.

그래프를 그려 보게 함으로써 확실히 알 수 있는 것과 그렇지 않은 것을 파악하는 데 도움을 줄 수 있다.

> 한 직선이 원점을 지나고 (4, 5)와 (8, 10)의 두 점이 직선 위에 있다. (x, y)의 점이 직선 위에 있다면, x, y의 값에 대해 무엇을 알 수 있나요?

* CCSS: 식과 방정식: 8.EE
수학적 관행: 1, 2, 7

학생들은 이 문제에 대해 다양한 방식으로 반응할 수 있다. 어떤 학생들은 직선이 원점을 통과하고 기울기가 $\frac{5}{4}$이기 때문에 x는 항상 y의 $\frac{4}{5}$라 할 수 있고; 다른 학생들은 x값은 4씩, y값은 5씩 증가하는 패턴으로 볼 수 있다. 또 다른 학생들은 x가 y보다 항상 작다고 말할 수 있다(실제로 이것은 음수일 때는 성립하지 않지만 양수일 때는 성립한다).

학생들에게 다음과 같이 질문할 수 있다.

- (16, 10)은 직선 위에 있는가? 왜 그렇다고 생각하는가? 왜 그렇지 않다고 생각하는가?
- x가 3일 때 y값은 무엇인가? 왜 그렇다고 생각하는가?
- x가 20 증가하면 y는 얼마나 증가할까? 왜 그렇다고 생각하는가?

유치원 – 2학년 유사/선택 문제

유사/선택 문제는 핵심 아이디어와 관련된 문제이지만 학습자의 발달 단계에 맞도록 2개 이상으로 구성되어 있다. 이 과제는 모든 학생들이 후속 토론에 참여할 수 있도록 한 앞의 개방형 문제와 상황이 같다.

BIG IDEA. 패턴이나 관계를 비교하는 것은 유사한 다른 관계에 대한 통찰력을 제공한다.

선택1: 다음 방정식 중 다른 하나는 무엇인가?

$5 + \square = 10$　　$14 = 9 + \square$　　$8 + \square = 14$

선택2: 다음 방정식 중 다른 하나는 무엇인가?

$36 + \square = 55$　　$48 = 29 + \square$　　$28 + \square = 48$

* CCSS: 연산과 대수적 사고: 1.OA, 2.OA
수학적 관행: 1, 2

학생들에게 다른 방정식을 하나 선택하도록 하는 것은 학생들로 하여금 방정식을 다양한 측면에서 바라볼 수 있도록 한다. 이 문제에서 특별히 흥미로운 점은 학생들이 서로 다른 이유로 다른 답을 선택할 수 있다는 점이다.

어떤 학생은 첫째 식을 선택하고, 나머지 두 방정식은 최소한 한 가지 수를 공유하고 있다고 할 것이다. 어떤 학생은 셋째 식을 선택하고, 그 이유로 앞의 두 식의 미지수 값이 같다고 할 것이다. 또 어떤 학생은 가운데 식을 선택하고, 이것만 등식의 좌변에 숫자가 두 개가 아닌 한 개라고 할 수 있다.

두 문제는 다루는 수의 크기 면에서 차이가 있다. 두 경우 모두 교사는 학생들이 자신의 답에 대한 근거를 설명할 수 있도록 하고, 또 다른 방법은 없는지 생각해 보게 해야 한다.

BIG IDEA 같은 대수적 표현이나 등식이 서로 다른 실제 상황에 적용될 수 있다. 그 반대(역)도 마찬가지이다.

> **선택1**: $10-2=\square$로 나타낼 수 있는 두 가지 상황을 제시해 보시오.
> **선택2**: $75-25=\square$로 나타낼 수 있는 두 가지 상황을 제시해 보시오.

* CCSS: 연산과 대수적 사고: 1.OA, 2.OA
수학적 관행: 1, 2, 4

선택1, 2를 통해 학생들은 서로 다른 상황들이 하나의 등식으로 나타내어질 수 있음을 배울 수 있다. 한 문제는 20이 넘는 수들을 잘 다루는 학생들에게 적합하고, 다른 하나는 단순한 덧셈과 뺄셈의 관계를 아직 익숙하게 다루지 못하는 학생들에게 더 적합하다. 문제에 사용된 수들 자체가 동전의 단위와 연관되어 학생은 본인이 원할 경우, 동전의 사용과 관련된 문제를 제시할 수 있다. 뺄셈은 여러 가지 의미를 지니기 때문에 같은 상황도 다른 의미로 해석할 수 있다. 예를 들면 $10-2$는 10개 중 2개의 쿠키를 먹고 몇 개가 남아있는지를 나타낼 수도 있고, 쿠키 10개를 가지고 있는 사람은 2개를 가지고 있는 사람보다 몇 개가 더 많은지를 나타낼 수도 있다.

학생들에게 다음과 같이 질문할 수 있다.

- 상황이 등식에 적합한 것이라고 생각하는 이유는 무엇인가요?
- 동전을 사용하는 어떤 문장제를 만들 수 있나요?
- 상황이 어떤 점에서 비슷하고, 어떤 점에서 다른가요?

BIG IDEA 항상 그렇지는 않지만 때때로, 수학적 관계에 대한 제한된 정보로 그 관계에 관한 다른 정보를 예측할 수 있다.

> **선택1**: 다음의 방정식과 같은 의미를 지닌 등식은 어떤 것들이 있나요?
> $$32+\square=51$$
> **선택2**: 다음의 방정식과 같은 의미를 지닌 등식은 어떤 것들이 있나요?
> $$8+\square=11$$

* CCSS: 연산과 대수적 사고: 1.OA, 2.OA
수학적 관행: 1, 2, 7

두 과제는 학생들에게 방정식의 의미와 방정식에서 미지수를 구하는 과정에 대해 생각하게 한다. 이 문제도 하나는 20이 넘는 수를 다룰 수 있는 학생들에게 적합하고, 다른 하나는 아직 단순한 덧셈과 뺄셈의 관계를 학습하고 있는 학생들에게 적합하다.

학생들은 여러 가지 방법으로 답할 수 있다. 덧셈식을 뺄셈식으로 바꾸어 나타낼 수 있다. 8 + □ = 11을 5 + 3 + □ = 11과 같이 숫자들을 더 분할한 등식으로 표현할 수도 있다. 또는 선택2를 9 + □ = 12와 같이 등식의 양변에 같은 수를 더하여 변형할 수도 있다.

학생들에게 다음과 같이 질문할 수 있다.

- 처음 시작한 방정식은 어떤 의미를 지니는가?
- 빈칸에 들어갈 수 있는 수는 매우 많은가? 그렇게 많지는 않은가?
- 첫 수가 1만큼 더 작다면, 방정식을 어떻게 바꿀 수 있는가?

TEACHING TIP 문제에서 선택사항을 제시할 때에는 가끔은 문제1의 선택사항을 간단하게, 때로는 문제2를 간단하게 제시하라. 이러한 예측 불가능은 학생들이 1, 2번에 같은 가능성을 두고 문제를 고르도록 할 것이다.

3 – 5학년 유사/선택 문제

BIG IDEA 항들은 반복적이거나 규칙적인 요소들이 있을 때 패턴을 형성하고, 패턴 규칙으로 설명될 수 있다.

선택1: 각 패턴의 넷째, 다섯째, 여섯째 수가 40인 3가지 다른 패턴을 만드시오.
선택2: 각 패턴의 넷째, 다섯째, 여섯째 수가 40인 3가지 다른 증가하는 패턴을 만드시오.

* CCSS: 연산과 대수적 사고: 4.OA, 5.OA
수학적 관행: 1, 2, 5

생성된 패턴의 조건을 제시함으로써 많은 학생들이 좀 더 복잡한 문제에 쉽게 접근할 수 있다. 선택1을 고른 학생들은 반복되는 패턴과 증가, 감소 패턴의 조합을 사용할 수 있고 반복 패턴만을 사용할지도 모른다.

심지어 좀 더 복잡한 과제인 선택2는 상당히 개방되어 있다. 학생들은 다섯째, 여섯째 숫자가 40인 패턴들을 찾기 위해, 10, 20, 30, 40, …과 같은 패턴을 사용할지도 모른다. 추가적인 패턴으로 가능한 것들로는 8, 16, 24, 32, 40, …와 10, 16, 22, 28, 34, 40과 같은 것들이 있다.

어떤 학생은 40을 넷째 항으로 만들기 위해, 40을 4로 나누어 10을 얻고, 10, 20, 30, 40, …와 같이 만들 수 있다. 40을 다섯째 항으로 만들기 위해서도 역시 같은 방법으로, 40을 5로 나누어 8, 16, 24, 32, 40, …을 만들 수 있다. 그러나 40을 6으로 나누면 나머지가 생긴다. 따라서 6, 12, 18, 24, 30, 36, … 대신 각 항에 나머지인 4를 더하여 10, 16, 22, 28, 34, 40, …와 같이 만들어야 함을 파악해야 한다.

곱셈이나 나눗셈에 대한 어떠한 언급이 없음에도, 이런 연산들을 수행하는 능력은 여기에서 중요한 도구가 된다는 점이 매우 흥미롭다.

교사는 모든 학생들에게 다음과 같은 질문을 할 수 있다.

- 패턴은 어떻게 시작하는가?
- 어떻게 끝나는가?
- 패턴의 규칙은 무엇인가?
- 넷째 지점이 40이 되도록 어떻게 정했는가?

이렇게도 할 수 있어요! 이 문제들은 40을 다른 값으로 바꾸거나 숫자의 위치를 바꾸어, 혹은 둘 다 바꾸어 적용할 수 있다.

BIG IDEA **패턴, 대수적 표현, 관계, 방정식을 다양한 방법으로 표현할 수 있다.**

선택1: 한 그룹에서 각 사람들은 다른 사람과 정확하게 1번씩 악수를 한다. 그룹의 인원이 3명일 때, 몇 번의 악수를 하는가? 4명일 때는 몇 번인가? 11명일 때는 몇 번인가?

선택2: 삼각수는 삼각형 패턴의 점의 배열를 기초로 한다. 10번째 그림에는 몇 개의 점이 있는가?

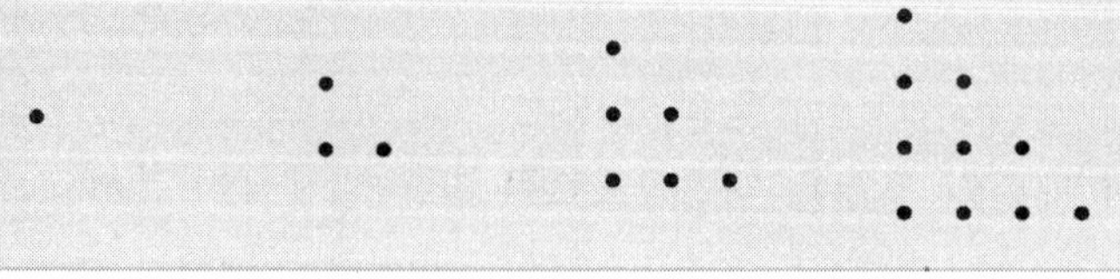

* CCSS: 연산과 대수적 사고: 4.OA
수학적 관행: 1, 2, 4, 5

일부 학생들은 점을 그리는 것보다 악수 문제를 해결하는 것을 좋아할 것이다. 다른 학생들은 아마 독립적으로 점을 그리거나, 악수한 횟수를 수학적으로 기록하는 것을 좋아할 것이다.

두 문제를 해결하는 데 필요한 패턴이 같으며(즉, 1, 3, 6, 10, 15, …), 11명의 사람이 악수를 한 횟수와 10번째 그림의 점의 수가 같다.

학생들은 문제에 대한 공통적인 논의를 통해 같은 패턴이 매우 다양한 상황으로부터 어떻게 발생했는지 이해할 것이다. 교사들은 그룹 모두에게 다음과 같이 질문할 수 있다.

- 정답을 어떻게 알아냈는가?
- 패턴을 어떻게 알았는가? 어떤 패턴이 있었는가?
- 패턴의 4번째 수는 무엇인가? 그것을 어떻게 알게 되었는가?
- 6번째 수는 무엇인가?
- 패턴의 수는 왜 다른 양에 의해 계속 증가하는가?

BIG IDEA. 수, 기하, 측정에 대한 아이디어들은 패턴에 기초하고 있다.

은아와 주홍이가 가진 스티커의 개수는 언제 같게 되는가?
그때의 스티커는 몇 개인가?
선택1: 주홍이는 스티커를 30개 가지고 있고 은아는 12개를 가지고 있다.
주홍이가 은아에게 스티커를 한 번에 3개씩 준다.
선택2: 주홍이는 스티커를 50개 가지고 있고 은아는 10개를 가지고 있다.
주홍이가 은아에게 스티커를 한 번에 5개씩 준다.

* CCSS: 연산과 대수적 사고: 3.OA, 4.OA
수학적 관행: 1, 2, 4, 5

두 문제는 유사하다. 각 문제는 어떤 수씩 위로 아래로 뛰어 세기를 요구한다. 선택2는 학생들이 훨씬 쉽게 뛰어 세기를 할 수 있다.

두 문제는 모두 학생들이 패턴을 만들어 문제를 해결하도록 하고 있다. 예를 들어, 선택2를 해결하려면 스티커의 개수를 나타내는 패턴은 주홍이가 50, 45, 40, 35, …이고 은아는 10, 15, 20, 25, …이다. 두 개의 뛰어 세기한 수가 같은 순서에서 값이 같을 때를 알아내면 문제는 해결된다.

어떤 문제를 고르더라도 교사는 다음과 같은 질문을 할 수 있다.

- 주홍이가 스티커를 처음 주었을 때는 각각 몇 개의 스티커를 갖고 있는가? 두 번째로 준 후에는 어떻게 되는가?

- 주홍이가 가진 스티커 개수가 계속 줄어들고 은아가 가진 것은 점점 늘어날 것이라는 것을 어떻게 알았는가? 얼마까지 그렇게 되는가?

이렇게도 할 수 있어요! 두 선택 문제에 주어진 스티커 개수를 다른 값으로 대신할 수 있다.

TEACHING TIP 3–5학년 학생에게 딱 맞는 이런 문제는 선택2를 해결할 때 $50-5x=10+5x$ 의 식을 사용할 수 있는 좀 더 높은 학년 학생에게도 똑같이 적합하다.

동물의 종류와 사각형 격자 크기를 선택하시오. 왼쪽에서 오른쪽으로, 또는 위에서 아래로 사각형 격자의 한 칸에 동물 이름의 글자를 하나씩 쓰시오. 예를 들면,

M	O	N	K
E	Y	M	O
N	K	E	Y
M	O	N	K

선택1: 만약, 격자가 6×6이라면, 마지막에 쓴 글자는 무엇이 될지 예상해보시오. 예상한 것을 확인해 보시오. 예상할 수 있었던 방법을 설명해보시오.

선택2: 동물 이름의 첫 글자와 당신이 쓴 마지막 글자가 같으려면 어떤 크기의 격자가 필요한가?

* CCSS: 연산과 대수적 사고: 3.OA, 4.OA
수학적 관행: 1, 2, 4, 5

위의 두 선택이 가분성(나누어 떨어짐)과 관련되었다는 것이 즉시 분명해지지 않을지도 모른다. 4×4 격자에서 격자는 16칸이고 MONKEY는 6글자이기 때문에, MONKEY는 K로 끝난다. 16÷6의 나머지는 4이므로, MONKEY의 4번째 글자가 마지막에 나타나는 것이다. 선택2를 고른 학생들은 격자 칸의 수를 동물 이름 글자의 수로 나눈 나머지가 1이 되어야 함을 알아야 한다. 즉, 예를 들어, 만약 동물 이름이 5글자라면 4×4 격자와 6×6 격자가 가능하다. 둘 다 5의 배수보다 1이 더 크다.

두 집단 모두에게 다음과 같은 질문을 할 수 있다.

- 어떤 동물을 사용했는가?
- 동물 이름의 글자 수는 왜 중요한가?

- 가능한 격자의 크기를 어떻게 예상했는가?
- 줄의 수가 칸의 수보다 1 더 많다면, 답이 어떻게 변하겠는가?

BIG IDEA. 같은 대수적 표현이나 등식이 서로 다른 실제 상황에 적용될 수 있다. 그 반대(역)도 마찬가지이다.

> **선택1:** 방정식 7 × □ = 294를 두 가지 다른 상황으로 설명하라
> 어떤 상황들이 있을 수 있는가?
> **선택2:** 방정식 31 × □ = 744를 두 가지 다른 상황으로 설명하라
> 어떤 상황들이 있을 수 있는가?

* CCSS: 연산과 대수적 사고: 3.OA, 4.OA
수학적 관행: 1, 2, 4

선택1, 2를 통해 학생들은 서로 다른 상황들이 하나의 방정식으로 나타내어질 수 있음을 배울 수 있다. 한 문제는 한 자릿수인 두 수의 곱셈까지만 가능한 학생들에게 더 적합하며, 다른 하나는 두 자릿수인 두 수의 곱셈이 가능해야 한다. 곱셈은 여러 가지 의미를 지니기 때문에 같은 상황을 다르게 해석할 수 있다. 예를 들면, 7 × □ = 294는 동수누가(예, 일정 수의 학생 7그룹)로 이해할 수도 있고, 배의 개념(예, 민수는 민희가 가지고 있는 것보다 7배 더 많이 가지고 있다)으로 설명할 수 있다.

학생들에게 다음과 같이 질문할 수 있다.

- 곱하기 기호를 보고 상황에 대하여 무엇을 말할 수 있는가?
- 미지수는 20보다 큰가 작은가? 어떻게 알 수 있는가?
- 방정식에서의 첫째 수가 상황에서 나타내는 것은 무엇인가?
- 오른편에 있는 그 수는 상황에서 무엇을 나타내는가?
- 상황 속에서 미지수의 값이 적절하게 적용되는가?

6 – 8학년 유사/선택 문제

BIG IDEA. 수, 기하, 측정에 대한 아이디어들은 패턴에 기초하고 있다.

선택1: 지오보드의 가장자리와 내부에 있는 핀의 수가 표에 제시된 것과 같은 도형을 지오보드 위에 만드시오. 그리고 그 넓이를 계산하시오. 면적에 따라 변화하는 변수를 그래프로 그리시오. 어떤 것을 발견하였나요?

가장자리	내부	넓이
3	0	
3	1	
3	2	
3	3	

가장자리	내부	넓이
3	1	
4	1	
5	1	
6	1	

선택2: 표에 제시된 밑변과 높이를 가진 삼각형을 지오보드에 만드시오. 면적에 따라 변화하는 변수를 그래프로 그리시오. 어떤 것을 발견하였나요?

밑변	높이	넓이
4	1	
4	2	
4	3	
4	4	

밑변	높이	넓이
4	2	
5	2	
6	2	
7	2	

* CCSS: 함수: 8.F
수학적 관행: 1, 2, 5, 7, 8

어떤 학생들은 선택2에서 도형을 만드는 방법이 더 분명하고, 그 넓이를 계산하기가 더 쉽기 때문에 이것을 택할 것이다.

이 과제가 측정이 아닌 대수의 영역에 포함된 이유는 과제의 함수적 속성이 강조되고 있기 때문이다. 두 과제 모두 기하적 관계에서 한 변인이 변하지 않고 고정값으로 주어져 선형 관계가 나타남을 알게 될 것이다. 선택1에서 내부의 핀 수와 면적의 함수 관계는 $A = I + \frac{1}{2}$ 이다. 가장자리의 핀 수와 면적 간의 함수 관계는 $A = \frac{B}{2}$ 이다. 선택2에서 높이와 면적의 함수 관계는 $A = 2h$ 이다. 또한 밑면과 면적의 함수 관계는 $A = b$ 이다. 학생들은 변인 사이의 관계를 그래프로 나타내고, 이때 나타나는 선형 그래프의 기울기를 해석해 볼 수 있다.

학생들에게 다음과 같이 질문할 수 있다.

- 두 그래프는 어떤 점이 비슷한가? 어떤 점이 다른가?
- 그래프의 기울기가 의미하는 것은 무엇인가?
- 기울기가 맞다고 생각하는 이유는 무엇인가?

BIG IDEA. 변수는 관계를 표현할 때 사용할 수 있다.

선택1: 100칸의 격자에서 한 칸을 선택하시오. 그 칸보다 다음과 같은 수를 어떻게 알 수 있는지 설명하시오.

31 작은　　37 큰　　18 큰

선택2: 100칸의 격자에서 S로 불리는 한 칸이 있다. S의 관점에서 다음 칸의 수를 어떻게 알 수 있는지 설명하시오.

S보다 31 작은　　S보다 37 큰　　S보다 18 큰

1	2	3	4	5	6	7	8	9	10
11	12	13	14	15	16	17	18	19	20
21	22	23	24	25	26	27	28	29	30
31	32	33	34	35	36	37	38	39	40
41	42	43	44	45	46	47	48	49	50
51	52	53	54	55	56	57	58	59	60
61	62	63	64	65	66	67	68	69	70
71	72	73	74	75	76	77	78	79	80
81	82	83	84	85	86	87	88	89	90
91	92	93	94	95	96	97	98	99	100

* CCSS: 식과 방정식: 6.EE
수학적 관행: 1, 2, 4, 5

위의 두 문제 중 하나는 변수를 사용해야 하고 다른 하나는 아니라 할지라도, 두 문제는 같은 사고를 요구하고 있다. 공통적인 토의를 통해 변수를 사용하려고 하는 학생들이 변수를 사용하지는 않지만 비슷한 문제를 선택한 학생들로부터 의견을 들음으로써 더욱 통찰력을 얻게 할 것이다.

두 그룹 모두를 위해 교사는 다음과 같은 질문을 할 수 있다.

- 만약 선택한 칸의 바로 위 칸으로 옮긴다면, 수는 어떻게 변하는가? 바로 아래 칸으로 옮긴다면 어떻게 되는가?
- 하나의 위치를 왼쪽으로 옮긴다면 수는 어떻게 변하는가? 오른쪽으로 옮기면 어떻게 되는가?
- 31 작은 수는 어떻게 구할 수 있는가? 37 큰 수와 18 큰 수는 어떻게 구할 수 있는가?

창문 청소에 대해서 기본요금 5달러와 창문 하나당 추가요금 3달러를 청구한다.

선택1: 35개의 창문을 청소한 사람은 24개의 창문을 청소한 사람보다 얼마를 더 지불해야 하는가?

선택2: 어떤 사람이 창문 청소비용으로 정확히 87달러를 지불할 수 있는지 설명하시오.

* CCSS: 식과 방정식: 6.EE, 7EE
수학적 관행: 1, 2, 4, 5

두 문제는 모두 학생들이 문제에서 서술된 관계를 이용하도록 요구한다. 선택1에서는 주어진 투입량(창문의 수)에 대한 산출량(비용)을 결정할 때, 규칙을 단순히 적용하면 된다. 이것은 제시된 최종 비용이 가능한지를 판단하기 위해서 추론이나 대수를 이용해야 하는 선택2보다 더 쉽다. 수 감각이 발달한 학생은 87이 3의 배수이기 때문에 3의 배수보다 5가 더 클 수 없고, 그래서 87이 창문 청소비용이 될 수 없다는 것을 빠르게 파악할 것이다.

가장 작은 것부터 가장 큰 것까지 순서를 매기시오. 그 순서가 n의 값에 관계없이 같은지 설명하시오.

선택1: $\frac{n}{2}$ $3n$ n^2 $3n+1$ $10-n$

선택2: $4n$ $3n$ $10n$ $3n+1$ $5n+2$ $-n$

* CCSS: 식과 방정식: 6.EE, 7EE
수학적 관행: 1, 2, 3, 5

어떤 학생들은 단지 양의 범자연수만을 고려할 것이므로, 음수나 분수도 고려해 보도록 유도할 필요가 있다. 두 문제 모두에서 어떤 관계를 서술할 때에는 변수의 역할을 이해해야 한다. 학생들은 답을 찾아내기 위해 다양한 전략을 이용할 수 있다. 예를 들면, 어떤 학생은 순서를 매기기 위해 추론의 결합, 그래프와 같은 시각적 표현, 대입을 이용한다. 선택1은 더 도전적인 과제인데, 여기에 이용된 관계의 유형이 더 다양하기 때문이다.

위의 과제를 수행하는 학생들에게 다음과 같은 질문을 할 수 있다.

- $n=0$이라면 순서가 바뀌는가?
- $n=-1$이라면 순서가 바뀌는가?
- n의 값에 관계없이 $3n<3n+1$임을 어떻게 알 수 있는가?

요약

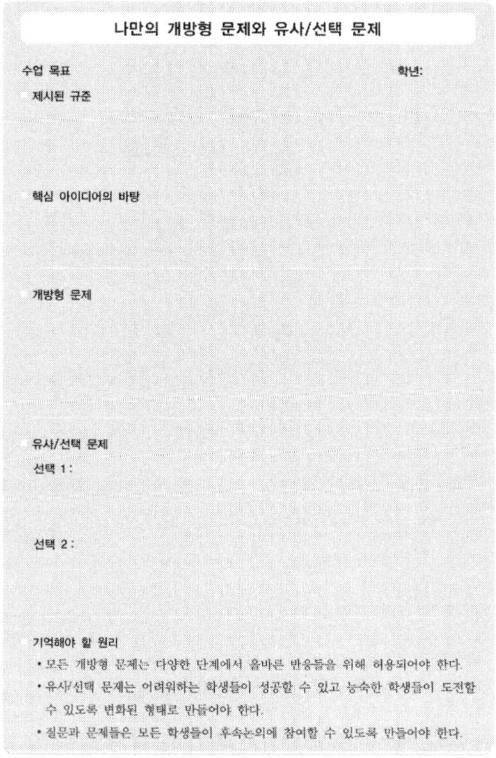
나만의 개방형 문제와 유사/선택 문제

수업 목표 학년:

제시된 규준

핵심 아이디어의 바탕

개방형 문제

유사/선택 문제

선택 1 :

선택 2 :

기억해야 할 원리

• 모든 개방형 문제는 다양한 단계에서 올바른 반응들을 위해 허용되어야 한다.
• 유사/선택 문제는 어려워하는 학생들이 성공할 수 있고 능숙한 학생들이 도전할 수 있도록 변화된 형태로 만들어야 한다.
• 질문과 문제들은 모든 학생들이 후속논의에 참여할 수 있도록 만들어야 한다.

이 장에서는 대수에서 학습을 뒷받침하는 여덟 가지 핵심 아이디어에 대해서 개방형 문제와 유사/선택 문제, '이렇게도 할 수 있어요'의 35가지 이상의 예를 통해서 탐구해 보았다. 제시된 교육용 예들은 세 개의 학년군(유치원－2학년, 3－5학년, 6－8학년)을 대상으로, 다른 발달 단계에 있는 학생들을 위한 수준별 교육을 돕기 위해 설계되었다.

이 장에서 제시된 예들은 대수에서 수준별 교육을 하기 위해 이용 가능한 문제들을 단지 수박 겉핥기식으로 알아보았을 뿐이다. 확실히 많은 새로운 아이디어가 이미 나와 있다. 예를 들면, 학생들은 예들에서 제시된 것과는 다른 형식의 표와 도표에서 패턴을 찾고, 예에서 명시된 것과는 다른 값으로 패턴을 시작할 수 있다. 또 학생들은 관계를 서술하기 위해 대안적인 방법들을 이용할 수 있다. 여기에 제시된 양식은 자신만의 개방형 문제와 유사/선택 문제를 만들어내는 데 편리한 견본으로 이용할 수 있다. 부록에는 전체 크기의 기입 양식과 자신이 원하는 교수 자료 설계를 위해 이를 이용하는 방법에 대한 조언이 포함되어 있다.

6 자료 분석과 확률

자료 분석과 확률영역에서 수준별 학습 활동은 NCTM의 과정 규준인 문제해결, 추론과 증명, 의사소통, 연결성을 적용하고, 아래에 제시된 NCTM 자료 분석과 확률 규준의 내용 목표를 나타내는 것으로부터 제시되었다.

- 자료를 처리할 수 있는 질문을 체계적으로 형식화하고, 이러한 질문을 해결하는 데 관련된 자료를 수집하고 조직하며 표현할 수 있다.
- 자료를 분석하기 위하여 적절한 통계적 방법을 선택하고 사용할 수 있다.
- 추론을 발달시키고 평가하며, 자료에 입각하여 예상할 수 있다.
- 확률의 기초 개념을 이해하고 적용할 수 있다.

주제

자료 분석과 확률 영역에서 수준별 수업을 하기 위한 적절한 질문을 만들기 위해서는 이 영역의 개념과 관련하여 학생들이 어떠한 차이점을 갖고 있는지에 대하여 아는 것이 매우 중요하다. 자료 분석에 대해, 학생들은 자료나 측정 자료를 범주별로 정리하기 위해 분류하고 구분하기 시작한다. 학생들은 단순한 **그림그래프**, **막대그래프**, **선그래프**에서 시작하여 이러한 그래프와 관계된 문제를 해결한다. 학생들은 눈금이 있는 그림이나 막대그래프에서 좀 더 복잡한 선그래프로, 그 후 **히스토그램**, **상자그래프**, **산포도**로, 종국에는 일차방정식의 **두 개의 변수** 자료를 모델화하기 위해 일직선을 사용할 것이다. 학생들은 대푯값, 분포 자료의 형태에 대한 개념과 표본화하는 문제에 관심을 갖는다. 확률 분석은 보통 확률의 질적인 서술을 사용하고, **실험적 확률** 다음에 **이론적 확률**의 양적인 서술로 향상시킨다. 학생들은 처음에는 한 가지 사건에서 다음에 복합적인 사건으로, 종국에는 확률들을 추정하기 위해 **모의실험**을 설계하고 사용한다.

물론 이러한 개념에 대한 학생들의 이해가 시간이 지남에 따라 어떻게 발달하는지는 차이가 있을 수 있다. 전형적인 발달 과정을 나타내는 하나의 유용한 자료는 공통 핵심 교육과정이다(Common Core Curriculum, 2010).

□ 유치원-2학년

이 학년군에서 학생들은 물체나 도형, 수를 비교하기 위하여 다양한 분류 규칙을 적용한다. 학생들은 세고, 구조화하고, 4가지 범주까지 자료를 표현하며, 그 자료에 대해 질문을 제기하고 답한다. 학생들은 그들의 자료에 입각하여 단순한 막대그래프나 그림그래프를 만든다. 또한 측정 자료를 표현하기 위해 범자연수를 눈금으로 하는 선그래프를 사용한다. 확률은 다루지 않는다.

□ 3-5학년

이 학년군에서 학생들은 눈금이 있는 그림그래프와 막대그래프에 입각하여 질문을 제기하고 문제를 해결하며, 분수를 눈금으로 하는 선그래프를 사용한다. 확률은 다루지 않는다.

□ 6-8학년

이 학년군에서 학생들은 통계와 확률을 많이 다루게 된다. 학생들은 통계적 문제에 대해 생각한다. 표본 추출에 대한 문제를 고려하고, 평균과 중앙값과 같은 대푯값과, 사분위편차, 분산, 표준 편차와 같은 산포도를 사용하는 일변량 자료 분포를 비교한다. 학생들은 결합도와 선형 모델을 사용하여 두 변수 사이의 관계를 고려하기 시작한다. 이 단계에서 새롭게 등장하는 자료 표현 방법에는 점도표, 히스토그램, 상자그래프, 산포도와 이변량 도표가 있다.

이 학년군에서 확률이 공식적으로 소개된다. 학생들은 처음에는 실험적인 확률을 다루고, 점차 이론적 확률을 단일사건에서 복합사건의 순서로 나아간다. 또한, 확률을 산정하기위해 모의실험을 설계하고 사용한다.

자료 분석과 확률의 핵심 아이디어

NCTM 내용 규준과 과정 규준(NCTM, 2000)이 하나로 결합되고 수준별 수업을 지원하는 자료 분석과 확률 영역에서의 일관된 교육과정은 다음에 제시된 핵심 아이디어를 중심으로 하여 구조화할 수 있다.

- 다양한 자료 수집 활동은 의미 있는 범주로 정보를 분류하는 것을 기본으로 한다.
- 유용한 자료를 수집하기 위해 어떤 자료나 어떤 수집 방법이 적절한지, 자료나 방법을 어떻게 사용하는 것이 효과적인지 미리 결정할 필요가 있다.
- 자료 전체를 표현하는 간단하고 의미 있는 수인 통계값을 사용하면 일련의 많은 자료를 설명하는 데 유용하다. 그 수는 개별적인 자료값이나 자료의 분포를 설명할 수 있다.
- 그래프는 많은 정보를 빨리 보여주는 효과적인 자료 표현방법이다.
- 실험적 확률은 과거의 사건에, 이론적 확률은 일어날 수 있는 일을 해석하는 것에 기반을 둔다. 실험적 확률은 무작위 표본이 충분히 많을 때 이론적 확률에 근접한다.
- 확률적 상황에서는 누구도 다음에 일어날 사건을 결코 확신할 수 없다. 이 사건은 나른 대부분의 수학적 상황과 다르다.
- 때때로 확률은 적절한 모델을 사용하거나 실험해서 추측할 수 있다.

자료 분석과 확률을 가르치는 동안 제시된 과제와 요구된 질문들은 이러한 아이디어들을 강화하도록 전개되어야 한다. 다음 절에서는 3개의 학년군에 핵심 아이디어를 전개한 수준별 수업에서 개방형 문제와 유사/선택 문제가 적용되는 수많은 예를 제시한다.

이 장의 내용

유치원 – 2학년 개방형 문제

개방형 문세는 다양한 발달 수준의 학생들로부터 의미 있는 반응을 끌어내는 광범위한 질문이다.

BIG IDEA. 다양한 자료 수집 활동은 의미 있는 범주로 정보를 분류하는 것을 기본으로 한다.

[선생님들께: 어떤 유형의 분류할 자료를 사용하든지, 다양한 관점에서 유사점과 차이점을 갖는 4개의 항목을 선택하시오.]

여러분 앞에 놓아 둔 물건을 보시오. 어느 것이 속하지 않는지 설명하시오. 다른 방법으로 물건들에 대하여 생각하시오. 만약 여러분이 새로운 방법으로 물건들에 대해 생각한다면 어느 것이 속하지 않는 다른 물건이지 찾아보시오.

* CCSS: 측정과 자료: K.MD, 1.MD
수학적 관행: 1, 2, 3

많은 학생들은 "어느 것이 포함되지 않나요?"라는 게임에 익숙하다. 이 개방형 문제는 특히 항목을 신중하게 선택한다면 일반적으로 하나 이상의 정확한 답변이 있다. 예를 들어 다음에 제시된 모양을 사용한다면, 명확한 답변의 대부분은 삼각형만 하얀 모양을 하고 있으므로 삼각형은 포함되지 않는다는 것일지도 모른다. 그러나 어떤 학생들은 원만이 둥근 모양이므로 원이 포함되지 않는다고 대답을 하거나, 두 번째 사각형만 크기가 작으므로 두 번째 사각형이 포함되지 않는다고 대답할 것이다.

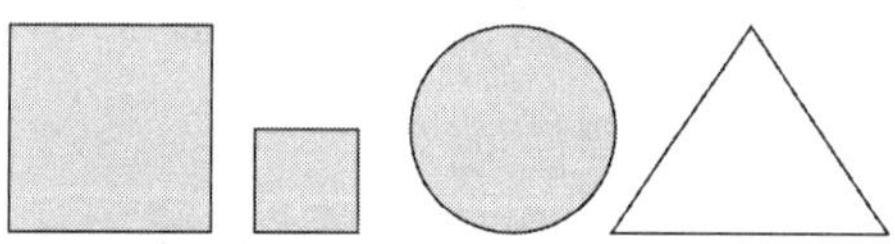

이렇게도 할 수 있어요! 다른 물건(그림 또는 구체물)이나 물건의 수는 새로운 문제를 만드는 데 사용될 수 있다. 학생들은 스스로 물건의 그룹을 정할 수도 있고, 짝과 함께 어느 것이 포함되지 않는지 발견하도록 질문할 수 있다.

TEACHING TIP. 자료 영역에 관한 요소를 수준별로 제시해야 한다. 그것은 특정한 자료 자체가 아닌 수학적으로 중요한 자료를 수집하고 표현하고 기술하는 과정이다. 때로는 학생들이 개별적으로 관심을 가지는 어떤 것에 대한 자료를 수집하도록 한다.

BIG IDEA. 유용한 자료를 수집하기 위해 어떤 자료나 수집 방법이 적절한지, 자료나 방법을 어떻게 사용하는 것이 효과적인지 미리 결정할 필요가 있다.

한 무리의 장난감들을 어떻게 둘 혹은 세 무리로 분류할 수 있으며, 많은 장난감을 몇 개의 다른 그룹으로 어떻게 나누었는지를 그래프로 나타낼 수 있는가?

* CCSS: 측정과 자료: 2.MD
수학적 관행: 1, 2, 4, 5

이 활동에서 교사가 학생들이 좋아하는 장난감 중에서 몇 개를 말하도록 제안하고 칠판에 목록을 만들면서 시작하는 것이 좋다. 이런 방법으로 하면, 학생들은 어떻게 장난감을 분류하였는지에 대한 아이디어가 쉽게 떠오를 수 있을 것이다. 분류 기준은 장난감이 전자식인지 아닌지, 보드게임인지 아닌지, 저학년 학생이 좋아하는지 고학년 학생이 좋아하는지, 한 번에 몇 명의 사람들이 놀 수 있는지 등이 될지도 모른다.

학생들은 쌓기나무나 다른 물건을 사용함으로써 그래프의 다양한 유형에 대한 친숙함에 따라 그림그래프나 막대그래프, 실물그래프로 나타내도록 한다. 학생들은 자신이 원하는 방법으로 분류하고 그들이 원하는 방법으로 그래프를 자유롭게 그리기 때문에, 이 문제는 많은 학생들이 쉽게 접근할 수 있다. 단순한 분류기준을 사용하는 학생들과 좀 더 복잡한 기준을 사용할 수 있는 학생들 모두에게 흥미를 끌 수 있다. 이 문제는 좀 더 추상적인 그래프를 쉽게 생각하는 학생뿐만 아니라 오직 실물 그래프만을 만들 수 있는 학생들에게도 적합하다.

TEACHING TIP. 어린 학생들에게 자료를 수집하도록 요구하는 것은 종종 학생들이 실생활에서 어떤 물건과 함께 하는지를 이해할 수 있다. 하지만 수나 도형과 같은 수학적 요소에 중점을 두는 것은 다른 수학 영역을 통합할 수 있다는 이점을 얻을 수 있다.

친구들에게 할 수 있는 3가지 답이 가능한 질문을 생각하시오. 설문조사를 실시한 후, 실물그래프나 막대그래프를 사용하여 결과를 그래프로 표현하시오.

* CCSS: 측정과 자료: 2.MD
수학적 관행: 1, 4, 5

유용한 자료를 수집하기 위해 학생들은 가능한 답변을 예상하는 것에 대해 알아야 한다. 이 문제는 학생들이 계획하기를 요구하지만 그래도 많은 융통성이 허락된다. 예를 들어 학생들은 다른 학생들이 가장 좋아하는 색상 3가지를 질문하거나, 다른 학생들이 선호하는 텔레비전 쇼 3가지는 무엇인지 또는 방학 동안에 가고 싶은 장소 3곳을 질문할 수 있다. 학생들은 질문을 어떻게 묻고 조사해야 하는지에 대해 심사숙고할 필요가 있다는 것을 빠르게 깨닫게 될 것이다. 예를 들어 학생들은 "여러분이 개나 고양이, 새 중에서 어떤 애완동물을 키웁니까?"라고 질문하고 싶을 것이다. 이러한 질문에서 학생들은 다른 애완동물의 이름뿐만 아니라 2개나 3개, 전혀 선택하지 않는 응답자를 고려해야 한다. 일부 학생들은 좀 더 편하게 덜 제한적인 방법으로 질문을 바꾸어 말하거나 비표준화된 답변을 다룰 자신만의 전략을 생각해 낼지도 모른다(예, "기타" 범주를 그래프에 덧붙이기).

학생들에게 다양한 그래프로 나타내는 능력을 제공하기 위해서, 개별적으로 가장 편한 정도에 따라 실물그래프나 막대그래프를 선택하여 나타내도록 한다. 부진 학생들에게는 실물 그래프로 나타내는 것을 더 쉽게 하도록 하기 위해 연결큐브를 이용하여 그래프로 나타낼 수 있도록 한다.

이렇게도 할 수 있어요! 이 문제를 변경하는 것은 어렵지 않다. 다른 수의 범주를 요구하거나 학생들에게 반 친구들보다는 다른 누군가로부터 자료를 수집하도록 요구할 수 있다.

BIG IDEA. **그래프는 많은 정보를 빠르게 보여주는 효과적인 자료 표현방법이다.**

> 너무 많은 단어를 포함하지 않고 일부 단어가 반복되는 좋아하는 노래나 시를 생각해보시오. 예를 들어 the, itsy, bitsy, spider, spout, rain, 그리고 and 가 반복되어 나타나는 "Itsy Bitsy Spider"를 생각해 볼 수 있다. 노래나 시에서 나오는 각 단어들을 보여주기 위해 그래프를 만들고 각각의 단어가 몇 번이나 반복되는지 세어보시오.

* CCSS: 측정과 자료: K.MD, 1.MD, 2.MD
수학적 관행: 1, 4, 5

학생들 스스로 노래나 시를 선택하도록 하는 것은 수준별 수업을 위한 첫 단계이다. 더 나아가 예를 들어 집계 차트(tally chart)나 그래프와 같이 학생들 스스로 표현 방법을 선택하도록 하는 것이 다음 단계이다.

일단 표현이 완성되고 나면, 학생들에게 수학적 의사소통 능력을 향상시킬 수 있는 기회를 제공하기 때문에 결과를 공유할 기회를 가져야 한다. 예를 들어 교사는 다음과 같은 질문을 할 수 있다.

- 어떤 표현 방법을 사용하기로 결정했는가?
- 여러분이 표현하고자 하는 것을 어떻게 만들었는가?
- 여러분의 자료가 정확하다는 것을 어떻게 알았는가?

이렇게도 할 수 있어요! 시나 운율을 사용하는 대신, 학생들에게 쉽게 책의 한 페이지나 한 문단을 선택하게 하고 동일한 문제를 수행하도록 요구할 수도 있다. 프로젝트를 쉽게 처리하기 위해 학생들에게 집계해야 할 특정 단어의 수를 제한하여 선택하도록 하거나, 가장 보편적인 단어나 구체적인 글자의 수를 가진 단어를 집계하도록 요구할 수 있다.

TEACHING TIP 개방형 문제에서 "Itsy Bitsy Spider,"를 언급한 것처럼 제안을 제공할 때, 학생들은 그 힌트를 이용해야만 한다고 생각할지도 모른다. 그러나 이것은 학생들이 자신의 방법으로 문제를 해석하고자 하는 데 제한을 느끼게 하기 때문에, 수준별 수업을 위해 가능성을 줄일 수 있다. 교사들은 시작하는 것을 어려워하는 학생들에게 이러한 힌트가 도움이 될 수 있는 반면 다른 학생들에게 표현을 제한할 수 있다는 것을 인식하고 이러한 유형의 비계를 얼마나 자주 제공할지 현명하게 판단해야 한다.

오른쪽의 그래프가 무엇에 관한 그래프인지 짝과 함께 결정하시오.

* CCSS: 측정과 자료: 2.MD
수학적 관행: 1, 2, 3, 4

그래프가 주제나 라벨이 제공되지 않고 일부러 모호하게 제시되기 때문에, 학생들은 이 그래프가 무엇을 표현하고 있는지를 결정하는 데 있어 상당한 자유를 가진다. 예를 들어 한 쌍은 사람들이 좋아하는 피자 종류를 보여주는 그래프라고 제시할 수 있다. 그 다음에 학생들은 각각의 막대가 표현하는 것이 무엇인지(예, 올리브 피자, 페페로니 피자, 추가로 치즈를 얹은 피자, 또는 야채피자), 가격이 타당성이 있다고 생각하는 이유(예, 더 많은 수의 사람들이 다른 어떤 피자보다 페페로니 피자를 좋아한다, 올리브 피자를 좋아하는 사람은 거의 없다 등)에 대하여 설명해야 한다. 또한 학생들은 각 막대가 나타낸 값이 무엇이라고 생각하는지에 대하여 제안하여야 한다. 물론 하나의 정확한 답이 없을지라도, 필요하다면 교사는 학생들이 제시한 값이 의미가 있다는 것을 확인하도록(예, 가장 긴 막대가 나타내는 수가 가장 짧은 막대가 나타내는 수의 약 3~4배라는 것) 토의를 이끌어가야 한다.

후속토의에서 교사는 학생들의 관심을 그래프로 나타낼 수 있는 것이 무엇인지에 대한 학생들의 다양한 답변으로 돌려야 한다. 라벨이나 제목이 없는 그래프가 많은 종류의 정보를 합리적으로 나타낼 수 있다는 사실은 그래프가 강력한 도구가 될 수 있음을 증명한다.

TEACHING TIP. 주제나 라벨이 없는 그래프에 관한 토의는 교사에게 많은 답변들이 바람직한 상황(예, 라벨이 없는 그래프)과 모든 사람들이 동일한 결론을 이끌어낼 것이라 기대되는 상황(예, 명확히 라벨을 붙인 그래프) 사이의 차이점을 학생들이 이해하도록 돕는 기회를 제공한다.

아래의 두 그래프는 어떤 점이 같고 어떤 점이 다른가?

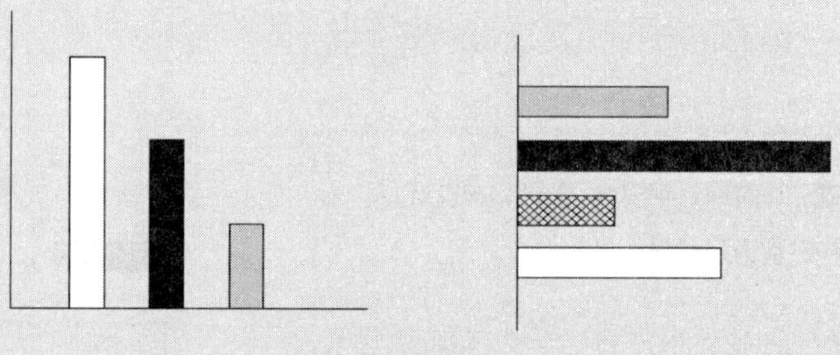

* CCSS: 측정과 자료: 2.MD
수학적 관행: 1, 2, 3

학생들에게 두 개의 그래프를 비교하고 유사점과 차이점을 찾도록 요구하는 것은 항상 수준별 수업을 지원한다. 광범위한 학습자의 필요를 충족하는 문제의 가능성을 확장하기 위해서 막대가 나타내는 것은 무엇인지에 대하여 일부러 언급하지 않았다. 대부분의 학생들은 막대의 색이나 수, 수직 또는 수평과 같은 막대의 방향에 중점을 둘 것이다. 언급된 특징들도 유용하지만 교사는 다음과 같은 질문을 함으로써 수학의 기초에 좀 더 많은 관심을 갖도록 촉진해야 한다.

- 범주의 크기를 어떻게 비교하는가?
- 하나의 범주는 어느 한 그래프에 제시된 다른 범주의 대략 2배가 되는가?
- 어느 한 그래프에서 가장 큰 범주는 가장 작은 범주보다 얼마나 많은지 말할 수 있는가?

센티미터를 사용하여 10가지 물건을 잽니다. 당신이 막대그래프를 그릴 때, 긴 막대가 있고, 좀 띄우고, 그 다음에 좀 더 긴 막대가 있다. 당신이 무엇을 측정하려 하는 것이며 길이는 얼마인가?

* CCSS: 측정과 자료: 2.MD
수학적 관행: 1, 2, 3, 4

길이가 비슷한 물건들이 많이 있고, 먼저 있던 물건들의 길이보다 더 길면서 서로 유사한 물건들이 많이 있다는 것을 학생들은 깨달을 것이다. 그들은 그 두 무리의 비슷한 길이가 얼마인지, 특별한 물건들이 무엇인지, 그리고 그룹들 사이의 비어있는 길이가 얼마인지에 대해 상당한 선택을 해야 한다. 예를 들면, 한 학생이 어떤 2학년 학생들의 팔 길이를 잰 다음 어떤 선생님들의 팔 길이 모두를 가장 가까운 센티미터 단위로 잰다. 혹은, 센티미터의 길이 단위로 아이들의 책 표지와 좀 더 큰 교과서 혹은 작고 큰 물병의 전형적인 길이를 재거나 미터의 길이 단위로 자동차나 트럭의 길이를 잰다.

3-5학년 개방형 문제

BIG IDEA. 그래프는 많은 정보를 빨리 보여주는 효과적인 자료 표현방법이다.

이 데이터를 전시하기 위해 사용할 그래프 형태를 고르시오.
당신이 고른 그래프가 데이터를 보여주는 좋은 방법이라고 생각하는 이유는 무엇인가?

좋아하는 공룡	
티라노사우루스 렉스	25
트리케라톱스	3
스테고 사우루스	8
브라키오사우루스	2

* CCSS: 측정과 자료: 3.MD
수학적 관행: 1, 2, 3, 6

학생들이 각 상황에 맞는 그래프의 형태가 다르다는 것을 아는 것은 중요하다. 학생들에게 어떤 그래프를 사용해야 하는지 말하는 대신, 그들만의 그래프 형태를 스스로 선택하게 함으로써, 학생들이 다른 상황에서 그래프의 형태를 다르게 사용해야하는 이면의 이유들에 관해 더 깊게 생각할 수 있다.

더욱이 학생들이 사용할 그래프의 형태를 고르도록 유도하는 것은 다양한 수준의 지식들을 가진 학생들에게 과제를 성공시키기 위한 기회를 제공한다. 예를 들면, 학생들이 특정한 형태의 그래프를 그려야 할 때, 그런 그래프 형태에 덜 익숙한 사람들은 성공할 기회가 더 적을 것이다. 좀 더 개방적인 접근으로 본다면 다른 학생들이 그들의 활동을 기술하는 것처럼, 부진한 학생들까지도 그들이 기피하는 다른 형태의 그래프에 대한 경험을 얻을 것이다.

> 아래에 있는 데이터는 4주 과정에서 일반적으로 각 주마다 온라인에 접속한 주별 평균 시간을 나타낸다. 온라인에 접속한 시간의 규칙을 어떻게 설명할 수 있는가? 만약 같은 주제를 다른 그래프로 나타낸다면, 어떤 형태인가?
>
> 주별 평균 온라인 접속 시간
>
> 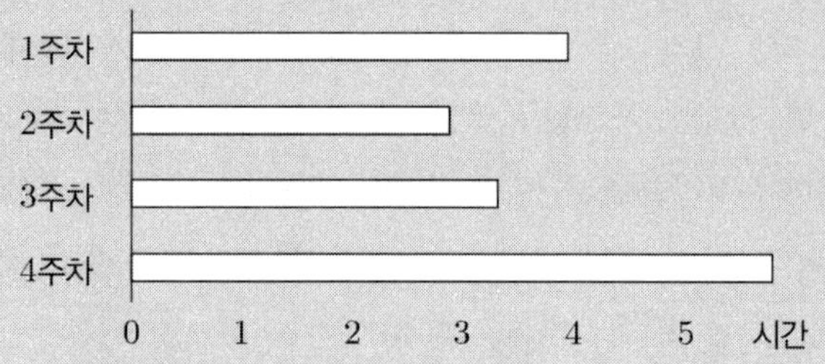
>

* CCSS: 측정과 자료: 3.MD
수학적 관행: 1, 2, 3, 4

이 문제는 학생들이 얼마나 설명할 것인지 또는 그들이 무엇에 초점을 둘 것인지가 순전히 그들에게 달려있다는 점에서 개방적이다. 어떤 학생은 4주 동안 값이 어떻게 커지고 작아지는지에 초점을 맞출 것이고, 다른 학생은 온라인에서 소비된 시간이 특정 기간 동안 의미 있다는 사실에 초점을 맞출 것이며, 또 다른 학생은 값이 특정 양보다 크거나 작다는 사실에 초점을 맞출 것이다.

다른 형태의 그래프를 만들면서, 학생들은 많은 선택권을 가지게 된다. 일부 학생들은 같은 데이터를 전시하기 위해 단순히 다른 형태의 그래프를 사용할 수 있다. 또는 다른 눈금이나 다른 방위를 가지고 유사한 그래프를 만들 수 있다. 다른 학생들은 제공된 데이터와 독립적으로 다르게 보이는 것 같은 데이터를 만들어 낼 수도 있고 보이는 그래프와 유사한 그래프나 다른 틀의 그래프로 새로운 데이터를 제시할 수 있다.

이렇게도 할 수 있어요! 다른 데이터나 다른 형태의 그래프를 제공할 수 있다. 또한 학생들에게 주어진 그래프와 유사한 그래프를 만들도록 지도할 수 있다.

> 당신의 학교에서 피자를 주문하는 것을 상상해 보라. 학생들은 야채, 페퍼로니, 치즈, 불고기 피자 중에서 선택을 할 것이다. 막대그래프가 어떻게 표현될까? 크기가 어느 정도이며 그 이유는 무엇인가? 당신의 그래프와 관련된 2개의 문제를 만들고 해결해 보시오.

* CCSS: 측정과 자료: 3.MD

이 질문에 개방적인 측면이 많이 있다. 학생들은 학생들의 전체 숫자, 막대그래프의 크기와 자료의 분포를 선택할 수 있다. 주제 역시 많은 학생들이 흥미 있어 하는 것이다; 사실, 교사는 학생들이 피자 유형을 선택하게 허용함으로써 더 많은 기회를 제공할 수 있다.

학생들이 어떤 선택을 하든지에 관계없이, 학생들은 눈금을 가진 막대그래프가 어떻게 구조화되는지 조사할 것이고 그래프와 관련된 문제를 해결하려 할 것이다. 그 문제는 단순한 비교(예, 페퍼로니가 야채보다 얼마나 많은지)이거나 곱셈적인 비교(예, 페퍼로니를 선택한 사람은 야채를 선택한 사람의 몇 배인가?)이다.

> 임의의 그림그래프가 그려졌고, 다음 두 개의 기호가 그래프 어딘가에 나타나 있다. 각각의 기호가 나타내는 것이 무엇인지 가능한 많이 기술하시오. 생각한 것을 설명해보시오.
>
> 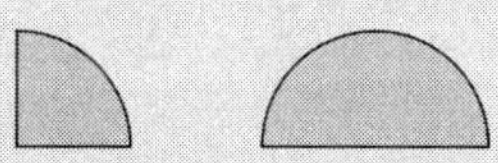

* CCSS: 측정과 자료: 3.MD
수학적 관행: 1, 2, 3

이 학년군에서는 그래프에서 눈금자를 사용하는 방법을 배우는 것이 큰 진전이라 할 수 있다. 학생들은 눈금이 사용될 때 부분기호들을 사용하는 것이 필요하다는 것을 인식할 필요가 있다. 이 경우에 학생들은 사분기호와 이분기호가 사용되었다는 이유로 크기는 아마 4의 배수가 될 것이라고 추측하는 시각적 기술을 사용할 수 있다. 일부 학생들은 도수가 4라고 가정할 것이고 다른 학생들은 4의 배수가 될 수 있다고 가정할 수 있다. 일부 더 앞서가는 학생들은 알 수 있는 방법이 없다고 인식할 수 있다. 예를 들어, 전체 원이 3을 나타낸다면, 데이터가 범자연수가 아닌 분수를 나타낸다는 가정하에 반원이 전체 양의 반을, 사분원이 전체 양의 $\frac{1}{4}$을 나타낼 수 있다.

TEACHING TIP. 많은 학생들이 도수들에 포함된 그림그래프 기호들과 씨름한다. 예를 들어, 학생들이 4를 표현하는 데 단일 모양을 사용하는 것을 불편해한다면 원을 사용하는 것보다는 네 개의 기호화된 부분을 가진 모양을 사용할 수도 있다.

$\frac{1}{4}$ 센티미터 단위의 근사치로 항목들을 측정하여 선그래프를 그립니다. 여러분이 그린 그래프의 모양은 마치 경사가 급한 산처럼 보입니다. 그 측정치들은 각각 얼마이며, 여러분이 측정한 것은 무엇이었을까요? 여러분이 측정한 것의 모양이 경사가 급한 산의 모양으로 나타날 수밖에 없는 이유는 무엇일까요?

* CCSS: 측정과 자료: 3.MD, 4.MD
수학적 관행: 1, 2, 3, 4

이와 같은 문제는, 학생들에게 사전에 다양한 모양의 선그래프들, 그리고 $\frac{1}{4}$ 센티미터 단위의 근사치들로 나타낸 선그래프들을 몇 차례 접할 기회를 제공한 후 제시해야 한다. 그렇게 했을 때 비로소 학생들은 이러한 선그래프들이 어떻게 다르고 어떻게 비슷한지, 그리고 어떤 측정치들이 적절하게 어울리는지에 대한 감각을 갖게 된다. '경사가 급한 산'의 모양에 대한 해석은 다양하겠지만, 흥미로운 부분은 학생들이 왜 비슷한 길이의 물건들이 많이 있다고 생각하는가 하는 점이다.

이렇게도 할 수 있어요! 다른 모양을 제시할 수도 있다. 예를 들면, 경사가 급한 산 대신 거의 직사각형 모양이라든지 매우 넓게 펼쳐진 모양을 제시할 수 있다.

한 집단의 아이들이 점프할 수 있는 거리를 $\frac{1}{4}$ 미터 단위의 근사치로 나타낸다. 여러분이 생각하기에 그럴듯한 선그래프를 그리시오. 왜 그러한 자료를 사용하여 그렸는지를 설명함으로써 여러분이 그린 선그래프의 적절함을 정당화하시오.

* CCSS: 측정과 자료: 4.MD
수학적 관행: 1, 2, 3, 4, 5

이와 같이 문제를 제시함으로써 학생들은 적절한 측정치를 파악하기 위해 실험을 하게 된다. 또한 학생들은 선그래프 그리는 연습을 하게 되며, 편차가 있는 자료의 필요성에 대해 고민해보게 된다. 학생들은 성별이나 운동능력의 요인(예, 대상 집단이 운동선수들인가 일반 학생들인가?)에 대해 생각할 수 있다. 이러한 생각들은 다음 학년군에서 '편차'의 개념에 대한 보다 깊이 있는 탐구 활동을 하는 데에 있어서 필요한 사전 과정이라 할 수 있다.

> $\frac{1}{10}$센티미터 단위의 근사치로 손가락의 길이를 측정한 측정치들로 선그래프를 그리시오. 여러분의 그래프에 대해 2가지 문제를 제작하고 해결하시오-한 가지는 곱하기를 요구하는 문제이고, 다른 한 가지는 나누기를 요구하는 문제입니다.

* CCSS: 측정과 자료: 5.MD
수학적 관행: 1, 2, 3, 4, 5

이러한 과제는 자료를 가지고 시작하는 것보다 학생들에게 적당한 자료값을 생성하기 위해 충분한 사례를 사용하는 기회를 제공한다.

다음 선택의 문제는 보다 개방적이다-학생들이 문제를 직접 만든다; 연산을 사용하도록 요구하는 문제는 학생들로 하여금 각 연산에 맞는 상황에 대해 생각하게 한다. 예를 들면, 나누기는 평균을 측정하는 데 사용될 수 있다; 곱셈은, 학생들이 위의 그래프의 측정치들과 동일한 수의 새로운 측정치들이 존재했다면 어떠했을지에 대해 고려해 보았다면 사용될 수 있을 것이다.

6-8학년 개방형 문제

BIG IDEA. 유용한 자료를 수집하기 위해 어떤 자료나 수집 방법이 적절한지, 자료나 방법을 어떻게 사용하는 것이 효과적인지 미리 결정할 필요가 있다.

> 만약 여러분이 관심 있어 하는 상황에 대해, 어떤 사람이 한 설문 조사의 정보만을 토대로 설문에 참여한 사람들보다 훨씬 더 많은 사람들에게 영향을 미칠 결정을 해버린다고 생각해 봅시다. 예를 들어, 영업 중인 체육관에서 단지 몇몇 고객들에게만 그들이 선호하는 시간대를 물어보고, 그 결과를 다른 모든 고객들이 동의할 것이라고 생각할 수 있습니다. 여러분이 원하는 상황 하나를 선택하고, 표본이 전체집단을 대표하기 위해서는 몇 명을 그리고 어떤 사람들을 표본으로 선정해야 하는지에 대해 논의해 봅시다.

* CCSS: 통계와 확률: 7.SP
수학적 관행: 1, 3

샘플링의 개념은 사람들이 자신의 주변 환경을 이해하기 위해서 점점 더 필요성이 부각되는 개념이다. 인터넷과 함께 사회는 종종 표본들로부터 추출된 자료의 홍수 속에 있다. 여기서의 핵심은 언제나 '자료가 어떻게 수집되었는가?' 그리고

'그 표본이 대표성이 있는 것인가?'이다.

학생들을 더 잘 참여시키기 위해 교사가 미리 결정한 주제보다는 학생들이 관심 있어 하는 주제를 조사하도록 격려한다. 이 문제에서 다루는 중요한 개념은 조사된 주제가 무엇이든 간에 무엇이 표본의 대표성을 보증하는가 하는 점이다. 학생들은 표본의 크기나 그 구성 혹은 두 가지 모두를 고려해야 할 것이다. 교실 토의는 토의할 내용이 다양하기 때문에 의심할 것 없이 흥미로울 것이다.

> 여러분 또래의 다양한 사람들이 2km를 걷는 데 시간이 얼마나 소요되는지에 대한 자료를 수집하였다. 그 자료의 분포는 어떠할까? 어떤 요인으로 인해 몇몇 자료들이 이상치로 분류될까? 그것이 여러분의 표본에 어떠한 영향을 미칠 것인가?

* CCSS: 통계와 확률: 6.SP
수학적 관행: 1, 2, 3, 4

이상치에 대한 개념은 학생들이 주어진 자료를 검토하는 데 중요하게 고려되어야 할 요소이다. 그러나 자료 수집 이전에, 이상치를 제외해야 할 것인지 아니면 일부러 포함시켜야 할 것인지에 대해 미리 생각해 볼 수도 있다. 이 문제가 특정 유형의 자료로 규정짓고 있기는 하지만 학생들이 어떤 요인들에 대해 생각할지, 그리고 그것이 자신들의 표본에 어떤 영향을 미칠지에 대한 생각의 면에서는 약간의 개방성을 지니고 있다.

TEACHING TIP 문제들의 개방성 정도는 다양화할 수 있고 또 그렇게 해야 한다. 다양한 개방형 문제 – 어떤 문제는 매우 매우 개방적이고 다른 문제는 비교적 덜 개방적인 – 를 섞어 제시하는 것이 좋다. 그렇게 할 때에, 이러한 형태의 문제에 대해 학생들이 느끼는 편안함의 차이를 모두 아우를 수 있다.

BIG IDEA. 자료 전체를 표현하는 간단하고 의미 있는 수인 통계값을 사용하면 일련의 많은 자료들을 설명하는 데 유용하다. 그 수는 개별적인 자료값이나 자료의 분포를 설명할 수 있다.

> 어떤 수들로 이루어진 집합의 평균이 8이다.
> 그 수들은 무엇인가?

* CCSS: 통계와 확률: 6.SP
수학적 관행: 1, 2, 5

이것은 매우 열린 문제이다. 학생들은 수들의 크기뿐만 아니라 수들의 개수를 마음대로 선택할 수 있다. 다소 힘들어하는 학생들은 {7, 8, 9} 혹은 {8}을 선택하는 것과 같이 매우 간단한 집합을 만들 것이고, 반면에 다른 학생들은 좀 더 다양한 값을 가진 큰 자료집합을 선택할 것이다. 아래와 같은 연결 큐브집합을 제시하여 모든 학생들에게 접근이 가능한 과제를 만들 수 있다.

학생들은 8개의 큐브로 이루어진 것을 몇 개 준비하고 그것을 간단하게 옮겨 새로운 집합을 만들어 평균이 8이 되게 한다. 예를 들어 아래와 같이 {8, 8, 8, 8}의 큐브 집합을 가지고 {7, 10, 10, 5}의 집합을 만들 수 있다.

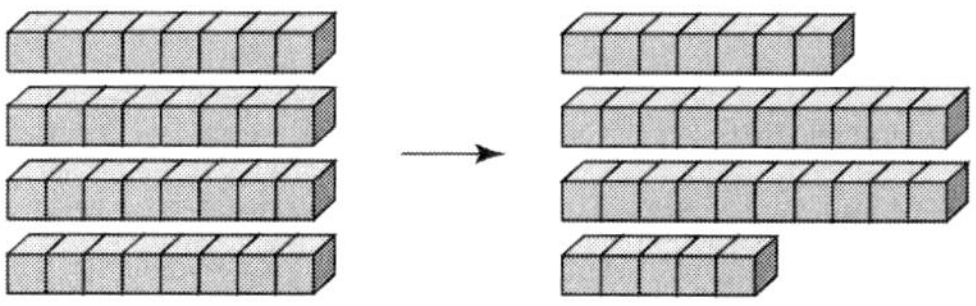

학생들이 만든 서로 다른 자료에 대한 학급전체 논의에서 교사는 각각의 경우에서 어떻게 자료 값의 합이 8의 배수가 되는지 물어볼 수 있다. 사실 자료 값의 총합은 그 집합의 원소 개수와 평균을 곱한 값과 같다. 즉 위의 것을 예로 들면 $7+8+9=3\times 8=24$이다.

TEACHING TIP 손으로 다루는 것은 모든 학생들에게 유용하며 수준별 학습에 매우 가치 있는 발판을 제공해준다.

평균값보다 중앙값이 큰 자료집합을 만드시오.

* CCSS: 통계와 확률: 6.SP
수학적 관행: 1, 2, 5

학생들이 평균값과 중앙값의 개념에 익숙해지게 되면 위와 같은 과제를 다룰 수 있다. 이 문제는 학생들이 자신들 마음대로 조작을 할 수 있고, 학생들의 지적 수준에 따라 간단하거나 혹은 복잡한 자료 집합을 만들어 내게 하는 개방적인 문제이다. 그러나 이 문제는 중앙값은 자료의 중앙에 있는 수라는 개념과 평균은 자료 총합을 균등하게 분배하는 방법이라는 개념을, 그리고 평균은 자료 중 한 두 개가 클 때 중앙값보다 커지기 쉽다는 개념을 모든 학생들이 다루도록 한다.

과제를 간단히 해결하기 위해 학생들은 {4, 5, 6}과 같은 평균과 중앙값이 같은 자료 집합으로 시작하다가 후에, 6 대신에 6보다 큰 수를 사용하여 좀 더 발전하게 된다.

> 지인과 민지는 서로 다른 반이다. 둘 다 역사 시험을 보았다. 만약 83%인 지인이 90%인 민지보다 더 잘하는 것으로 여겨졌다면, 가능한 두 학급의 점수 자료들을 나타내시오. 여러분이 나타낸 자료들이 어떻게 위와 같은 결론을 이끌어 내는지에 대해 설명하시오.

* CCSS: 통계와 확률: 7.SP
수학적 관행: 1, 2, 3, 4

학생들이 한 집합의 자료를 고려하기 위해서는 그 대푯값과 분포 등 많은 요소들을 고려해야 한다.

학생은 '더 잘하는'의 의미를 다양하게 해석할 수 있으나, 어쨌든 자료의 대푯값과 분포에 대해 설명할 수 있어야 한다. '더 잘하는'의 의미뿐 아니라, 자료 집합을 만드는 데에도 개방성이 인정된다.

학생들이 서로의 생각을 공유하면서 자료의 이상치, 평균, 중앙값, 사분위 점수, 혹은 표준편차에 대해 생각해 볼 수 있다.

BIG IDEA. 그래프는 많은 정보를 빠르게 보여주는 효과적인 자료 표현방법이다.

> 상자그래프는 다음과 같습니다. 어떤 자료들을 나타낸 것일까요?
>
> 

* CCSS: 통계와 확률: 6.SP
수학적 관행: 1, 2, 3, 4

종종 개방형 질문은 학생들이 어떤 내용에 대한 개념적인 이해를 가지고 있는지의 여부를 알아볼 수 있는 적절한 방법이다. 위의 경우, 상자가 좁고 양 옆의 수염의 길이가 다르다는 사실은 상자 그래프가 자료의 분포를 보여주는 그림이라는 점을 학생들이 이해하고 있는지 알아볼 수 있는 방법이다.

위의 경우, 학생들은 자료의 중간 50%가 자료 전체의 범위에 비해 꽤 좁게 분포하고 있음을 파악할 수 있어야 한다. 또한 하위 25%의 자료는 상위 25%의 자료보다 훨씬 더 넓게 분포하고 있다는 사실도 파악할 수 있어야 한다.

이렇게도 할 수 있어요! 다른 모양의 상자그래프를 대신 사용할 수 있다. 가운데 상자가 앞서 보여준 상자보다 더 좁거나 넓을 수 있다. 또는 수염의 길이를 같게 하거나, 우측 수염의 길이를 좌측 수염의 길이보다 훨씬 길게 할 수 있다.

TEACHING TIP. 수치가 주어지지 않은 개방형 문제는 종종 이해도를 평가하는 강력한 도구가 된다.

산포도에 몇 개의 이상치가 있긴 하지만, 그래프의 두 변수는 거의 선형 관계이다. 가능한 산포도를 2개 그리시오.

* CCSS: 통계와 확률: 8.SP
수학적 관행: 1, 2, 3, 5

이 문제는 학생들에게 이상치와 선형 관계의 의미에 대해 생각하게 한다. 동시에 '거의 선형관계'라고 규정함으로써 학생들로 하여금 선형관계에 대해 더 깊게 고민하게 한다; 그들은 선형관계인 것과 선형관계가 아닌 것 모두에 대해 생각하게 된다. 2개의 산포도를 그리도록 하는 것은, 학생들이 자신이 그릴 수 있는 다양한 방법들에 대해 더 열심히 고민하도록 부추긴다.

스포츠를 많이 즐기는 학생이 학교생활을 더 잘한다는 사실을 나타낼 수 있는 이변량 도수분포표를 만드시오. 그 후 상관관계가 덜 강한 다른 표를 만드시오.

* CCSS: 통계와 확률: 8.SP
수학적 관행: 1, 2, 3, 4

학생들에게 어떠한 자료를 몇 개 나타낼 것인지 스스로 결정하게 하는 것은, 수학을 받아들이는 수준이 다른 모든 학생들이 문제에 접근할 수 있는 기회를 제공한다. 어떤 학생들은 비교적 적은 자료의 집합을 사용할 것이고, 다른 학생들은 지나치게 많은 자료의 집합을 사용할 것이다. 이변량 도수분포표가 무엇인지 명확한 설명이 필요한 학생들도 있겠지만, 그러한 질문은 이에 해당하는 자료가 학생들에게 주어져 그 필요성이 생길 때 제기될 것이다.

학생들이 강한 상관관계 또는 덜 강한 상관관계를 어떻게 해석할지 알아보는 것은 흥미로울 뿐 아니라, 이 고민은 그 개념을 명확히 이해하는 데에 도움을 줄 것이다.

BIG IDEA. 실험적 확률은 과거 사건에, 이론적 확률은 일어날 수 있는 일을 해석하는 것에 기반을 둔다. 실험적 확률은 무작위 표본이 충분히 많을 때 이론적 확률에 근접한다.

새로운 학생이 수업에 참여하는 것을 생각해보자. 아래의 문장들에 대하여 가능성이 많은 것인지, 확실한 것인지, 가능성이 적은 것인지, 불가능한 것인지 결정하시오.

- 학생은 소년이다.
- 학생은 이 교실에 있는 많은 다른 학생들과 나이가 같다.
- 학생은 20살이다.
- 학생은 머리가 있다.
- 학생은 근거리 지역-학구 내에 산다.
- 학생은 학교를 좋아한다.
- 학생은 가까운 친구가 극소수이다.

다른 학생들이 가능성이 많은 것, 확실한 것, 가능성이 적은 것, 불가능한 것으로 판단할 수 있는 문장을 스스로 추가해보시오.

* CCSS: 통계와 확률: 7.SP
수학적 관행: 1, 3, 4

확률에 관해 처음 배울 때, 학생들은 숫자로 나타내는 비나 분수보다는 '가능성이 많은, 가능성이 적은, 확실한, 불가능한'과 같은 양적 단어들을 사용함으로써 더 좋은 결과를 얻는다. 이 문제에서 드러난 과제는 일상적인 것들을 기반으로 했기에 많은 학생들이 접근가능하다. 또한 과제는 학생들에게 그들만의 문장을 만들도록 요구하기에 개별화된 것이다. 학생들이 만드는 문장은 나이, 성별, 습관, 선호하는 것, 가족관계 등으로 만든 것일 수도 있다.

이렇게도 할 수 있어요! 과제는 스포츠 종목이나 음악가와 관련한 문장을 제공함으로써 다양화될 수 있지만, 너무 많이 특별한 지식을 요구함으로써(예: 사생활 정보) 일부 학생들이 접근할 수 없을 정도의 문제를 만들지 않도록 주의해야 한다.

각 단어에 맞는 사건을 기술하시오.

불가능한 확실한 가능성이 적은

* CCSS: 통계와 확률: 7.SP
수학적 관행: 1, 4

이런 일반적인 질문으로, 학생들은 좋은 결과를 얻을 수 있는 기회를 많이 갖는다. 학생들은 개인적인 경험이나 일상의 경험, 또는 학교에서 얻은 지식을 이용한다. 예를 들면, 학생은 '짝수가 3으로 끝나지 않는다는 것은 확실하다'거나 '마을에 사는 사람들의 수를 100보다 작은 수로 기술할 수 있을 가능성이 적다'라고 말할 수 있다.

> 어떤 실험의 결과를 보여주는 **수형도**가 그 실험이 완전히 실행되었을 때 12개의 가지를 가지고 있다. 어떤 사건에서 이런 결과가 나올 수 있는가?

* CCSS: 통계와 확률: 7.SP
수학적 관행: 1, 2, 3, 4

일반적으로 이 문제는 학생들이 수형도에 대하여 잘 알고 있을 때에 적절한 문제이다. 이러한 상황에 기초한 질문은 수형도의 복잡성을 고려하는 것이 각 개별 학생들에게 달려있기 때문에 개방형 문제가 될 수 있다.

어떤 학생들은 돌림판을 12개로 나누어 A~L까지 표기한 후, 돌림판을 돌리는 간단한 실험을 통해 수형도의 각 가지에 12개의 결과를 표현할 것이다. 다른 학생들은 12를 2와 6의 곱으로 생각하여 두 가지 사건과 관련된 실험을 수형도를 사용하여 표현할 것이다. 예를 들어, 두 사건 중 하나는 2의 가능성을 가진 동전 던지기이고 나머지는 6의 가능성을 가진 주사위 굴리기가 될 수 있다.

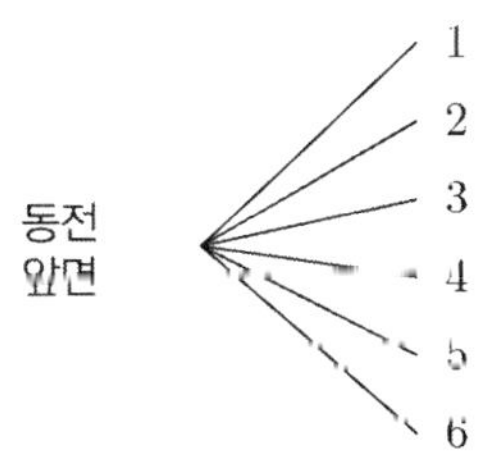

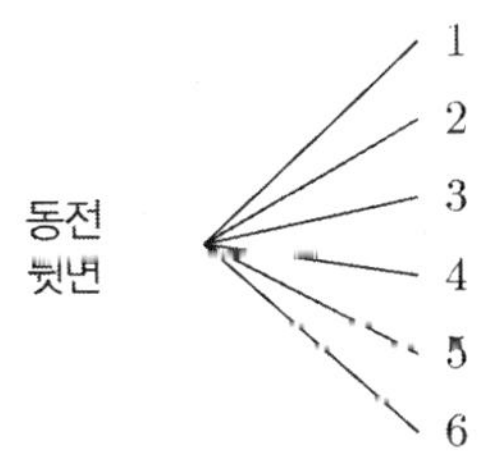

또 다른 학생들은 3과 4의 결과를 가지는 두 개의 사건을 조합하는 생각을 하거나, 두 개의 동전 던지기와 같은 부분 세 칸으로 나누어진 돌림판을 돌리는 것과 같이 2, 2, 3의 결과를 가지는 세 개의 사건을 조합할 것이다.

학생들이 만든 다양한 수형도와 문제에 대한 논의는 학생들의 경험을 풍부하게 할 것이고 다양한 범위에 있는 개개인에게 도움을 줄 것이다.

이렇게도 할 수 있어요! 이 문제는 가지의 수를 바꾸어 변형할 수 있으며, 여러 개의 인수를 가진 수이면 더욱 좋다.

다음 돌림판과 주사위를 사용한 실험이 있다.

확률이 $\frac{1}{2}$이 되는 상황은 어떤 경우인가?

혹은 $\frac{1}{2}$ 이상인 상황은 어떤 경우인가?

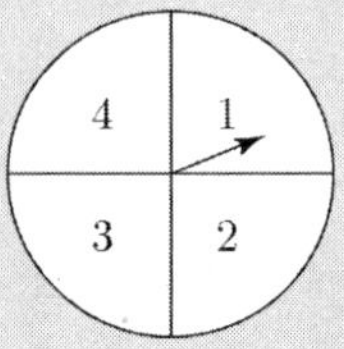

* CCSS: 통계와 확률: 7.SP
수학적 관행: 1, 2, 3, 4

이 문제는 학생들이 사건을 실행했을 때 확률이 어떻게 될지에 대해 자유롭게 선택할 수 있으므로 개방형 문제이다. 그들은 어떤 사건이 일어나야 될지를 결정할 때에도 자유롭다. 예를 들어 주사위의 눈이 어떤 것이 나오든지(이 경우 확률은 1이다) 돌림판의 수가 2나 3의 위치에 오는 결정(이 경우 확률은 1/2이다)을 할 수 있다. 이 조합의 확률은 1/2이(1/2×1=1/2)되어 학생들은 문제를 해결할 수 있다. 다른 학생들은 돌림판의 수가 4보다 작은 수에 놓이고 주사위 눈이 6보다 작게 나오는 경우를 말할 수 있는데(즉, $\frac{3}{4}\times\frac{5}{6}=\frac{15}{24}$), 이것도 답이 될 수 있다. 가장 간단한 답은 어떤 돌림판의 수가 나오고, 어떤 주사위의 눈이 와도 되는 사건의 확률인데, 이것은 확률이 1이 되어 문제의 조건을 만족하게 된다.

주머니에서 공을 선택하는 것을 생각해 보자.

만약 녹색 공을 선택할 확률이 $\frac{1}{3}$에 가깝다고 하면 주머니 안에 있는 공의 색깔은 몇 가지가 있고, 각각의 색은 무엇이 되겠는가?

* CCSS: 통계와 확률: 7.SP
수학적 관행: 1, 2, 3, 4

학생들은 주머니 안에 있는 공의 색과 개수를 결정하는 데 많은 자유를 가진다. 이 문제에 대한 학생들의 답은 '주머니 안에 3개의 공이 있고, 그 중 1개가 녹색공'인 가장 간단한 것부터 '100개의 공이 있고 그 중 30개가 녹색공이고 나머지 공은 4가지의 다른 색이 고루 섞여 있음'에 이르기까지 다양하다.

게다가 위의 문제는 '~에 가깝다.'라는 말이 무엇을 의미하는가에 대한 결정을 학생들이 자유롭게 하도록 허용한다. 어떤 학생들은 $\frac{1}{4}$의 확률이 충분히 가깝다고 할 것이고, 반면 다른 학생들은 $\frac{1}{3}$에 더 가까운 분수를 요구할 것이다. 어림의 수학적 개념은 모든 학생들에게 중요하다. 이 문제에 대한 학급단위 논의는 학생들에게 어림이란 과학이 아니고 예술이라는 것을 이해하는 데 도움을 줄 것이다.

TEACHING TIP. 어림에 대해 너무 많은 논의를 하지는 않는 것이 좋다. 학생들이 서로 다른 상황에서 어림을 언제 어느 정도 어림할지에 대한 결정을 편안하게 하는 것이 중요하다.

BIG IDEA 확률적 상황에서는 누구도 다음에 일어날 사건을 결코 확신할 수 없다. 이 사건은 다른 대부분의 수학적 상황과 다르다.

두 개의 불투명한 가방에 최소 2가지 색의 구슬들을 똑같은 방법으로 넣을 수 있다. 각각의 가방에 어떤 색, 어떤 수만큼의 구슬을 넣을지를 선택할 수 있다. 꾸리가 한 가방에서 구슬을 하나 고르고, 뽀리가 나머지 가방에서 한 개의 구슬을 고르는 것을 생각해 보자.
꾸리와 뽀리가 고른 구슬의 색이 같을 확률을 구해보아라.

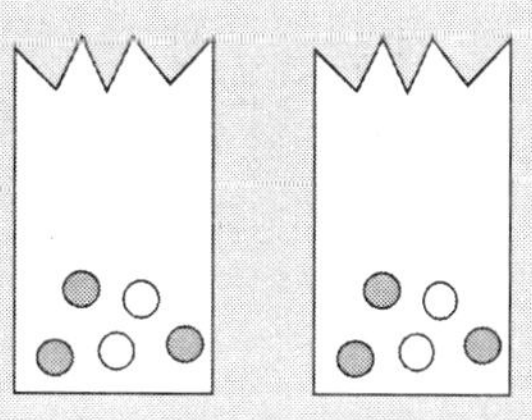

* CCSS: 통계와 확률: 7.SP
수학적 관행: 1, 2, 5

학생들은 각각의 주머니에서 구슬의 수와 색을 선택한다. 가장 간단한 답은, 각각의 주머니에 파란구슬 2개씩을 넣기이다. 이 경우 꾸리와 뽀리가 고른 색이 같을 확률은 100%이다. 그렇지만 많은 학생들은 다른 색의 구슬을 선택하여 넣을 것이다. 예를 들어 2개의 녹색 구슬과 3개의 파란 구슬을 각각의 주머니에 넣었다고 하면, 꺼낸 두 개의 구슬이 같을 확률은 13/25이다(즉, 둘 다 녹색 구슬을 뽑을 확률 $\frac{2}{5}\times\frac{2}{5}=\frac{4}{25}$와 둘 다 파란색을 뽑을 확률 $\frac{3}{5}\times\frac{3}{5}=\frac{9}{25}$를 더한 $\frac{4}{25}+\frac{9}{25}=\frac{13}{25}$).

TEACHING TIP. 충분히 개방된 문제가 질문될 때, 학생들이 시행하려는 상황과 논의될 가능한 결과들이 많기 때문에 논의는 더욱 풍부해질 것이다. 그러므로 학생들은 닫힌 문제가 주어질 때보다 개념에 대해 좀 더 잘 학습하게 된다.

유치원-2학년 유사/선택 문제

유사/선택 문제는 동일한 핵심 아이디어를 탐구하는 2개 이상의 관련 문제로 구성되어 있지만, 다양한 발달 수준에 놓인 학생들의 필요에 적합하도록 만들어져 있다. 이 문제는 모든 학생들이 한 가지 주제의 후속 토론에 충분히 참여할 수 있는 앞의 개방형 문제와 상황이 매우 유사하다.

BIG IDEA 다양한 자료 수집 활동은 의미 있는 범주로 정보를 분류하는 것을 기본으로 한다.

[선생님들께: 분류할 수 있는 일련의 자료를 제공하시오. 이러한 자료들은 속성 블록이나 다양한 단추, 여러 가지 색깔 그림, 꽃이 될 수 있다.]
교사는 다양한 방법으로 다른 항목들을 차려 놓았다.

선택1: 항목을 분류하고, 사용한 분류 규칙을 설명하시오.
선택2: 한 그룹은 다른 그룹보다 2개의 항목을 더 가지도록 두 그룹으로 분류하고, 사용한 분류 규칙을 설명하시오.

* CCSS: 측정과 자료: K.MD, 1.MD
수학적 관행: 1, 3

이러한 문제들은 학생들이 선택1에서 더 많은 분류 규칙을 사용할 수 있다는 점에서 다르다. 하지만 선택2에서 학생들은 확실한 결과를 이끌어내는 규칙을 사용해야 한다. 예를 들어 4개의 녹색과 2개의 파란색 속성 블록을 제공한다면, 학생들은 색상으로 분류하고 정확하게 두 문제를 해결할 수 있다. 만약 4개의 녹색과 4개의 파란색 블록이 있다면, 선택2를 선택한 학생들은 색상을 제외한 다른 것과 관련된 분류 규칙을 결정해야 한다.

어떤 것을 선택하든지, 후속 토론을 전개할 때 교사는 학생들에게 질문할 수 있다.

- 항목을 어떻게 분류했는가?
- 이 항목들을 대상으로 여러분이 사용한 분류 규칙은 어떤 이유에서 적절한 규칙인가?
- 여러분이 제시한 분류 규칙을 사용한다면 이 물건은 어디로 분류해야 합니까?
- 얼마나 많은 항목이 당신이 사용한 분류 규칙에 적합합니까?

TEACHING TIP 번호를 매긴 선택들이 제공되었을 때, "더 쉬운" 선택은 어떤 때는 선택1로, 또 어떤 때는 선택2로 제시되어야 한다. 예측이 불가능하도록 하는 것은 학생들이 문제를 선택할 때 양쪽에 대한 가능성을 열어놓고 생각하도록 할 것이다.

BIG IDEA. 그래프는 많은 정보를 빨리 보여주는 효과적인 자료 표현방법이다.

선택1: 몇 명의 학생들이 각각의 좋아하는 맛들을 선택했는가?

선택2: 이 그래프는 얼마나 많은 학생들이 표시했는가?

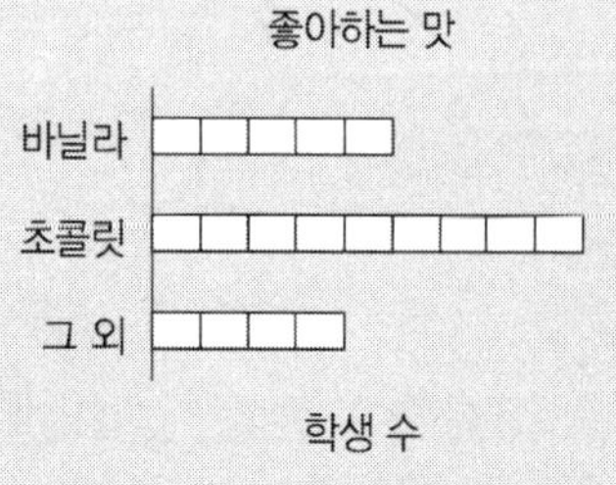

* CCSS: 측정과 자료: 2.MD
수학적 관행: 1, 2, 3

몇 학생들은 이 그래프를 통해 개개의 단편적인 정보만을 읽을 수 있을 것이다. 하지만 선택2에 답을 하도록 요구 받았을 때는, 좀 더 어려운 결론을 내릴 것이다. 선택1과 선택2 중 어떤 것을 선택하든지, 교사는 학생들에게 질문할 수 있다.

- 이 그래프는 무엇을 나타내고 있는가?
- 여러분은 바닐라보다 초콜릿을 선택한 학생들이 더 많다는 것을 어떻게 알았는가?
- 여러분은 9명보다 많은 학생들이 좋아하는 맛을 선택한 것을 어떻게 알았는가?
- 이 그래프는 여러분에게 다른 어떠한 정보를 알려주는가?

이렇게도 할 수 있어요! 학생들이 그래프를 통해 곧바로 정보를 읽을 수 있는 선택과 학생들에게 정보를 추론하도록 하는 또 다른 선택에 도움이 되는 그래프를 대신 쓸 수 있다.

이 그래프는 무엇에 관한 것인가? 왜 그렇게 생각하는가?

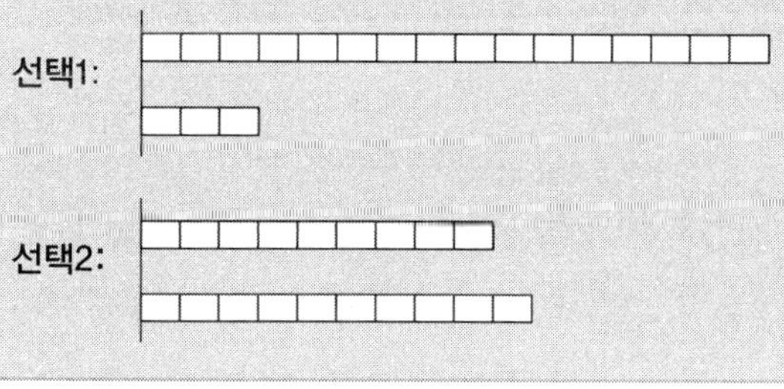

* CCSS: 측정과 자료: 2.MD
수학적 관행: 1, 2, 3, 4

학생들에게 그래프에 라벨이나 제목을 붙이는 것이 얼마나 중요한지 가르치기는 하지만, 생각을 하도록 라벨이나 제목이 없는 그래프를 제공하는 것도 매우 유용할 수 있다. 그래프가 무엇에 관한 것인지 학생들 스스로 결정하고 전체 토의를 하는 동안 다른 학생들의 다양한 의견을 듣는 것은 학생들이 표와 제목의 중요성을 이해하는 데 도움이 될 것이다.

선택1에서 학생들은 매우 다른 크기를 보이는 두 그룹과 관련된 상황에 대하여 생각해야 한다. 선택2에서 학생들은 거의 같은 크기를 보이는 두 그룹과 관련된 상황에 대하여 생각해야 한다. 학생들은 이러한 상황들이 발생한 문맥을 일상적으로 고려할 것이고 고려해야 한다.

두 그룹에게 물어볼 수 있는 적절한 질문들은 다음과 같다.

- 이 그래프에 어떤 제목을 붙일 것인가? 왜 그렇게 생각하는가?
- 지금 빠져있는 라벨을 그래프에 붙여야 하는가?
- 이 그래프는 어떤 정보를 제공하는가?
- 이 그래프의 제목과 라벨에 대한 여러분의 제안들이 의미가 있다는 점에 대하여 어떻게 생각하는가?

이 선그래프는 한 학급 내 다른 수의 형제가 있는 학생 수를 나타낸 그래프입니다.

선택1: 0, 1, 2, 3, 4, 또는 5형제가 있는 학생들은 몇 명인가?

선택2: 교실에는 몇 명의 학생이 있는가? 3명보다 적은 형제가 있는 학생은 몇 명인가?

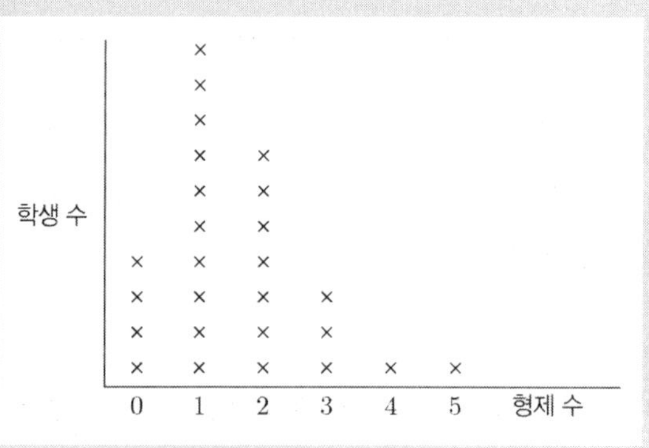

* CCSS: 측정과 자료: 2.MD
수학적 관행: 1, 2, 5

학생들은 두 과제 모두에서 선그래프가 무엇인지와 그것을 어떻게 활용하는지를 이해해야 한다. 선택1은 학생들이 선그래프에서 직접적으로 정보를 읽도록 질문하고, 선택2는 정보가 어떤 범주와 관련이 있고 어떻게 조합하는 것이 필요한지에 대해 인식함으로써 정보를 추론할 것을 요구한다.

두 과제 모두 완성한 학생에게 할 수 있는 질문들:

- 이 선그래프는 무엇인가?
- 형제가 없는 학생과 형제가 1명인 학생 중 어느 쪽이 더 많은가?
- 다른 학급에서 조사를 했어도 똑같은 결과를 얻었을 것이라고 생각하는가?
- 몇 명의 학생들이 0, 1, 2, 3, 4, 또는 5형제가 있는가?
- 6형제가 있는 학생은 없는가?
- 이 질문에 대답한 학생이 10명이 넘는다는 것을 어떻게 아는가?

마지막 질문은 정보를 추론하는 데 어려움이 있는 학생들에게 다른 질문들보다 조금 더 어렵게 느껴질 수 있다. 하지만 그것은 학생들이 발견할 수 있을 만큼 충분히 간단한 것이고(한 범주에 10명이 있기 때문이다), 대답을 하는 과정에서 더 쉽게 추론할 수 있을 것이다.

3–5학년 유사/선택 문제

BIG IDEA 그래프는 많은 정보를 빨리 보여주는 매우 효과적인 자료 표현방법이다.

> 아래의 자료 집합은 가족 파티에 온 사람들의 나이입니다.
>
> 32, 30, 5, 2, 1, 62, 58, 28, 26, 25, 24, 2, 4, 39, 16
>
> **선택1**: 자료를 표현하는 선그래프를 그리시오.
>
> **선택2**: 자료를 표현하는 막대그래프를 그리시오.

* CCSS: 측정과 자료: 2.MD
수학적 관행: 1, 2, 4, 5

제안된 그래프 유형은 모두 주어진 데이터를 표현하기에 적절하다. 선그래프에 비해 막대그래프는 범위를 사용해야 하므로 학생들은 선택2를 (범위가 얼마인지 계산하는) 더 어려운 과제로 생각할 수 있다. 반면에 막대그래프는 대부분의 학생들에게 더 친숙하기 때문에 선그래프를 만드는 것보다 더 쉽게 생각할 수도 있다.

모든 학생들에게 할 수 있는 질문:

- 당신의 그래프는 파티에 온 사람들 중 20세보다 어린 사람은 몇 명인지 어떻게 보여주는가? 30세와 40세 사이는?
- 당신의 그래프는 파티에 참석한 사람들의 나이의 범위를 어떻게 보여주는가?
- 왜 당신의 그래프가 자료를 보여주는 적절한 방법이라고 생각하는가?

선택1: 다음은 학생들이 2분 동안 연결할 수 있는 클립의 수에 대한 자료이다:

16, 18, 19, 20, 21, 21, 22, 24, 24, 25, 26, 26,
28, 29, 29, 30, 31, 32, 34, 36

자료를 표현하는 막대그래프를 4개 또는 5개의 막대로 만드시오.

선택2: 오른쪽 막대그래프는 학생들이 2분 동안 연결할 수 있는 클립의 수를 나타낸 것이다. 그래프를 기술할 수 있는 20개의 자료값을 3가지 다른 집합으로 나누어 제시하시오.

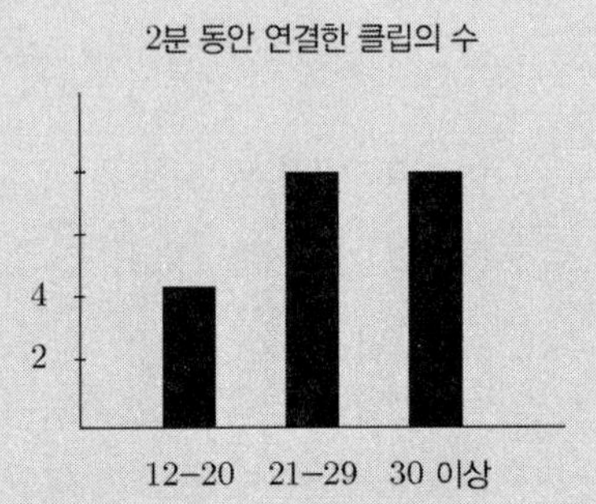

* CCSS: 측정과 자료: 3.MD
수학적 관행: 1, 2, 4, 5

두 과제 모두 학생들이 막대그래프의 구간의 크기를 활용할 수 있어야 한다. 한 경우의 학생들은 그래프를 만들어야 하고 다른 경우의 학생들은 그래프를 해석해야 한다. 선택1에서는 3개가 아닌 4 또는 5개의 구간을 요구함으로써 학생들은 단순히 구간을 정하기 위해 자릿값 개념에 의지할 수 없다. 선택2는 구간에 따라 한 그룹으로 들어간 자료는 원래의 정확한 값이 무엇이었는지를 더 이상 알 수 없다는 것을 강조한다.

모든 학생이 할 수 있는 질문들:

- 왜 각각의 값에 대해 분리된 막대 대신 구간을 나타낸 그래프를 사용한다고 생각하는가?
- 그래프의 구간은 같은 크기를 갖는가? 왜 그게 좋은 생각인가?
- 그곳에서 가장 큰 값은 어떤 구간에 있는가?
- 그래프는 이것을 어떻게 보여주는가?
- 만약 다른 구간을 사용한다면, 그래프가 똑같을까?

> 아래의 자료는 2개 학급의 학생들이 다녀온 장소에 대한 총 횟수를 나타낸 것입니다.
>
> | | | | |
> |---|---|---|---|
> | 디즈니 월드 | 25 | 디즈니랜드 | 11 |
> | 국립과천과학관 | 6 | 과학박물관 | 3 |
> | 불국사 | 5 | 국립중앙박물관 | 4 |
>
> **선택1**: 단위가 2인 그림그래프를 그리시오. 즉, 그림 1개가 사람 2명을 나타냅니다.
>
> **선택2**: 여러분이 단위를 직접 선택하여 그림그래프를 그리시오. 단, 단위가 2일 수는 없습니다.

* CCSS: 측정과 자료: 3.MD
수학적 관행: 1, 4, 5

많은 학생들은 그림그래프를 그릴 때 단위를 2로 설정하여 개수도 간편하게 세고, 필요한 경우 부분의 그림도 쉽게 그린다. 그러나 이것이 가장 효과적인 단위가 아닐 때도 있다. 이 유사과제는 단위를 늘 하던 대로 2로 선택하는 학생들에게도 성공의 경험을 제공하며, '단위를 어떻게 설정하는 것이 좋은 선택일까?'하는 보다 지적인 의사결정을 내릴 준비가 되어 있는 학생들 또한 격려할 수 있다.

- 너의 그래프에서 2개의 학급에서 디즈니랜드보다 디즈니 월드에 얼마나 더 많은 사람들이 다녀왔는지 어떻게 알아볼 수 있는가?
- 왜 디즈니랜드보다 디즈니 월드에 얼마나 더 많은 학생들이 방문했는지 확실히 알기 어려운 것인가?
- 그래프에 사용한 그 그림을 왜 선택했는가?
- 디즈니랜드 방문 수를 나타내기 위해 몇 개의 그림을 사용했는가? 왜 그만큼 사용했는가?
- 각 부분 그림은 몇을 나타내는가?

> 여러분은 아래의 규칙(**선택1** 또는 **선택2**) 중 하나를 선택하여 길이가 10cm에서 20cm의 사이인 물건 10가지를 집에서 측정할 것이다. 그 측정치를 기록하여 학교로 가지고 오시오. 내일 교실에서 여러분들이 측정한 값들을 이용하여 선그래프를 그릴 것이다. 그 후, 여러분의 선그래프에 대한 문제를 2개 만들어 보고 해결해 볼 것이다.
>
> **선택1**: 1센티미터 단위의 근사치로 측정하시오.
>
> **선택2**: $\frac{1}{4}$센티미터 단위의 근사치로 측정하시오.

* CCSS: 측정과 자료: 3.MD
수학적 관행: 1, 2, 4, 5

이 단계에 대한 주 수준 공통 중핵 성취기준(Common Core State Standards)에서는 학생들로 하여금 $\frac{1}{4}$센티미터 단위의 근사치로 측정을 하고, 그 분수값으로 문제를 해결하도록 요구한다. 그러나 분수 감각이 부족한 학생들에게는 1센티미터 단위의 근사치로 측정하도록 하고, 동시에 $\frac{1}{4}$센티미터 단위의 근사치로 측정한 학생들과 함께 토의에 참여할 수 있는 기회를 제공하는 것이 도움이 될 수 있다. 선택1을 선택한 학생들도 선그래프를 활용하는 경험을 하게 되어, 시각적으로 제시하는 그림이 어떻게 빠르게 자료의 형태를 설명할 수 있는지에 대해 이해하게 될 것이다. 학생들이 측정할 항목을 직접 선택하게 하는 것은 그들이 그린 그래프에 대해 토의할 때 그들의 흥미를 배가시킨다. 예외 없이, 학생들은 그들이 측정한 항목들에 대해 이야기하고, 왜 그것을 측정했는지에 대해 말할 것이다. 이 과제는 학생들의 수학 학습에 가족들을 포함시키는 긍정적인 방법도 될 것이다.

모든 학생에게 할 수 있는 질문으로는, 자료의 분포에 대한 것과 그래프의 모양이 자료에 대해 시사하는 바가 무엇인지, 학생들이 어떤 문제를 제기 했으며 왜 그러한 문제를 선택했고, 문제를 어떻게 풀었는지 등이 있다.

TEACHING TIP. 유사 문제를 만들 때 고려해야 할 중요한 점은 학습 부진아들에게 성공 경험을 제공할 수 있도록 보다 낮은 단계의 학습 내용을 포함할 수 있다는 것이다. 그렇게 해도 이 학생들에게 동학년 수준의 토의 내용이 도움이 된다.

6-8학년 유사/선택 문제

BIG IDEA. 자료 전체를 표현하는 간단하고 의미 있는 수인 통계값을 사용하면 일련의 많은 자료를 설명하는 데 유용하다. 그 수는 개별적인 자료값이나 자료의 분포를 설명할 수 있다.

선택1: 어떤 자료를 나타내는 수들이 총 9개이고, 서로 다르며 평균은 30, 중앙값은 10이다. 이 수들은 무엇인가?

선택2: 어떤 자료를 나타내는 수들이 총 9개이고, 서로 다르며 이들의 중앙값은 10이다. 이 수들은 무엇인가?

* CCSS: 통계와 확률: 6.SP
수학적 관행: 1, 2, 5

선택2를 해결하기 위해 학생들은 중앙값이 자료값들 중 중간에 있는 수라는 것만을 알면 된다. 그들은 간단히 10을 적고 10보다 작은 수 4개와 10보다 큰 수

4개씩을 나열하면 된다. **선택1**을 해결하기 위해 학생들은 두 종류의 정보와 씨름해야 한다. 중앙값이 10이어야 할 뿐 아니라, 평균은 30이 되어야 한다. 학생들은 자료값의 총계가 270이 되어야 한다는 것을(9개×평균 30) 깨닫거나 간단히 값을 추측하여 그렇게 되는지를 검산해볼 수 있을 것이다.

문제에 대한 논의 중에, 모든 학생들은 중앙값의 개념을 그들이 이해했는지 증명해 줄 것이고, **선택2**를 택한 학생들은 평균이 어떻게 계산되는지 기억해낼 것이다. 둘 중 하나의 문제를 끝낸 학생들에게 할 수 있는 질문은 다음과 같다.

- 중앙값이 10인지 어떻게 알 수 있는가?
- 자료에서 가장 작은 값은 얼마인가? 그 수는 10보다 작아야 하는가? 왜 그런가?
- 자료에서 가장 큰 값은 얼마인가? 그 수는 10보다 커야 하는가?
- 자료값들을 어떻게 정했는가?

> **선택1**: 평균이 6인 5개의 자료로 이루어진 집합을 만드시오. 이때 6은 한 번만 포함될 수 있다.
> **선택2**: 평균이 20이면서 4, 2, 2를 포함하는 5개의 자료로 이루어진 집합을 만드시오.

* CCSS: 통계와 확률: 6.SP
수학적 관행: 1, 2, 5

두 과제 모두 학생들은 평균의 개념을 이해해야 한다. **선택1**은 덜 제한적이다. 학생들은 자신들이 만들고자 하는 자료 집합에 어떤 값이든 사용할 수 있다. 평균의 개념에 대해 잘 이해한 학생들은 {6, 6, 6, 6, 6}으로 시작하여 2개는 그 값을 2씩 증가시키고 다른 2개는 2씩 감소시킬지도 모른다. 이 방법을 적용하면 {2, 4, 6, 8, 10}이라는 정답이 나온다(2 또는 4씩 증가되고 감소된 값). **선택2**에서 학생들은 자료 집합 나머지에서 큰 수들의 필요성을 인식해야 한다. 그들은 5개의 값이 100이 되어야 하고(즉, 평균 20×5개), 나머지 2개의 값의 합이 92가 되어야 한다는 것(즉, 100−4−2−2)을 인식할 수도 있다. 또 다른 학생은 다른 전략을 사용할 수도 있다.

선택 사항이나 전략과 상관없이 모든 학생들에게 할 수 있는 질문:

- 평균이란 무엇인가?
- 그 평균이 맞다는 것을 어떻게 알 수 있는가?
- 다른 숫자들은 어떻게 계산할 것인가?

TEACHING TIP. 이 문제는 거꾸로 계산할 것을 요구한다. 자료를 주고 대략의 통계치를 묻기보다, 통계치를 주고 자료를 구하도록 한다. 이러한 접근은 더 개방적인 질문을 이끌어 낸다.

선택1: 처음의 자료 집합이 둘째 자료 집합보다 3 더 큰 평균편차를 갖도록 각각 12개의 자료값을 가진 집합 2개를 만드시오.

선택2: 처음의 자료 집합의 평균편차가 둘째 집합의 평균편차의 3배가 되도록 각각 12개의 자료값을 가진 집합 2개를 만드시오.

* CCSS: 통계와 확률: 6.SP
수학적 관행: 1, 2, 4, 5

선택2를 택한 학생들은 자료의 집합에 3배를 하면 간단히 해결할 수 있음을 알게 될 것이다; 다른 학생들은 좀 더 복잡한 방법으로 조건을 만족시킬 수 있다. 선택1을 택한 학생들은 처음에 각 자료값에 3을 더하거나(평균 편차는 변하지 않을 것이다), 한두 개의 자료값에 3을 더할 것이다(역시 문제는 해결되지 않을 것이다). 이러한 학생들은 문제를 어떻게 해결할 것인지에 대해 보다 더 많은 고민을 해야 한다.

학생들에게 다음과 같이 질문할 수 있다.

- 평균을 어떻게 계산할 수 있는가?
- 단지 하나의 자료값을 변화시켜 보았는가? 만약 그렇게 했다면, 어떻게 되는가?
- 모든 자료값을 변화시켜 단순히 문제를 풀었는가? 만약 그렇게 했다면, 어떻게 되는가?
- 더 큰 평균편차는 무엇을 의미하는가? 둘째 자료 집합은 이러한 것을 반영하는가?

BIG IDEA. 그래프는 많은 정보를 빨리 보여주는 매우 효과적인 자료 표현방법이다.

선택1: 히스토그램을 사용하는 것이 적합한 자료를 만드시오.
그리고 그때의 히스토그램을 그리시오.

선택2: 줄기와 잎 그림을 사용하는 것이 적합한 자료를 만드시오.
그리고 그때의 줄기와 잎 그림을 그리시오.

* CCSS: 통계와 확률: 6.SP
수학적 관행: 1, 2, 4, 5

두 선택문제는 학생들이 그래프 형태를 고려하고 그것이 언제 가장 적합하게 사용될지를 생각해보게 한다. 선택1의 히스토그램의 경우, 학생들은 그 자료가 연속적 자료를 표현하며 어떤 간격 속에 표현되는 자료의 도수를 알아볼 때 의미 있다는 것을 인식할 필요가 있다. 예를 들면, 그 자료는 다른 연령층에 속한 학생들의 키가 될 수 있다. 줄기와 잎 그림(선택2)의 경우엔, 자리 값을 사용하여 자료를 묶고 조직해야 한다는 것을 인식할 필요가 있다. 예를 들어, 그 자료는 어떤 종족 사람들의 나이가 될 수 있다. 줄기와 잎 그림은 소수로 표현되는 자료에도 사용될 수 있지만, 학생들은 보통 0을 포함한 자연수를 사용하여 자료를 만든다.

학생이 선택한 문제에 상관없이 교사는 다음과 같은 질문을 할 수 있다.

- 사용한 자료는 무엇을 모은 자료인가?
- 이 자료들에 왜 그 그래프의 형태를 사용했는가?
- 그 그래프는 보는 이에게 자료에 대하여 어떠한 생각을 갖게 합니까?

직선 $y=3x+2$는 두 집합의 자료들이 어떻게 관련되는지를 설명할 수 있는 좋은 모델이기는 하지만 완벽한 모델은 아니다. 각 집합에 속하는 자료값들은 무엇일까?

선택1: 그래프를 사용하여 자료값들을 정하여라.

선택2: 그래프를 사용하지 않고 자료값들을 정하여라.

* CCSS: 통계와 확률: 8.SP
수학적 관행: 1, 2, 3, 5

종종 이변량 자료가 제시되고 학생들에게 그 관계를 가장 잘 설명하는 직선을 나타내도록 한다. 적당한 직선이(그러나 최적은 아닌) 방정식을 제시하고 자료를 구하게 함으로써, 교사는 적당한 직선이 어떤 것인지에 대한 학생들의 이해의 성도를 더 깊이 통찰할 수 있게 된다.

여기에서 알아봐야 할 사항들은 y값이 x값의 약 3배씩 증가하는지, y의 절편 2를 어떻게 설명할 수 있는지, 그리고 어떻게 학생이 그 지선이 최적의 직선이 아니라고 확신하는지 등이다. 선택1은 그래프를 사용하도록 허락한다. 대부분 학생들은 그래프를 그리고 그래프의 몇 개의 점들을 뽑아내어 답할 것이다. 선택2는 학생들에게 관련성의 의미에 대해 좀 더 대수적으로 생각하도록 한다.

학생들에게 다음과 같이 질문할 수 있다.

- x가 증가하면 y도 증가하는가? 어떻게 아는가?

- 어떤 변수가 더 빨리 변하는가? x 혹은 y? 어떻게 아는가?
- 두 변수가 어떻게 관계있는지를 표현하기 위해 직선의 방정식을 사용하는 것이 왜 유용한가?
- 그 문제를 어떻게 해결할 수 있는가?

BIG IDEA 실험적 확률은 과거의 사건에, 이론적 확률은 일어날 수 있는 일을 해석하는 것에 기반을 둔다. 실험적 확률은 무작위 표본이 충분히 많을 때 이론적 확률에 근접한다.

> **선택1**: 빨강을 선택할 확률이 그렇지 않을 확률보다 높도록 10색 큐브를 가방에 넣으시오.
>
> **선택2**: 빨강을 선택할 확률이 $\frac{2}{5}$가 되도록 10색 큐브를 가방에 넣으시오.

* CCSS: 통계와 확률: 7.SP
수학적 관행: 1, 2

학생들이 확률을 설명할 때 분수를 사용하는 것이 익숙해지기 전에는 양적 언어("아마도" 또는 "높은 확률"과 같은 말들)를 사용하는 것을 편하게 생각한다. 두 선택사항에서 분수를 사용할 준비가 안 된 학생들도 확률을 성공적으로 설명할 수 있고, 분수를 사용할 수 있는 학생들도 그것을 사용하는 기회를 갖게 될 것이다.

어떤 측면에서, 선택1은 비록 간단한 과제이지만 풍부한 의사소통을 촉진할 수 있다. 학생들은 높은 정도가 얼마여야 충분히 높은지 토론할 수 있다. 예를 들면, 빨강 8개와 다른 색 2개가 되어야 할까, 빨강 9개가 되어야 할까? 빨강이 6개가 되어도 될까? $\frac{1}{2}$보다 큰 확률은 높다고 할 수 있는가?

어떤 선택을 하든 학생들에게도 할 수 있는 질문:

- 가방에는 몇 개의 빨강 큐브가 있는가?
- 왜 그 숫자를 선택했는가?
- 빨강 큐브의 수를 다르게 선택할 수도 있는가?
- 다른 큐브의 색은 어떤 색이 될 수 있는가?
- 다른 색은 안 되는가?

이렇게도 할 수 있어요! 이 과제는 한 과제의 확률을 질적으로 설명하고 다른 과제의 확률을 양적으로 설명하여 적용할 수 있다. 예를 들면, 선택1은 파랑 큐브를 집을 확률이 빨강 큐브를 집을 확률보다 조금 높도록 가방을 채우는 것을 물을 수 있고, 선택2는 파랑 큐브를 집을 확률이 빨강 큐브를 집을 확률보다 $\frac{1}{8}$ 높도록 물을 수 있다.

당신은 회전판을 10번 돌렸다, 그 결과는 4, 4, 3, 1, 4, 2, 4, 1, 3, 1.

선택1: 이 두 회전판 중 당신이 사용한 것은 무엇인가?

선택2: 이 두 회전판 중 당신이 사용한 것은 무엇인가?

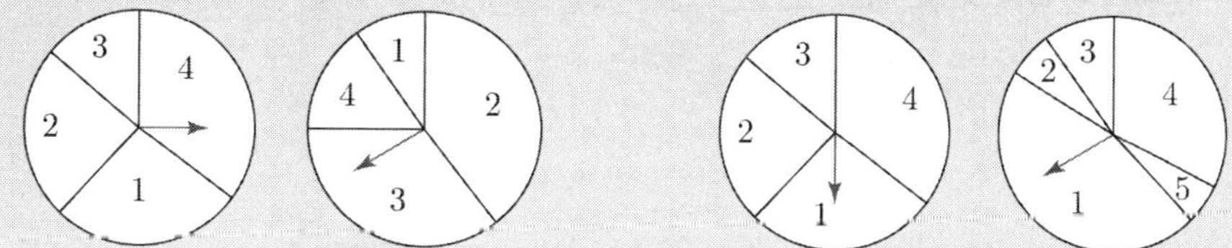

* CCSS: 통계와 확률: 7.SP
수학적 관행: 1, 2, 3

회전판의 선택은 선택2에서보다 선택1에서 더 명백하게 하나를 고를 수 있다. 하지만 두 경우 모두 학생들은 어느 정도 이론적 확률을 반영하더라도, 어떤 일이 일어났는지 평가해야 하고, 결과를 완벽히 예측할 수 없다는 것을 인식해야 한다.

선택1의 경우, 가장 빈번하게 나온 1과 4가 가장 작은 두 칸에 있었다면 이런 결과는 일어나지 않았을 것이다. 확신할 수는 없지만 학생들은 이것을 깨달아야 한다. 선택2에서의 결과는 더 어렵다. 두 경우 모두, 1과 4칸이 가장 크다. 5라는 결과가 없다는 사실이 오른쪽 회전판을 선택하는 것을 막을지라도, 오른쪽 회전판의 2칸이 왼쪽 회전판의 2칸보다 작다는 사실은 학생들로 하여금 다시 생각해보게 만들 수 있다.

두 과제 모두 해결한 학생에게 할 수 있는 질문들:

- 당신이 사용한 회전판을 결정하는 데에 어떤 결과가 가장 큰 영향을 미쳤는가?
- 당신이 맞다고 확신하는가? 왜 그렇다고 또는 왜 그렇지 않다고 생각하는가?

TEACHING TIP 학생들의 추론 기술은 특정 회전판에서 나온 결과인지를 단순히 질문하는 것보다 그들이 사용했을지 모르는 회전판을 선택하도록 기회를 제공함으로써 더 미세하게 조정된다.

BIG IDEA 실험적 확률은 과거 사건에, 이론적 확률은 일어날 수 있는 일을 해석하는 것에 기반을 둔다. 실험적 확률은 무작위 표본이 충분히 많을 때 이론적 확률에 근접한다.

어떤 사건이 발생할 확률은 $\frac{1}{3}$이다.

선택1: 만약 주사위, 돌림판, 또는 다른 확률 장치를 사용한다면, 그때의 사건은 무엇이 되고 그 장치는 어떤 모양인가?

선택2: 만약 주사위, 돌림판, 또는 다른 확률 장치 중 두 개를 혼합해서 사용한다면, 그때의 사건은 무엇이 되며 그 장치는 어떤 모양인가?

* CCSS: 통계와 확률: 7.SP
수학적 관행: 1, 2, 3, 4

학생들이 단순 사건만을 또는 복합사건(두 개의 서로 다른 측면과 관계된 사건)도 다룰 수 있는지에 따라 선택1과 2는 차이가 있다. 예를 들어, 선택1과 같은 경우 학생들은 평범한 정육면체 주사위를 골라 굴려서 3보다 작은 수가 나올 사건을 간단히 제시할 것이다. 또 그들은 3개의 같은 면을 가진 돌림판을 선택하고 셋 중 한 면이 빨간색이라면 그 사건은 빨간색이 나올 경우라고 할 것이다. 선택2에서는 학생들이 혼합을 고려해야만 한다. 그들은 1보다 작은 두 분수의 곱으로 $\frac{1}{3}$을 어떻게 만들지에 대해 생각하기 시작할 것이다. 이 두 분수는 그 후 필요한 두 개의 장치들을 결정하도록 도울 것이다. 예를 들어, 두 분수들이 $\frac{1}{2}$과 $\frac{2}{3}$라면, 학생들이 두 개의 돌림판을 선택하도록 하여, 하나는 등분하여 1과 2라고 적고 다른 하나는 3등분 하여 1, 2, 3이라고 적는다. 그러면 그 사건은 두 돌림판에서 홀수를 얻는 경우가 될 것이다.

선택문제가 무엇이든 교사는 다음과 같은 질문을 할 수 있다.

- $\frac{1}{3}$의 확률이 될 수 있는가, 없는가? 어떻게 알게 되었는가?
- 고른 장치는 무엇인가? 그 장치로는 얼마의 확률을 설명하기가 쉬운가?
- 그 사건을 어떻게 결정했는가?
- 그 사건의 확률이 실제로 $\frac{1}{3}$이 되는지 어떻게 아는가?

선택1: 수형도를 사용하여 각 돌림판에서 화살표가 모두 3을 가리킬 확률이 $\frac{1}{6}$이 됨을 나타내시오.

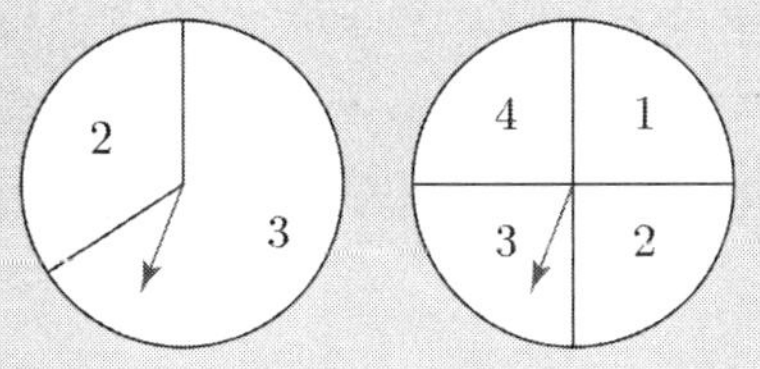

선택2: 두 개의 돌림판을 돌려서 발생한 사건을 설명하는 수형도는 아래와 같다. 두 개의 돌림판은 어떤 모양인가?

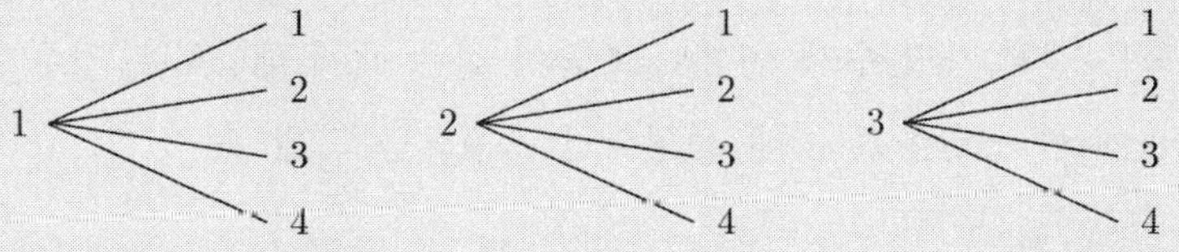

* CCSS: 통계와 확률: 7.SP
수학적 관행: 1, 2, 5

두 선택 문제를 위해 학생들은 수형도와 친숙할 필요가 있다. 선택1에서 학생들은 어떤 상황에서 수형도를 만들어 내야 한다. 이는 학생들에게 좀 더 친숙한 문제일지 모르나 돌림판 중 한 개는 나뉜 부분이 같은 크기가 아니기 때문에 학생들이 알았던 간단한 사건들보다 조금 더 도전적인 문제이다. 그들은 그들의 수형도에 이러한 상태를 표현하는 방법을 결정할 필요가 있을 것이다. 비록 선택2가 덜 전형적인 문제 형태라고 하더라도, 선택1에서 돌림판의 존재는 학생들이 선택2에서 그들이 무엇을 해야 할지를 알 수 있게 도울 것이다.

선택된 문제가 무엇이든지, 교사는 다음과 같은 질문을 할 수 있다.

- 수형도에 왜 두 개의 '열'이 있는가?
- 처음 열에서 숫자들은 무엇을 표현하는가?
- 두 번째 열의 숫자들은 어떠한가?
- 가지들이 몇 개나 있는가?
- 가지들의 개수가 중요한 이유는 무엇인가?

TEACHING TIP 상황을 만든 다음 하나의 선택문제에 전형적 질문을 제시하고, 다른 선택문제에 비슷한 질문에 대한 가능한 대답을 넣어주는 것은 유사/선택 문제에서 좋은 선택문제가 된다. 각 선택문제는 다른 문제에 도움이 되는 요소를 제공하는 역할을 할 수 있다.

> 어떤 가방에 빨간 공 3개와 초록 공 2개, 파란 공 1개가 있다.
> **선택1**: 그 가방에서 공 하나를 꺼내어, 색깔을 기록하고 가방 속에 다시 집어넣으시오. 그런 다음 다른 공을 꺼내시오. 공이 같은 색일 확률은 얼마인가?
> **선택2**: 그 가방에서 공 하나를 꺼내어, 색깔을 기록하고는 가방에 넣지 마시오. 그런 다음 다른 공을 꺼내시오. 공이 같은 색일 확률은 얼마인가?

* CCSS: 통계와 확률: 7.SP
수학적 관행: 1, 2, 5

학생들은 선택2보다 선택1에서 확률을 계산해내기가 더 쉬울 것이다. 선택1에서 학생들은 전체 가지 수가 36개이고 공이 같은 색에 해당하는 경우가 14개의 가지가 되는지를 관찰하기 위해 전형적인 수형도를 그릴 수 있다.

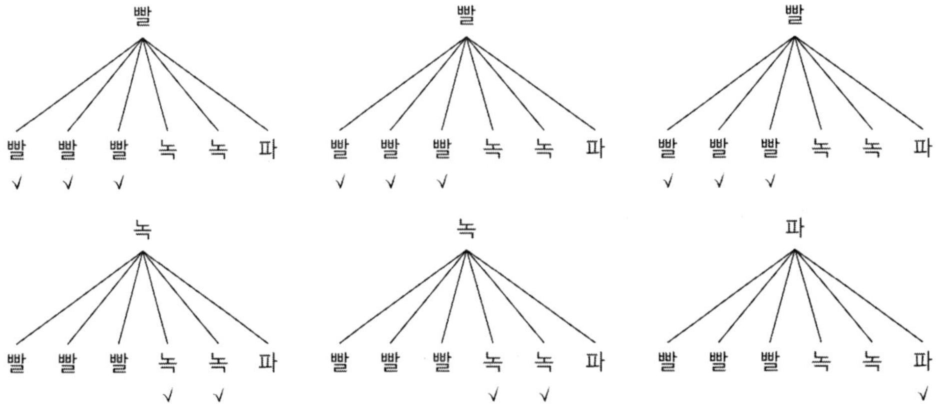

학생들은 선택2를 어떻게 진행해야 할지 덜 확신할 것이다. 그들은 두 번째 선택이 처음 선택으로 벌어진 일에 부분적으로 의존할 때의 결과인 것을 인식할 필요가 있다. 그들의 수형도는 보통의 대칭 형태가 아니다. 이 경우에 두 번째 선택으로 나온 문자 그룹들은 각각 다르다.

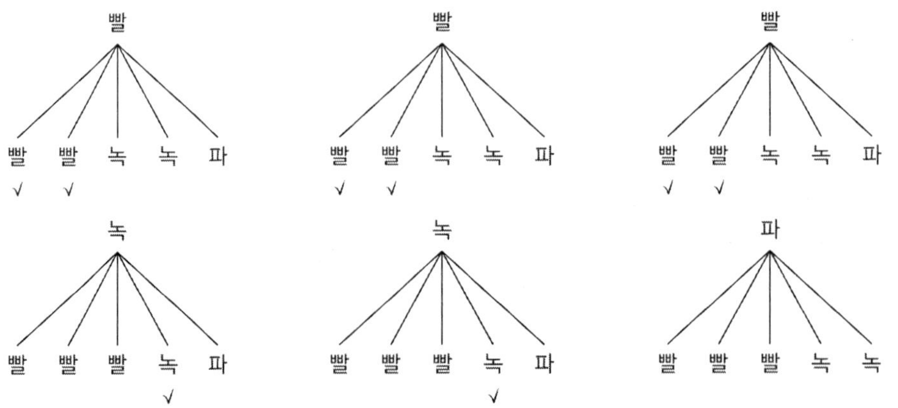

예를 들어, 만약 처음에 빨간색을 꺼냈다면 두 번째에 나올 가능성이 있는 색은 빨간색 2가지, 녹색 2가지, 파란색 1가지이다. 그러나 만약 처음에 파란색이 나오면, 두 번째에 나올 가능성이 있는 색은 빨간색 3가지, 녹색 2가지, 파란색 0가지이다.

선택된 문제가 무엇이든, 교사는 다음과 같은 질문을 할 수 있다.

- 같은 색 공 두 개를 꺼낼 가능성이 높은가, 다른 색 공 두 개를 꺼낼 가능성이 높은가? 왜 그렇다고 생각하는가?
- 같은 색 공 두 개를 꺼낼 확률이 $\frac{1}{2}$보다 큰가, 작은가? 어떻게 알 수 있는가?
- 만약 자신의 상황을 표현하는 수형도를 그린다면, 어떻게 그려지는가?
- 같은 색 공 두 개를 고를 확률은 무엇인가? 어떻게 알 수 있는가?

선택 1: 주사위 두 개를 던졌다. 눈의 합이 8이 되는 것과 차가 2가 되는 것 중 어느 것이 가능성이 높은가?

선택 2: 주사위 두 개를 던졌다. 눈의 차가 2가 되도록 굴린 것보다 가능성이 조금 작은 사건을 찾고 있다. 무엇인가?

* CCSS: 통계와 확률: 7.SP
수학적 관행: 1, 2, 5, 7

각 경우에, 학생들은 두 개의 주사위를 굴렸을 때와 관련된 확률을 고려해야만 한다. 그리고 가능한 모든 결과를 표로 만들거나 목록화한 차트를 만들기 시작할 것이다. 어떤 학생들은 선택1을 좀 더 편안해할 것이다. 왜냐하면 두 개의 사건이 모두 적혀 있고, 의사결정을 조금만 해도 되기 때문이다. 좀 더 창의적이고 싶거나 애매모호한 문제가 더 좋은 학생들은 선택2를 더 선호할 것이다. 그 문제에서 그들은 '조금 작은'이 무엇인지 판단하여 두 번째 사건을 골라야만 한다.

학생들이 고른 선택문제가 무엇이든지, 교사는 다음과 같은 질문을 할 수 있다.

- 주사위 한 개를 두 번 굴려 나온 수의 차가 2인 것과 어떻게 비슷한가?
- 두 주사위를 굴려서 나온 수의 차이가 2인 가능성보다 크게 되기 위한 사건의 확률은 무엇이 있는가?
- 굴려서 나온 수의 합이 8일 가능성이 굴려서 나온 수의 차가 2일 가능성보다 더 적은가?
- 그 문제를 어떻게 풀었는가?

BIG IDEA 확률적 상황에서는 누구도 다음에 일어날 사건을 결코 확신할 수 없다. 이 사건은 다른 대부분의 수학적 상황과 다르다.

선택1: 당신 앞에 두 개의 가방이 있다. 그 중 한 가방에는 8개의 노란 큐브와 2개의 파란 큐브가 들어있으며, 다른 한 가방에는 8개의 파란 큐브와 2개의 노란 큐브가 들어있다.

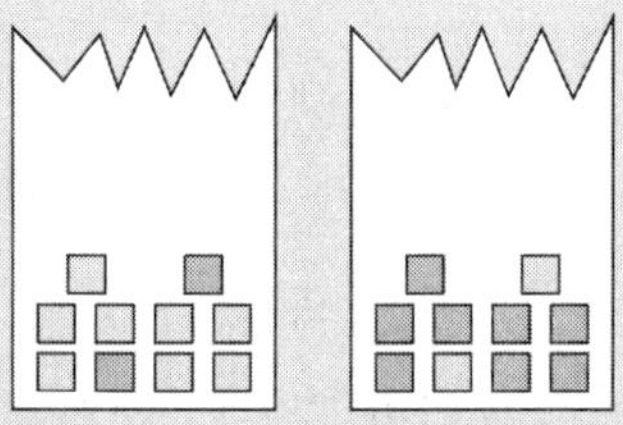

당신이 두 개의 가방 중 하나를 선택하고 그 가방에서 큐브 하나를 꺼냈더니, 파란색이었다. 당신은 그 큐브를 다시 집어넣고, 같은 가방에서 다시 큐브를 꺼낸다. 두 번째 큐브도 파란색이며, 그 다음에 꺼낸 큐브는 노란색이다.

선택2: 당신 앞에 세 개의 가방이 있다. 그 중 한 가방에는 8개의 노란 큐브와 2개의 파란 큐브가 들어있다. 두 번째 가방에는 5개의 파란 큐브와 5개의 노란 큐브가 들어있으며, 세 번째 가방에는 8개의 파란 큐브와 2개의 노란 큐브가 들어있다.

당신은 세 개의 가방 중 하나를 선택하고 큐브 하나를 꺼냈더니, 파란색이었다. 당신은 그 큐브를 다시 집어넣고, 같은 가방에서 다시 큐브를 꺼냈다. 두 번째 큐브도 파란색이었으며, 그 다음에 꺼낸 큐브는 노란색이었다.

당신 자신이 선택한 가방은 8개의 노란 큐브와 2개의 파란 큐브, 5개의 노란 큐브와 5개의 노란 큐브, 2개의 노란 큐브와 8개의 파란 큐브 중 어떤 것이라고 생각하는가? 왜 그렇게 생각하는가?

* CCSS: 통계와 확률: 7.SP
수학적 관행: 1, 2, 3

두 사례에서 학생들은 자신의 답에 확신을 가질 수 없지만, 후자보다는 전자에 더 확신할지 모른다. 더 적은 위험을 시도하는 학생들에게, 선택1은 더욱 흥미를 돋우는 문제일 수 있다.

교사는 모든 학생들에게 질문할 수 있다.

- 4번째 시도를 할 때, 어떤 색의 큐브가 꺼내지리라 생각하는가?
- 왜 그렇게 생각하는가?
- 확신할 수 있는가?
- 두 개나 세 개의 가방에 넣기 위해 여러분이 색을 선택해야 한다고 가정하자.

여러분은 한 개나 두 개의 큐브를 꺼내 색을 확인하여 그 가방이 어떤 가방인지를 확신하기 위해서 그 가방 안에 어떤 색의 공을 넣어야 하는가? 가능한 다른 답이 또 있는가?

BIG IDEA. **때때로 확률은 적절한 모델을 사용하거나 실험해서 추측할 수 있다.**

선택1: 신생아가 남자일 가능성을 알아내기 위해, 보영이는 주사위를 던진다. 그녀는 만약 주사위가 1, 2, 3이면 남자이고 4, 5, 6이면 여자라고 말했다. 보영이의 방법을 사용하여 다음 10일 동안, 시카고에서 태어난 처음 두 아기가 모두 남자일 확률을 알아보시오.

선택2: 타력이 0.250(4번 휘두르면 1번 맞음)인 야구선수가 휘두르게 될 이후 다섯 번의 배팅에서 3번 이상 맞힐 가능성을 측정하는 방법을 설명하고 사용해보시오.

* CCSS: 통계와 확률: 7.SP
수학적 관행: 1, 4, 5

두 문제 모두 학생들의 모의 실험이 필요하다. 그것은 어떤 가능성을 측정하기 위해 실생활 상황의 의미 있는 표현인 모델 사용이 수반되는 것이다. 이 방법 외에는 그 가능성을 측정하기가 매우 어려울 것이다.

선택1에서, 모델은 학생들을 위해 설명된다. 학생은 그 실험을 어떻게 고안할지 정확히 알아낼 필요가 있다. 선택2에서, 학생은 모델과 모의실험을 위한 방법을 모두 결정해야만 한다. 그런 측면에서 선택2는 좀 더 많은 학생을 필요로 한다.

각 경우에, 학생들에게 다음과 같은 질문을 할 수 있다.

- 자신이 설명하고 있는 실생활 상황에 대한 모델은 왜 적합하다고 생각하는가?
- 자신의 실험 환경을 어떻게 만들었는가?
- 그것을 그러한 방법으로 만드는 것은 왜 의미 있는가?
- 몇 번 해보았는가?
- 시도가 충분했다고 생각하는가?
- 측정한 확률은 얼마인가?
- 그러한 측정은 자신에게 의미 있는가? 왜 의미 있는가? 또는 왜 그렇지 않은가?

요약

나만의 개방형 문제와 유사/선택 문제

수업 목표　　학년:

- 제시된 규준

- 핵심 아이디어의 바탕

- 개방형 문제

- 유사/선택 문제

  선택 1:

  선택 2:

- 기억해야 할 원리
  - 모든 개방형 문제는 다양한 단계에서 올바른 반응들을 위해 허용되어야 한다.
  - 유사/선택 문제는 어려워하는 학생들이 성공할 수 있고 능숙한 학생들이 도전할 수 있도록 변화된 형태로 만들어야 한다.
  - 질문과 문제들은 모든 학생들이 후속논의에 참여할 수 있도록 만들어야 한다.

자료 해석과 확률을 뒷받침하는 7개의 큰 개념이 이번 장에서 탐색되었다. 개방형 문제와 유사/선택 문제는 40개가 넘는 예시가 있었고 그 문제들의 변형 문제도 있었다. 지도 예시들은 유치원-2학년, 3-5학년, 6-8학년으로 나뉜 학년군에 적합하도록, 다른 발달단계인 학생들을 위해 수준별 교수지침을 제공하도록 만들어졌다.

이번 장에 제시된 예시들은 자료 해석과 확률에서 수준별 수업에 사용될 수 있는 가능한 질문과 문제들 중 일부를 살짝 건드렸다. 확실히 새로운 많은 아이디어들이 이미 머릿속에 떠올랐다. 예를 들어, 학생들은 제시된 것과 다른 물체나 숫자를 분류할 수 있고, 다른 자료의 그래프들을 만들어낼 수 있고, 다른 형태의 그래프를 비교하고 대조할 수 있다. 여기에 보여주는 양식은 자신의 개방형 문제와 유사/선택 문제를 만들어낼 때 도와줄 편리한 양식이다. 부록은 빈 종이 크기에 꽉 찬 양식과 그것을 사용하여 맞춤형 교재를 설계하는 데 필요한 조언을 포함한다.

결 론

유치원, 초등, 또는 중학교에서 모든 수학 교사는 실질적으로 수업 중 배우고 있는 것에 대한 수학적 준비도가 다른 학생들을 만나게 된다. 학생들의 차이는 인지적인 것이나 학습 성향이나 학습 선호도와 관련될 것이다. 이러한 차이가 있음에도 불구하고, 모든 교사들은 각 학생들이 성공하는 것을 돕길 원한다. 오늘날의 교실 환경에서 학생들의 성공을 돕는 가장 좋은 접근 중 하나는 수준별 수업이다. 교사가 이러한 수준별 수업을 할 수 있도록 돕기 위해 이 책을 썼다.

관리할 수 있는 전략에 대한 수요

현실적으로 교사들은 그들이 가르치는 많은 학생들의 개인적 학습 수준에 맞춘 대안적 프로그램의 개발을 위한 준비 시간이나 그 프로그램을 전달 연수할 시간이 없다. 필요한 것은 교사가 간단한 질문이나 관련된 활동들로 모든 학생들이 적절한 수준에 참여하도록 하는 방법이다. 이 책은 두 가지 핵심전략을 모델로 했으며, 이는 어떤 교사가 대부분 학생들의 수학적 학습 요구에 응할 때 필요한 모든 것이 될 수 있다. 이 전략은 개방형 문제와 유사/선택 문제이다.

□ 개방형 문제

다양한 대답이나 가능한 접근이 많은 형태를 가지고 있는 문제를 개방되어 있다고 한다. 문제는 수업에 유용하도록 중요한 수학적 개념이나 기능에 초점을 두고, 교사가 어떤 수준에 있는 학생들 대부분이 그 문제를 다룰 준비가 되어있다고 생각하며, 학급 학생들로부터 넓은 범위의 적절한 응답을 수용하는 것을 편안해하는 것이 중요하다.

□ 유사/선택 문제

다른 발달 단계를 가진 학생들의 요구를 수용하도록 계획된 두 개 이상의 활동이 유사/선택 문제이다. 하지만 유사/선택 문제는 같은 핵심 아이디어를 소개하며 학생들이 적극적으로 논의할 수 있는 상황에 충분히 가깝다. 유사/선택 문제로 수업할 때, 교사는 학생이 풀고 있는 문제에 상관없이 적절한, 적어도 2, 3개의 후속 질문을 준비하는 것이 중요하다. 때때로 교사는 각 학생들이 성공하는 활동이 어떤 것일지 결정해야만 하지만, 어떤 때는 학생에게 선택권을 주어야만 한다.

개방형 문제와 유사/선택 문제를 개발하기

수학 수업에 개방형 문제와 유사/선택 문제를 개발할 때 일반적 접근이 적용될 수 있다.

□ 3단계 과정

1단계: 예를 살펴라. 이 책은 새로운 문제와 활동에 대한 모델로 250개가 넘는 개방형 문제와 유사/선택 문제를 제공한다. 어떤 학년군에서 특정 내용 영역에 대한 예를 살펴보면 적절한 교수 자료를 보는 눈을 갖게 될 것이다. 예를 사용하면 그리고 제시된 변형(이렇게도 할 수 있어요!)을 사용하면 교사는 만들어 낼 자료에 대한 견고한 바탕을 형성할 수 있을 것이다.

2단계: 문제나 활동을 만들어라. 부록에 제시된 양식은 새로운 개방형 문제와 유사/선택 문제를 만들 때에 간편한 형태로 제공되었다. 다른 것들보다, 양식은 일관성 있는 수업을 위해 내용 규준을 소개하는 수단인 핵심 아이디어에 초점을 두어야 함을 상기시킨다. 목표로 하는 핵심 아이디어와 관련된 특정 행동에 대해 학생마다 어떻게 다를지 기억하면, 교사는 개방형 문제와 유사/선택 문제를 또는 교사가 가지고 있는 자료에 적용시킨 문제를 만들 수 있다. 모든 경우의 목표는 어려움을 가지고 있는 학생들부터 '보통의' 학생 그리고 특별한 능력을 가진 학생까지 넓은 범위의 학생들에게 적절히 도전적인 자료를 생산해야만 한다는 것이다.

3단계: 후속 활동을 계획하라. 교사는 개방형 문제와 유사/선택 문제를 포함하는 학급 활동으로부터 결론을 짓는 대화시간을 보장해야만 한다. 문제를 주의 깊게 구조화하고 활동을 협력적으로 하는 것은 매우 중요하다. 후속 논의 시간에 교사는 학생들이 제공하는 다양한 수준의 응답들을 연결 지으려고 노력해야 한다.

이렇게 연결을 분명하게 하면 부진한 학생들이 자신의 제안한 대답이 좀 더 복잡한 대답으로 향하는 중요한 과정이 될 수 있다는 것을 보게 될 것이다.

□ 개방형 문제 만들기: 예시

예를 들어 많은 학생들이 곱셈을 힘들어 하는 학급에서 3자리 수 나누기 1자리 수를 가르치고자 하는 상황을 생각해보자. 어려워하는 학생들은 최초에 계획된 문제 유형에 준비가 되어있지 않을 것이다. 수준별 접근에 이 수업을 맞추려면, 교사는 교재에서 다음과 같은 직접적 질문을 선택해야만 할 것이다.

4명의 학생들이 176개의 신문을 배달해야 하는데, 그 일을 공평하게 나누어 주어야 하는 경우를 생각해 보자. 배달하는 사람은 몇 개의 신문을 배달해야 하는가?

어떤 학생들이 이 문제에 준비되어 있지 않다고 생각하면, 교사는 대신에 다음과 같이 질문할 수 있다.

배달할 신문의 수를 고르고 그 신문을 배달할 학생의 수도 선택하여라. 일은 공평하게 진행되어야만 한다. 배달하는 사람은 얼마나 많은 신문을 배달해야 하는가?

변화는 간단하지만 중요하다. 이제 모든 학생들에게 도움을 주는 수준으로 활동할 수 있다. 학생들이 그들의 활동을 공유할 때 문제를 논의하면 그 학급에 있는 모든 학생(선택된 학생의 수에 상관없이)은 다른 학생들이 크거나 작은 숫자로 그 상황을 다룬 방법을 함께 들을 기회를 갖는다. 윈윈(win-win) 효과 아닌가!

□ 유사/선택 문제 만들기: 예시

앞의 나눗셈 예시를 다시 생각해보자. 176개의 신문과 관련된 원래 문제가 두 명의 학생들이 24개의 신문 배달을 나누는 일인 문제와 함께 제시될 수 있다. 학생들은 특정 문제에 대한 방향을 제시받거나 어떤 문제를 풀 것인지 선택할 수 있다. 그러나 문제의 논의가 두 그룹에서 공통적으로 이루어져야 한다는 것은 매우 중요하다. 예를 들어, 교사는 다음과 같은 질문을 할 수 있다.

- 각 학생들이 배달할 신문이 몇 개인지 결정하기 위해 어떤 연산을 사용했는가?
- 그 연산을 왜 사용하고자 하는가?
- 그 대답을 결정할 수 있는 다른 방법이 있는가?

• 각 학생들이 10개 이상의 신문을 배달해야 한다는 것을 어떻게 알았는가?
• 각 학생들이 100개 이하의 신문을 배달해야 한다는 것을 어떻게 아는가?
• 각 학생들이 배달해야 하는 신문이 몇 개인지 어떻게 알아냈는가?

기억해야 할 중요한 두 가지는 다음과 같다. (1) 문제 상황이 같도록 하는 것은 공통 논의가 가능하도록 하기 위해 중요하다. (2) '무엇을 했나요?'라는 간단한 질문을 넘어서서 공통 질문이 가능하도록 하는 상황을 설정하는 것 역시 중요하다.

□ 실패-방지 전략

개방형 문제는 답을 주고 그것이 답이 되는 문제를 요구하기, 학생들이 문제에 주어지는 숫자를 고르도록 하기, 두 항목이 어떻게 같고 다른지 묻기와 같은 전략으로 비교적 쉽게 만들 수 있다.

유사/선택 문제는 복잡한 숫자나 모양, 그래프, 패턴, 등식, 수행되는 측정, 소개되는 상황의 복잡성을 바꾸는 전략을 통해 간단한 기본적 활동으로부터 발전될 수 있다.

이 전략들의 혜택

교사는 처음에 개방형 문제와 유사/선택 문제를 혼합하여 그들의 수준별 수업을 하는 것이 도전적인 일이라는 것을 발견할 것이다. 그러나 가르쳐야 할 내용이 어떤 학생들에게 너무 어려울 때 개방형 교수에 관한 생각이 오래지 않아 습관화되어 있을 것이다. 이 책에 소개된 방법은 모든 발달 단계에 있는 학생들을 수용하는 수업에 대한 가치 있는 도구가 될 것이다.

처음에는 교사가 적어도 한 주에 한 번 개방형 질문을 사용하고, 최종적으로 1~2학기 동안 그러한 문제를 모두 사용하는 것을 목적으로 하도록 하는 것이 적합할 수도 있다. 그리고 교사가 유사/선택 문제를 적어도 한 주에 한 번 사용하고, 좀 더 자주 사용하여 수업하도록 할 수도 있다. 결국 학생들에게 소개된 상황의 복잡성을 바꾸게 하여, 그들 스스로 유사/선택 문제를 만들 수 있도록 장려될 것이다.

직접적이지만 힘 있는 수준별 전략의 사용은 교실이 좀 더 높은 수준이 되고, 좌절은 줄어들며, 수학 학습과 수학적 사고와 수학 말하기를 증진시킬 것이다. 나아가 모든 학생들을 위한 수학을 향해 긍정적으로 진보할 수 있을 것이다.

부록 개방형 문제와 유사/선택 문제를 위한 자료

개방형 문제와 유사선택 문제를 개발하는 전략은 1장과 결론에서 논의되었다. 다음 장에 나오는 양식은 수준별 수학 수업을 지원할 수 있도록 맞추어진 자료 개발 양식으로 편리하게 사용할 수 있다. 양식은 또한 Teachers College Press 웹사이트(www.tcpress.com)에서도 다운로드가 가능하다.(경문사 홈페이지 www.kyungmoon.com 자료실에서 다운로드할 수도 있다.)

다음의 기본적 원리는 새로운 개방형 문제와 유사/선택 문제를 개발할 때 기억해야 하는 기본적 원리이나.

- 모든 개방형 문제는 다양한 단계에서의 올바른 반응들을 위해 허용되어야 한다.
- 유사/선택 문제는 어려워하는 학생들이 성공할 수 있고 능숙한 학생들이 도전할 수 있도록 변화된 형태로 만들어질 필요가 있다.
- 질문과 문제들은 모든 학생들이 후속논의에 참여할 수 있도록 만들어야 한다.

나만의 개방형 문제와 유사/선택 문제

수업 목표 **학년:**

제시된 규준

핵심 아이디어의 바탕

개방형 문제

유사/선택 문제

선택 1 :

선택 2 :

기억해야 할 원리

- 모든 개방형 문제는 다양한 단계에서 올바른 반응들을 위해 허용되어야 한다.
- 유사/선택 문제는 어려워하는 학생들이 성공할 수 있고 능숙한 학생들이 도전할 수 있도록 변화된 형태로 만들어야 한다.
- 질문과 문제들은 모든 학생들이 후속논의에 참여할 수 있도록 만들어야 한다.

용어집

각기둥(prism)	서로 평행이고 마주 보며 합동인 두 다각형이 밑면을 이루고 있는 3차원 입체도형
각뿔(pyramid)	바닥의 한 다각형과 한 점에서 만나는 삼각형들로 이루어진 입체도형
간격(interval)	그래프 눈금에서 두 끝 점 사이의 거리
개방형 문제(open questions)	많은 적절한 대답이나 풀이법이 있는 광범위한 문제. 그 문제가 발달 수준이 다른 학생들이 서로 다른 답을 내면서도 모두 성공할 수 있도록 한다면 이는 수준별 교육을 위한 수단이 된다.
곱(product)	곱셈의 결과(예, $5\times3=15$의 표현에서, 15는 곱이다.)
관계 규칙(relationship rule)	패턴 속에서 위치에 따른 숫자의 값을 정하는 규칙
궤적(locus)	특정한 조건을 만족하는 점들의 집합(예, 한 점으로부터 같은 거리만큼 떨어진 점들의 궤적은 원이다.)
그림그래프(picture graph)	양을 나타내기 위해 그림을 사용한 그래프
글리프(glyph)	정보를 시각적인 그림을 이용하여 표현한 것으로, 그림의 일부분이 데이터의 일부분을 나타낸다.
꺾은선 그래프(line graph)	추세를 나타내기 위한 그래프. 자룟값은 대개 선분이나 곡선으로 연결된다.
눈금(scale)	그래프 내 한 단위를 나타내는 양(예, 막대그래프에서 사각형 한 개가 5를 나타낸다면, 눈금은 5이다.)
다각형(polygon)	직선으로만 이루어진 평면 도형
다면체(polyhedron)	다각형으로만 이루어진 3차원 입체도형
대칭축(flip line, reflection line)	상을 뒤집는 데 기준이 되는 선
동치분수(equivalent fractions)	전체에 대해 같은 부분을 나타내는 두 개의 다른 분수 (예, $\frac{1}{4}$과 $\frac{2}{8}$)
둔각 삼각형(obtuse triangle)	한 각의 크기가 90°보다 큰 삼각형
둘레(perimeter)	도형 주변의 길이 중 최단길이
등거리 화법(isometric drawing)	3차원 도형의 길이가 2차원적인 표현에서도 똑같이 그려지는, 3차원 도형의 2차원적인 표현

등변사다리꼴 (isosceles trapezoid)	두 변의 길이는 같지만 평행하지 않은 사디리꼴
마름모(rhombus)	네 변의 길이가 모두 같은 평행사변형
면(face)	입체도형의 평평한 부분(예, 정육면체는 정사각형인 면이 6개임)
몫(quotient)	나눗셈의 결과(예, 8÷4=2의 표현에서, 2는 몫이다.)
반복 규칙(iterative rule)	패턴의 시작점과 다음 항을 구하는 방법을 알려주는 규칙
반복 패턴(repeating pattern)	특정 수가 계속 되풀이되는 패턴
반수(opposites)	0으로부터 같은 거리 만큼 떨어져 있는 수직선 위의 두 수
배수(multiple)	두 개의 서로 다른 범자연수의 곱인 어떤 수(예, 6은 3의 배수)
부등변삼각형(scalene triangle)	세 변의 길이가 모두 다른 삼각형
분자(numerator)	전체에 대한 부분을 나타내는 분수의 윗부분에 있는 수
비(proportion)	두 수의 관계를 곱셈을 기반으로 기술한 것.(예, 비 25 : 100은 분수 1/4, 소수 0.25, 비 1 : 4로도 기술될 수 있다.)
비례적 사고 (proportional thinking)	곱셈에 기초하여 수를 비교하는 데 초점을 맞추는 사고(예, 12를 10+2보다 3의 배수로 생각하는 것)
비표준 단위 (nonstandard unit)	치수를 나타내기 위해 사용되는 단위치수이지만, 사람마다 다르다. (예, 연필의 길이나 한 손의 폭)
빗변(hypotenuse)	직각 삼각형의 가장 긴 변
사각기둥(rectangular prism)	사각형을 밑면으로 하는 각기둥
사각형(quadrilateral)	네 개의 변을 가진 다각형
사분면(quardrant)	좌표 평면의 네 부분 중 하나. 원점을 기준으로 1사분면은 오른쪽 위, 2사분면은 왼쪽 위, 3사분면은 왼쪽 아래, 4사분면은 오른쪽 아래임
산포도(scatterplot)	도수 분포의 모양을 조사할 때에, 변량의 흩어져 있는 정도를 가리키는 값
상자그래프(box plot)	자료가 얼마나 흩어져 있는가를 보여주기 위해 고안된 그래프. 수직선 위에 최소 및 최대점이 연결되어 있으며 자료의 가운데 50%는 상자 안에 있음
서수(ordinal number)	정열된 연속에서 순위를 나타내는 수(예, 7번째는 서수이다.)
선 그래프(line plot)	수의 범주로 분류될 수 있는 데이터를 보여주거나 비교하는 방법. 각 범주를 수직선 위에 위치한 세로줄에 표시를 한다.
선대칭(line symmetry)	한 변이 다른 변의 거울반사인 도형의 속성
선대칭(reflection)	상을 뒤집거나 좌우 대칭으로 만드는 것

선형 패턴(linear pattern) 수가 매번 같은 양만큼씩 증가하는 패턴

성질(properties) 집단 내 모든 대상에 대해 적용되는 특성(예, 정사각형의 성질은 네 변의 길이가 모두 같다는 것이다.)

소수(prime number) 범자연수에서 자기 자신과 1 이외에 다른 약수를 가지지 않는 수(예, 17은 1과 17만을 약수로 가지고 있기 때문에 소수이다.)

수직선(number line) 질서있는 수들을 직선 위에 점들로 나타내는 도표

순환소수(repeating decimals) 일정 숫자가 영원히 반복되는 소수. 유한소수로 나타낼 수는 없지만 분수로 나타낼 수 있어서 유리수에 포함된다.(예, 0.1212121212…)

실험적 확률(experimental probability) 실험으로부터 결론이 나올 가능성

양팔저울(pan balance) 무게를 비교하는 데 사용되는 도구. 물건을 양팔저울의 양쪽에 놓았을 때, 저울의 높이가 같다면 그 무게는 같다.

연산규칙(operation rule) 결과 산출을 위해 한 쌍의 수에 어떤 연산을 수행해야 하는지를 나타내는 규칙

오각형(pentagon) 다섯 개의 변으로 이루어진 정다각형

위치 번호(position number) 패턴 속에서 대상의 위치를 말해주는 수(예, 야구에서 1번은 투수, 5번은 3루수를 말한다.)

위치를 나타내는 용어(positional vocabulary) 관계적 위치를 사용하기 위해 사용되는 용어들

유리수(rational numbers) 두 정수의 몫으로서 표현될 수 있는 수들(예, 0.25, −4.5, 3/11)

유사/선택 과제(parallel tasks) 같은 핵심 아이디어를 탐색하지만 발달수준이 다른 학생들의 욕구에 적합하게 만들어진 둘이나 그 이상의 과제나 활동

육각형(hexagon) 변이 6개인 도형

음의 정수(negative integers) 수직선에서 0을 기준으로 1, 2, 3, …이 반대편에 있는 수

이등변 삼각형(isosceles triangle) 두 변의 길이가 같은 삼각형

이상치(outlier) 어떤 자료에서 그 나머지 자료에 속하지 않는 것처럼 보이는 자료

인수(factor) 서로 곱해져서 다른 수가 되는 범자연수 중의 하나(2×4=8이므로 4는 8의 인수이다.)

자릿값 체계(place value system) 숫자를 표현할 때 숫자의 자리나 위치에 따라 값이 결정되는 것(예, 23의 2는 217의 2와 다른 양을 갖는다.)

재그루핑(regrouping) 10, 100자리 등의 수를 더 낮은 자리 수로 옮기거나 반대로 더 높은 자리로 옮기는 것. 보통 계산하는 과정에서 일어남(예, 56−9를 풀기 위해 56을 40+16으로 다시 쓰는 것.)

전개도(net)	접어서 3차원 물체를 만들 수 있는 2차원 도형
정육각형(regular hexagon)	길이가 같은 6개의 변으로 이루어진 다각형
중앙값(median)	정렬된 수 집합에서 가운데 있는 수
증가 패턴(increasing pattern)	값이 계속 증가하고 있는 패턴
지수(exponent)	어떤 인수를 몇 번 곱했는지를 나타내는 거듭제곱 표현에서의 기호(예, 3^4에서 지수는 4이고, 이는 3×3×3×3을 나타낸다.)
지오보드(geoboard)	대개 정사각형이고, 교차점에 못이 박혀 있는 플라스틱 격자판. 고무밴드를 못에 걸어서 도형을 만들 수 있다.
직각사다리꼴(right trapezoid)	90°인 각을 갖는 사다리꼴
직각(right angle)	90°인 각
직각삼각형(right triangle)	90°인 각을 갖는 삼각형
최단거리 (perpendicular dlstance)	한 점에서 주어진 선까지 수직으로 연결된 선의 길이
패턴규칙(pattern rule)	패턴이 어떻게 이루어졌는지 나타내는 반복규칙이나 관계규칙(예, 패턴 4, 7, 10, 13은 "4에서 시작하여 3씩 늘어나는", "위치를 나타내는 수에 3배를 한 다음 1을 더하는" 규칙으로 기술됨)
패턴블록 삼각형 (pattern block triangles)	특정한 크기의 육각형, 사다리꼴, 정사각형, 평행사변형도 포함하고 있는 도형 세트에 있는 작은 정삼각형
패턴블록(pattern blocks)	특정한 크기의 육각형, 사다리꼴, 정사각형, 평행사변형, 삼각형을 포함하는 도형 세트
평균(mean)	수의 집합에서 수들끼리 더하고, 그 수들의 개수로 나눔으로써 결정되는 값
평행사변형(parallelogram)	두 쌍의 마주보는 변이 서로 평행인 사각형
폴리드론(polydrons)	3차원 입체도형을 만들기 위해 연결되는 플라스틱 평면도형
피타고라스 정리 (pythagdrean theorem)	가장 긴 변을 제곱한 값은 다른 두 변을 각각 제곱하여 더한 값과 같다는 정리
회전 대칭(rotational symmetry)	하나의 평면 도형을 일정 각도 회전하였을 때, 처음 위치의 도형과 완전히 겹쳐지는 것
히스토그램(histogram)	계속 이어지는 막대그래프. 표현되는 데이터가 계속 이어지기 때문에 막대의 옆 부분이 붙어 있다.
10의 거듭제곱(power of 10)	숫자 10이나 10을 반복적으로 곱한 결과로 나오는 수들(예, 10, 100, 1000, 10000, …)

참고문헌

Anderson, M., & Little, D. M. (2004). On the write path: Improving communication in an elementary mathematics classroom. *Teaching Children Mathematics*, 10, 468–472.

Barlow, A. T., & McCrory, M. R. (2011). Engage your students in reasoning and sense making with these effective instructional plans. *Teaching Children Mathematics, 16*, 530–539.

Barrett, J. E., Jones, G., Thornton, c., & Dickson, S. (2003). Understanding children's developing strategies about concepts for length. In D. H. Clement & G. Bright (Eds.), *Learning and teaching measurement* (pp. 17–30). Reston, VA: National Council of Teachers of Mathematics.

Borgoli, G. M. (2008). Equity for English language learners in mathematics classrooms. *Teaching Children Mathematics, 15*, 185–191.

Bremigan, E. G. (2003). Developing a meaningful understanding of the mean. *Mathematics Teaching in the Middle School, 9*, 22–27.

Bright, G. W., Brewer, W., McClain, K., & Mooney, E. S. (2003). *Navigating through data analysis in grades 6–8*. Reston, VA: National Council of Teachers of Mathematics.

Carmody, H. G. (2010). Water bottle designs and measures. *Teaching Children Mathematics, 16*, 272–279

Cavanagh, M., Dacey, L., Findell, C. R., Greenes, C. E., Sheffield, L. J., & Small, M. (2004). *Navigating through number and operations in prekindergarten–grade 2*. Reston, VA: National Council of Teachers of Mathematics

Charles, R. (2004). Big ideas and understandings as the foundation for elementary and middle school mathematics. *Journal of Mathematics Education Leadership, 7*, 9–24.

Clements, D. H. (1999). Geometric and spatial thinking in young children. In J. Copley (Ed.), *Mathematics in the early years* (pp. 66–79). Washington, DC: National Association for the Education of Young Children and National Council of Teachers of Mathematics.

Common Core State Standards Initiative. (2010). Common Core State Standards for Mathematics. Retrieved from http://www.corestandards.org/assets/CCSSI_Math%20Standards.pdf.

Cuevas, G. J., & Yeatts, K. (2001). *Navigating through algebra, grades 3–5*. Reston, VA: National Council of Teachers of Mathematics.

Dacey, L., Cavanagh, M., Findell, C. R., Greenes, C. E., Sheffield, L. J., & Small, M. (2003). *Navigating through measurement in prekindergarten–grade 2*. Reston, VA: National Council of Teachers of Mathematics.

Dacey, L., & Gartland, K. (2009). *Math for all: Differentiating instruction, grades 6–8*. Sausalito, CA: Math Solutions Publications.

Dacey, L., & Lynch, J. B. (2007). *Math for all: Differentiating instruction, grades 3–5*. Sausalito, CA: Math Solutions Publications.

Dacey, L., & Salemi, R. E. (2007). *Math for all: Differentiating instruction, grades K–2*. Sausalito, CA: Math Solutions Publications.

Drake, J. M., & Barlow, A. T. (2007). Assessing students' levels of understanding multiplication through problem writing. *Teaching Children Mathematics, 14*, 272–277.

Findell, C. R., Small, M., Cavanagh, M., Dacey, L., Greenes, C. E., & Sheffield, L. J. (2001). *Navigating through geometry in prekindergarten–grade 2*. Reston, VA: National Council of Teachers of Mathematics.

Forman, E. A. (2003). A sociocultural approach to mathematics reform: Speaking, inscribing, and doing mathematics within communities of practice. In J. Kilpatrick, W. G. Martin, & D. Schifter (Eds.), *A research companion to Principles and Standards for School Mathematics* (pp. 333–352). Reston, VA: National Council of Teachers of Mathematics.

Friel, S., Rachlin, S., & Doyle, D. (2001). *Navigating through algebra*, grades 6–8. Reston, VA: National Council of Teachers of Mathematics.

Greenes, C. E., Cavanagh, M., Dacey, L., Findell, C. R., & Small, M. (2001). *Navigating through algebra in prekindergarten–grade 2*. Reston, VA: National Council of Teachers of Mathematics.

Gregory, G. H., & Chapman, C. (2006). *Differentiated instructional strategies: One size doesn't fit all* (2nd ed.). Thousand Oaks, CA: Corwin Press.

Heacox, D. (2002). *Differentiating instruction in the regular classroom: How to reach and teach all learners, grades 3-12*. Minneapolis: Free Spirit.

Heacox, D. (2009). *Making Differentiation a habit: How to ensure success in academically diverse classrooms*. Minneapolis: Free Spirit.

Imm, K. L., Stylianou, D. A., & Chae, N. (2008). Student representations at the center: Promoting classroom equity. *Mathematics Teaching in the Middle School, 13*, 458–463.

Jones, G. A., & Thornton, C. A. (1993). Children's understanding of place value: A framework for curriculum development and assessment. *Young Children, 48*, 12–18.

Karp, K., & Howell, P. (2004). Building responsibility for learning in students with special needs. *Teaching Children Mathematics, 11*, 118–126.

Kersaint, G. (2007) . The learning environment: Its influence on what is learned. In W. G. Martin, M. E. Strutchens, & P. C. Elliott (Eds.), *The learning of mathematics* (pp. 83–96). Reston, VA: National Council of Teachers of Mathematics.

Kieran, T., Davis, B., & Mason, R. (1996). Fraction flags: Learning from children to help children learn. *Mathematics Teaching in the Middle School*, 2, 14–19.

Lovin, A., Kyger, M., & Allsopp, D. (2004). Differentiation for special needs learners. *Teaching Children Mathematics, 11*, 158–167.

Martin, H. (2006). *Differentiated Instruction for mathematics*. Portland, ME: Walch.

Mohr, D. J., Walcott, C. Y., & Kastberg, S. E. (2008). Using your inner voice to guide instruction. *Teaching Children Mathematics, 15*, 112–119.

Moyer, P. S. (2001). Using representations to explore perimeter and area. *Teaching Children Mathematics, 8*, 52–59.

Murray, M., & Jorgensen, J. (2007). *The differentiated math classroom: A guide for teachers, K–8*. Portsmouth, NH: Heinemann.

National Council of Teachers of Mathematics. (2000). *Principles and standards for school mathematics.* Reston, VA: National Council of Teachers of Mathematics.

National Council of Teachers of Mathematics. (2006) . *Curriculum focal points*. Reston, VA: National Council of Teachers of Mathematics.

O'Connell, S. (2007a). *Introduction to communication, grades preK–2*. Portsmouth, NH: Heinemann.

O'Connell, S. (2007b). *Introduction to communication, grades 3–5*. Portsmouth, NH: Heinemann.

Pugalee, D. K., Frykholm, J., Johnson, A., Slovin, H., Malloy, C., & Preston, R. (2002). *Navigating through geometry in grades 6–8*. Reston, VA: National Council of Teachers of Mathematics.

Sakshaug, L. (2000). Which graph is which? *Teaching Children Mathematics, 6*, 454–455.

Schifter, D., Bastable, V., & Russell, S. I. (1997). Attention to mathematical thinking: Teaching to the big ideas. In S. Friel & G. Bright (Eds.), *Reflecting on our work. NSF teacher enhancement in mathematics K–6* (pp. 255–261). Washington, DC: University Press of America.

Sheffield, L. J. (2003). *Extending the challenge in mathematics: Developing mathematical promise in K–8 students*. Thousand Oaks, CA: Corwin Press.

Sheffield, L. J., Cavanagh, M., Dacey, L., Findell, C. R., Greenes, C. E., & Small, M. (2002). *Navigating through data analysis and probability in prekindergarten-grade 2.*

Reston, VA: National Council of Teachers of Mathematics.

Small, M. (2005a). *PRIME: Professional resources and instruction for mathematics educators: Number and operations*. Toronto: Thomson Nelson.

Small , M. (2005b). *PRIME: Professional resources and instruction for mathematics educators: Patterns and algebra*. Toronto: Thomson Nelson.

Small, M. (2006). *PRIME: Professional resources and instruction for mathematics educators: Data management and probability*. Toronto: Thomson Nelson.

Small, M. (2007). *PRIME: Professional resources and instruction for mathematics educators: Geometry*. Toronto: Thomson Nelson.

Small, M. (2008). *Making math meaningful to Canadian students: K–8*. Toronto: Nelson Education Ltd.

Small, M. (2010a). Beyond one right answer. *Educational Leadership, 68*, 28–32

Small, M. (2010b). *PRIME: Professional resources and instruction for mathematics educators: Measurement*. Toronto: Nelson Education Ltd

Small, M., & Lin, A. (2010). *More good questions: Great ways to differentiate secondary mathematics instruction*. New York: Teachers College Press; co-published with NCTM.

Small, M., et al. (2011a). *Leaps and bounds toward math understanding: Teacher's resource 3/4*. Toronto: Nelson Education Ltd.

Small, M., et al. (2011b). *Leaps and bounds toward math understanding: Teacher's resource 5/6*. Toronto: Nelson Education Ltd.

Tomlinson, C. A. (1999). *The differentiated classroom: Responding to the needs of all learners.* Alexandria, VA: Association for Supervision and Curriculum Development.

Tomlinson, C. A. (2001). *How to differentiate instruction in a mixed ability classroom* (2nd ed.). Alexandria, VA: Association for Supervision and Curriculum Development.

Tomlinson, C. A., & McTighe, J. (2006). *Integrating differentiated instruction and understanding by design*. Alexandria, VA: Association for Supervision and Curriculum Development.

Tompert, A. (1990) *Grandfather Tang's story*. New York: Crown.

Vygotsky, L. S. (1978). *Mind in society: The development of higher psychological processes*. Cambridge, MA: Harvard University Press.

Westphal, L. (2007). *Differentiating instruction with menus: Math*. Austin, TX: Prufrock Press.

Williams, L. (2008). Tiering and scaffolding: Two strategies for providing access to important mathematics. *Teaching Children Mathematics, 14*, 324–330.

찾아보기

색인은 두 개 섹션으로 나뉜다. 주제와 인용된 저자 관련 색인과 핵심 아이디어 색인이다. 주제와 인용된 저자 색인은 교수 개념을 아우르고 내용 영역과 학년이 나열된다. 인용된 저자의 이름 또한 포함된다. 핵심 아이디어 색인은 핵심 아이디어에 의해 생겨난 수학적 내용을 아우르며, 제시된 넓은 개념에 대한 접근을 제공한다. 개별 수학 용어는 색인이 나와 있지 않다. 용어집에 이 책에 사용된 기본적 수학 용어와 교수 예시가 열거되어 있다. 각 용어설명은 그 용어가 처음 나온 곳을 확인할 수 있도록 그 장과 쪽수가 제시되며 마무리된다.

주제와 인용된 저서의 색인

핵심 아이디어 색인

6-8학년 유사/선택 문제 124-125

• 주어진 도형을 결합하거나 분해하여 새로운 도형을 만들 수 있다.
유치원-2학년 개방형 문제 92-94
6-8학년 개방형 문제 108
유치원-2학년 유사/선택 문제 115-117
3-5학년 유사/선택 문제 119-121

• 도형을 공간에 배치하고, 수학적 과정에 따라 재배치할 수 있다.
3-5학년 개방형 문제 102-103
6-8학년 개방형 문제 108-112
3-5학년 유사/선택 문제 121-122
6-8학년 유사/선택 문제 125-126

측정

• 측정은 어떤 물체의 크기와 다른 물체의 크기를 비교하는 것이다.
유치원-2학년 개방형 문제 131-133
3-5학년 개방형 문제 136-138
유치원-2학년 유사/선택 문제 147
3-5학년 유사/선택 문제 152

• 동일한 물체도 다양한 측정 방법으로 설명할 수 있다.
유치원-2학년 개방형 문제 133-134
3-5학년 개방형 문제 138-140
6-8학년 개방형 문제 143
유치원-2학년 유사/선택 문제 148-149
3-5학년 유사/선택 문제 153-154
6-8학년 유사/선택 문제 157-159

• 측정값은 측정 단위와 관련이 있다.
유치원-2학년 개방형 문제 134
3-5학년 개방형 문제 140
유치원-2학년 유사/선택 문제 149-151

• 다양한 단위와 도구를 사용하여 정밀한 측정을 할 수 있다.
유치원-2학년 개방형 문제 135-136
3-5학년 유사/선택 문제 154-155

• 표준 측정 단위의 사용은 물체 크기에 대한 의사소통을 원활하게 한다.
3-5학년 유사/선택 문제 155-157

• 기준의 크기를 아는 것은 측정에 도움이 된다.
3-5학년 개방형 문제 141
6-8학년 개방형 문제 143-144
유치원-2학년 유사/선택 문제 151

• 측정공식을 사용하면 더 간단한 수치를 이용하여 알기 복잡한 수치를 계산할 수 있다.
3-5학년 개방형 문제 141-142
6-8학년 개방형 문제 144-146
6-8학년 유사/선택 문제 159-162

대수

• 항들은 반복적이거나 규칙적인 요소들이 있을 때 패턴을 형성하고, 패턴 규칙으로 설명될 수 있다.
3-5학년 개방형 문제 170-172
3-5학년 유사/선택 문제 183-184

• 패턴, 대수적 표현, 관계, 방정식을 다양한 방법으로 표현할 수 있다.
3-5학년 개방형 문제 172-173
6-8학년 개방형 문제 176
3-5학년 유사/선택 문제 184-185

• 수, 기하, 측정에 대한 아이디어들은 패턴에 기초하고 있다.
3-5학년 개방형 문제 173-174
6-8학년 개방형 문제 177
3-5학년 유사/선택 문제 185-187
6-8학년 유사/선택 문제 188

• 등식은 좌변과 우변의 값이 같은 균형의 표현이다.
유치원-2학년 개방형 문제 167-168

• 변수는 관계를 표현할 때 사용할 수 있다.
6-8학년 개방형 문제 177-179
6-8학년 유사/선택 문제 189-190

• 패턴이나 관계를 비교하는 것은 유사한 다른 패턴이나 관계에 대한 통찰력을 제공한다.
유치원-2학년 개방형 문제 168-169
3-5학년 개방형 문제 174-176

자료 분석과 확률

초등

수준별 수학 수업을 위한 좋은 문제

지은이 마리안 스몰
옮긴이 이광호 · 이주영 · 김용석 · 이미진 · 구미영 · 최성택
펴낸이 조경희
펴낸곳 경문사
펴낸날 2014년 11월 20일 1판 1쇄
등 록 1979년 11월 9일 제 313-1979-23호
주 소 121-818, 서울특별시 마포구 와우산로 174
전 화 (02)332-2004 팩스 (02)336-5193
이메일 kyungmoon@kyungmoon.com

값 16,000원

ISBN 978-89-6105-718-9